KB180039

열광
선언

NEKKYO SENGEN
by KOMATSU Narumi

Originally published in Japan by GENTOSHA INC., Tokyo.
Korean translation rights arranged with GENTOSHA INC., Japan
through THE SAKAI AGENCY and BC AGENCY.

음식과 엔터테인먼트를 결합한 괴짜 CEO
마쓰무라의 171브랜드 340점포 분투기

고마쓰 나루미 지음 | 김영근 옮김

이상

차례

머리말

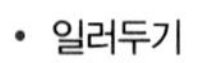

• 일러두기

이 책의 화자 '나'는 마쓰무라 아쓰히사를 인터뷰한 저자 고마쓰 나루미입니다.

머리말

'1967'에 오신 것을 환영합니다

롯폰기에 궁극의 점포를 열다

해질 무렵이 되자 보랏빛 구름들이 시시각각 그 깊이를 더해갔다. 명품 가게들이 즐비하고 롯폰기힐스 타워 빌딩이 자리 잡은 길을 내려오면 게야키자카와 이모아라이자카가 만나는 곳이 나온다. 북적거리는 츠타야 서점과 스타벅스가 있는 도로의 건너편에 우뚝 솟은 하얀색 빌딩 앞에 마쓰무라 아쓰히사가 서 있었다.

1층의 약국 안쪽에 위치한 입구는 중정中庭 때문인지 이곳이 롯폰기 5번가라는 사실을 잊어버릴 정도로 정연하고 호젓한 분위기를 연출하고 있었다. 그저 그런 오피스빌딩이 아니라는 것을 '1967'이라고 쓰여 있는 환한 간판이 말해주는 듯했다.

직원이 엘리베이터의 버튼을 누르고 도착하기를 기다리는 동안, 마쓰무라는 천천히 뒤돌아보며 눈앞에 펼쳐져 있는 게야키자카 거리의 풍경을 바라보고 있었다. 숨을 깊이 들이마시고 내뱉는 것과 동시에 그의 말이 이어졌다.

"나는 이 거리가 정말 좋아. 고상하면서도 쿨하고, 그러면서도 끝없이 깊은 느낌……. 낮과 밤이 이렇게 다른 표정을 만들어내기 때문에 어른들이 진심으로 즐길 수 있는 장소가 된 거지."

직장인들과 관광객들로 북적이는 낮의 롯폰기와 밤의 장막에 에워싸인 롯폰기는 그 공기와 습도와 냄새, 부는 바람조차도 서로 다른 것처럼 느껴졌다. 마쓰무라는 문득 얼마나 많은 시간을 롯폰기에서 지내왔던가 생각해봤다. 젊은 시절 롯폰기 디스코텍에서 직원으로 일할 때는 밤낮을 가리지 않고 이 거리에 있었다. 창업을 하고 점포를 늘려가던 시기에는 인기 있는 식당들을 연구하기 위해 매일 밤 어딘가의 식당이나 바에서 밤새 술을 마셨다. 이 거리에 자신의 가게를 몇 개 낸 후부터는 음식을 준비하는 시간부터 새벽녘 문 닫을 때까지 이곳저곳을 뛰어다녔다.

엘리베이터 문이 열리자 마쓰무라는 직원의 어깨에 손을 올리고 몸을 기대듯 천천히 안으로 들어섰다. 마쓰무라는 직원에게 이렇게 말을 건넸다.

"알겠나? 이렇게 애착이 있는 거리이기 때문에 어떻게 해서든 이 특별한 장소에 정착하고 싶었던 거지. 그리고 이 거리가 나에게 주었던 기쁨과 흥분을 몇 배로 되갚기 위해, 누구도 흉내낼 수 없는 일본에 딱 하나뿐인, 그리고 롯폰기이기에 가능한 최고의, 궁극의 점포를 만들고 싶었던 거야."

마쓰무라의 주위에 있는 사람들은 그가 이렇게 거들먹거리는 말을 해도 놀라거나 거북해하지 않는다. 오히려 마치 연극의 주인공 같은 속 시원한 대사를 들으며 리더의 생동감 있는 꿈과 비전에 오히려 마음이 설렌다.

그동안 마쓰무라는 마음속에서 일렁이는 소용돌이와 영혼의 열정을 거침없이 말로 옮겼고 그것을 사업화하는 데 성공했다. 레스토랑 창업과 경영에 쏟은 마쓰무라의 열정이 회사를 급성장시켰다는 점은 누구도 부인할 수 없다.

엘리베이터가 3층에서 멈추고 문이 열리자 지배인 사사키 료가 마쓰무라를 맞이하고 안쪽에 있는 VIP석으로 안내했다.

높은 천정에서부터 드리워 있는 검은색의 중후한 벨벳 천이 긴 복도의 구역을 나누고 있었다. 주방을 지나 넓은 공간으로 나오니 중앙에 있는 카운터 좌측에는 넓은 객석이, 그 안쪽에는 열대를 연상시키는 테라스가 보인다. 오른쪽에는 황금색을 바탕으로 한 VIP 룸. 평상시에는 셔터로 굳게 닫혀 있는 이 룸에 들어가기 위해서는 마쓰무라의 승인을 얻든지, 출입자 명단에 들어가 있어야 한다. VIP 룸으로 가는 작은 계단에 발을 헛딛지 않기 위해 조심스럽게 걷는 마쓰무라의 모습이 보이자 이미 호화로운 소파에 편히 자리를 잡고 있던 손님들이 환호성을 질렀다.

"마쓰무라 씨! 기다리고 있었어요."

"오늘도 여전히 멋진데요?"

저녁 무렵부터 모여 있던 친구들은 큰 고객이며 동시에 마쓰무라의 열렬한 지지자들이다.

"늦어서 죄송합니다. 많이 기다리셨죠?"

이렇게 말하며 소파 중앙 자리에 몸을 던지듯 앉은 마쓰무라는 그의 트레이드마크인 모자의 챙을 만지며 인사했다.

"오늘 밤도 '1967'에 오신 것을 환영합니다."

금은색 실로 짠 드레스를 입고 있는 여직원들이 마쓰무라의 인사가 끝나기를 기다렸다가 모엣&샹동MOËT&CHANDON 샴페인의 뚜껑을 따고 잔에 따른다. 손에 든 잔을 들어 건배를 마친 마쓰무라는 다시 이야기를 시작했다.

"실은 이곳 '1967'은 일본 음식점 중에서 샴페인이 가장 많이 팔리는 곳입니다."

손님들의 탄성이 여기저기서 터져나왔다.

테이블 위 아이스 버킷에는 꽤 많은 샴페인 병이 꽂혀 있었다. 눈부시게 화려하고 사치스러워 보이는 어른들의 놀이터 콘셉트로 연출된 이곳은 까다로운 마쓰무라의 눈에도 완벽해 보였다. 여직원에게 한 병 더 따도록 눈짓을 한 마쓰무라는 짙은 녹색의 샴페인 병을 바라보며 말을 이었다.

"2013년 4월부터 5월까지 한 달 동안 832병의 모엣&샹동이 팔렸습니다. 부디 오늘 밤도 마음껏 즐기시기 바랍니다."

이제는 탄성뿐만 아니라 박수가 이어졌다. 매일 밤 20병 이상의 샴페인이 팔린 이 점포는 마쓰무라가 꿈꿔온 수많은 목표들 중 하나의 결실이었다.

더 놀아라,
어른들이여!

외식업체 주식회사 다이아몬드 다이닝의 자회사인 주식회사 바구스BAGUS가 경영하는 라운지 카페 '1967'은 마쓰무라와 같은 1967년생 멤버 3명이 모여 만든 점포이다. 마쓰무라가 이 점포를 구상하게 된 것은 약 15년 전의 일이었다.

2001년, 마쓰무라가 최초로 카페 레스토랑을 긴자에 냈던 해에 롯폰기의 게야키자카 거리에 있는 빌딩 3층에 리조트 레스토랑이라는 콘셉트의 '카시타Casita'가 문을 열었다. 커다란 테라스에서 샴페인과 와인, 캘리포니아 퀴진California Cuisine(전통적인 프렌치나 이탈리안을 베이스로 캘리포니아의 신선한 어패류와 야채, 각국의 스파이스 등을 조합해 만든 요리)을 제공하는 이 레스토랑은 큰 인기를 얻었다.

손님으로서 몇 번이나 이곳을 방문했던 마쓰무라는 큰 충격을 받았다. '이렇게 큰 테라스가 있는 가게가 롯폰기 5번가에 있었다니 기적이야. 지금 나에게는 무리지만 언젠가 반드시 이곳에 점포를 내고 싶다.'

그리고 그는 건물의 위치가 성공을 좌우한다는 것을 마음에 새겼다. 이윽고 점포 수가 급증하고 상장기업의 대표가 된 마쓰무라에게 뜻밖의 소식이 들려왔다. 2012년 가을, '카시타'가 입점해 있던 건물을 손에 넣을 수 있다는 것이었다. 이곳이 롯폰기 재개발 지역으로 지정되어 5년간 한시적으로 임대계약을 한다는 조건이었다.

5년 후 허무는 것이 정해져 있는 건물의 점포. 일반적인 경영자라면 쳐다보지도 않겠지만 마쓰무라는 망설이지 않았다. 서둘러 계약을 추진한 그는 12년 전에 그곳에서 그렸던 꿈이 이루어진다는 사실에 흥분해 있었다. 계약서에 사인을 한 마쓰무라는 이런 스토리텔링을 준비했다.

> 계약이 만료되는 2017년, 나는 50살을 맞게 된다. 45살에 시작하여 지천명知天命이라는 50살에 결승점의 테이프를 끊는 점포. 불과 5년간이라는 시한부 생명이기에 진정한 전설이 될지도 모른다. 아니 반드시 불멸의 전설을 만들어내고야 말겠다.

'1967'의 5년을, 45살부터 50살까지의 자신의 모습과 동일시한 마쓰무라는 점포를 운영하는 자신의 회사 임원에게 짧게 말했다.

"콘셉트는 딱 하나, 전설로 남을 점포. 점포의 이름은 '1967'이다."

다시 되묻는 임원에게 마쓰무라는 천천히 입을 떼었다.

"일 · 구 · 육 · 칠"

"그게 무슨 의미지요?"

"내가 태어난 해야."

마쓰무라가 태어난 연도를 점포명으로 정한 것은 물론 이유가 있었다. 전설을 만들 동료로서 자신과 같은 1967년생 두 명의 크리에이터를 뽑았기 때문이다. 크리에이티브 디렉터로 지목한 것은 이나모토 켄이치였다. 그는 마쓰무라의 친구이며 지지자이고 크리에이터로, 외식업계의 상장회사인 주식회사 제톤zetton의 대표이사이다. 그리고 전설의 무대를 만들 인테리어 디자이너에는 세계를 무대로 활약하고 있는 모리타 야스미치를 영입했다.

마쓰무라는 진두지휘를 맡은 이나모토에게 이렇게 속삭였다.

“돈은 얼마가 들어도 좋아. 예산이 어떻게 되든 어떤 디자인이 나오든 나는 전혀 상관하지 않을 테니 이나모토와 모리타가 하고 싶은 대로 만들어보게.”

마쓰무라가 이나모토에게 부탁한 것은 간단했다. ‘더 놀아라, 어른들이여!’라는 캐치프레이즈를 실현할 것.

이나모토와 모리타가 다른 데 눈을 돌리지 않고 자신들의 생각대로 밀고 나간다면 그거야 말로 유일무이한 최고의 점포가 될 것이다. 총지휘자로서 점포 구성을 위한 인선 작업을 마친 마쓰무라는 자화자찬했다. 무엇보다 이나모토와는 이전부터 아는 사이였던 디자이너 모리타와 일을 한다는 것은 마쓰무라에게 있어 하나의 도전이었다. 디자이너로서의 지명도는 물론 개런티도 파격적인 모리타와는 이나모토의 소개로 알게 되었고, 최근에 와서야 편히 이야기를 나눌 수 있는 사이가 되었다.

파티나 회식자리에서 마주칠 때마다 모리타는 마쓰무라에게 늘 같은 인사말을 건넸다.

“마쓰무라, 슬슬 재밌는 가게를 만들어 보자고.”

“그래. 언젠가는 꼭.”

최고의 디자이너인 모리타에게 어울릴 만한 일을 맡기지 않는다면, 그리고 그의 재능을 남김없이 발휘할 수 있는 일이 아니라면 큰 실례가 될 것이다. 그러나 그런 기회가 언제 올지 마쓰무라는 장담할 수 없었다. 마침내 그때가 찾아온 것은 2012년의 가을이었다. 게야키자카의 건물 3층에 있는 점포를 모리타에게 보여주면서 마쓰무라는 말했다.

"모리타 씨가 자유롭게 디자인을 해주면 좋겠어요. 이곳에서 모리타 씨의 디자인이 실현된다면 외식업 역사에 남을 점포가 될 것이 틀림없으니까요."

모리타는 바로 마쓰무라의 얼굴을 보며 만면에 미소를 띠었다.

"마쓰무라, 나에게 맡겨줘."

이나모토에게 모리타가 흔쾌히 승낙했다고 전하자 이나모토는 마쓰무라에게 이렇게 조언했다.

"예산이 얼마가 들든 디자인 비용만큼은 깎으면 안 되네. 그 금액이야말로 모리타의 재능의 증거이며 열정의 징표니까 말이야."

"물론이지. 알고 있네."

이나모토와 모리타의 힘을 믿고 있던 마쓰무라는 향기로운 과일의 수확을 앞둔 농부처럼 그저 점포의 완성을 기다렸다.

6개월 간의 공사를 마치고 '1967'은 2013년 4월 12일 마침내 오픈했다. 점포의 공간적 테마는 '데이&나이트 라운지DAY & NIGHT LOUNGE'. 본격적인 오리엔탈 요리와 초록으로 둘러싸인 개방감 넘치는 테라스 석은 그곳을 찾는 사람들을 순식간에 일상에서 해방시켰다. 가라오케를 완비한 프라이빗 라운지와 장식 벽난로까지 설치한

VIP석에서는 손님들이 사치를 경쟁하듯 샴페인과 고가의 와인을 주문했다.

5년이라는 한정된 기간의 영업이기에 이윤추구와는 거리가 먼 어처구니없는 투자였으나 매일 밤 일본에서 가장 많은 샴페인을 터트리는 것을 보니 결과적으로 무모한 도전은 아니었다. 비용 대비 성과 측면에서 보자면 최악이었을 점포가(고객들은 호화로운 공간과 지극한 서비스를 만끽할 수 있었지만) 흑자경영을 할 수 있었다는 사실은 외식업계 관계자들을 충격에 빠트렸다.

새벽의 정적 속에서 홀로 거행한 '열광선언'

마쓰무라는 5년이라는 시한부 점포 '1967'에 친구들과 사업 파트너와 동료들을 초대하여 느긋하게 긴 시간을 보내면서도 늘 초조감에 사로잡히곤 했다. 잠 잘 시간도, 먹는 시간도 아까웠다. 마음속 깊은 곳에서 끓어오르는 뜨거운 열정을 실현하기 위해 1분 1초도 허비하고 싶지 않았다. 미래가 영원할 것이라고 믿었던 20대나 30대의 대범했던 사고방식은 완전히 사라졌다. 생각하면서 움직이고 결론을 내기 전에 주저 없이 사람들을 만났다.

만화 주인공 같은 옷을 입고 노래를 불러서 사람들을 웃기는 것도, 후지고코富士五湖 호수 주변에 수억 엔을 들여 호화 별장을 짓는 것도, 상장기업 사장이라고는 생각할 수 없을 정도의 패션을 선보이며 여배우들과 데이트를 거듭하는 것도 사람들이 뭐라 말하건 마쓰무라에게는 가슴에 있는 열정을 성과물로 만들어내기 위한 행위였을 뿐이다.

파킨슨병으로 시시각각 굳어가는 몸을 거부하면서 영혼만큼은 나이에 반비례하여 열기를 띠며 활활 타올라갔다. 마음속에서 들끓는 이 열광을, 삶의 증거를 다른 누가 보아도 분명히 인정해주기를 바랐다. 이렇게 결심한 마쓰무라는 잠들지 못하는 밤마다 또렷해지는 눈으로 몇 시간이나 어둠을 응시하곤 했다. 창가에 새벽빛이 물들 무렵 마쓰무라는 천정을 응시하며 마음속으로 이렇게 외쳤다.

'나의 열광이야말로 살아 있다는 증거다. 열광이야말로 시련에 대한 답이다. 나는 무슨 일이 생겨도 굴하지 않을 것이다. 신체의 자유를 빼앗긴다 해도 나의 확고한 사고회로만 있다면 절대로 지지 않아.'

마쓰무라의 소리 없는 외침은 더욱 강해졌다.

'나는 선서한다. 내가 존재하는 한, 설령 어떠한 일이 생기더라도 굴하지 않는다. 끝없이 나의 열광을 불러일으킬 것이다.'

새벽의 정적 속에서 홀로 거행하는 '열광선언'. 이것은 마쓰무라에게 있어 생명과 마주하는 신성한 순간이었다.

2015년 4월 9일, '1967'의 2주년 파티가 열렸다. 캐치프레이즈가 '더 더 더 놀아라, 어른들이여!'로 바뀐 '1967'에 무료로 초대된 손님들은 약 500명 정도. 오후 7시 개장을 앞두고 엘리베이터 앞에는 긴 줄이 늘어섰다. 일반 손님들과 별도로 VIP 손님들 줄에는 마쓰무라가 존경해마지 않는 에프플레인F-plain의 히라노 타케히토, 발스 프랑프랑BALS Francfranc의 다카시마 이쿠오, 제이그룹 홀딩스J-group Holdings의 니타 지로 등의 모습도 보인다. 점포 오픈 전부터 거물급 VIP들이 줄을 서 있는 모습에 스태프들은 당황했다.

오후 7시 반에 파티가 시작되자 점포 안은 사람들로 북적였다. 한 손에 잔을 든 사람들은 출근길 지하철처럼 혼잡한데도 불평하기는 커녕 일본에서 가장 '핫한' 곳의 기념식에 참석하고 있다는 것을 즐기고 있었다.

그런데 주인공인 마쓰무라의 모습은 파티 오프닝에서는 볼 수 없었다. 그가 '1967'에 도착한 것은 저녁 8시. 오프닝에 30분이나 늦은 데는 이유가 있었다. 12살인 큰아들 나쓰미가 그토록 만나고 싶어 했던 유튜버YouTuber와의 만남이 성사되어 그 자리에 함께하고 온 것이다. 이런 중요한 날에 얼마나 '아들바보' 같은 짓인지…….

하지만 이혼 후 떨어져 지내는 아들의 부탁이라면 무슨 일이 있어도 들어주고 싶었다. 좀 지나치다는 생각도 있었지만 직원들과 오프닝의 사회를 맡은 이나모토에게 양해를 구했다. 아들의 소원을 들어준 후 겨우 롯폰기로 향한 마쓰무라는 차 안에서 스태프로부터 전화를 받았다.

"사장님, 가게 안은 손님들로 가득 찼습니다."

"그래……. 다행이군. 정말 다행이야."

이 말은 파티가 성공한 것에 대한 안도임과 동시에 자신이 '1967'을 만들기로 마음먹었던 날의 각오가 이루어진 것에 대한 뿌듯함이었다. 마쓰무라가 이 날을 위해 각별히 고른 의상은 '놀 줄 아는 어른'을 제대로 표현한 스타일이었다.

자라ZARA의 회색 모자와 아이보리색 슈트, 가슴에 사람 얼굴이 그려진 꼼데가르송COMME des GARCONS의 흑백 셔츠, 검정 가죽으로 된 나비넥타이, 디젤DIESEL의 벨트, 랑방LANVIN의 카모플라주 무늬 스니커즈, 크롬하츠 안경.

'1967'의 2주년 기념일, 이는 즉 자신이 2년 후에는 50살을 맞게 된다는 카운트다운의 시작이기도 하다. 마쓰무라는 40살이 지나서야 자라에 드나들게 되었고 이제는 매번 자라의 옷을 대량 구입하는 자신이 우스웠다.

이탈리아 브랜드의 슈트와 넥타이를 전투복으로 입던 시절의 자신은 패션을 즐기는 기술 따위는 알지 못했다. 당시 사귀던 여자 친구에게 '뚱뚱해서 싫다'라는 말을 듣고 국수 다이어트를 시작하여 체중을 20킬로그램 감량했다. 살이 빠지자 인기도 생겼고 '어른들이야말로 더 진심으로 놀아야 한다'고 절실히 깨달았고 패션도 즐길 줄 알게 되었다. 매일 평범하고 어두운 색의 양복을 입던 시절에는 거울은 보지도 않던 그였지만 지금은 하루에 10번이고 20번이고 거울 앞에 선다.

"마쓰무라는 의류업계 사장들을 빼면 가장 세련된 스타일의 사장이 아닌가?"

빔스BEAMS의 시타무라 요 사장의 이런 칭찬이 마쓰무라에게는 큰 자신감을 주었다. 패션과는 거리가 멀었던 마쓰무라의 이런 혁명적인 변화는 그의 신체에 찾아온 변화와 관계가 있다. 마쓰무라는 자라

스타일을 좋아하기도 했지만 그 옷을 입는 자신의 몸에서도 눈을 돌리고 싶지 않다고 생각했던 것이다.

마르고 부자연스러운 움직임, 경련을 일으키고 통증을 유발하는 자신의 신체를 있는 그대로 바라보며 그런 현실을 마음에 새겼다. 병이라고 하는 잔혹한 운명과 인생에 찾아온 고뇌. 그는 젊고 스키니한 스타일의 양복을 입으며 그런 자신의 모습을 응시하고 있었다. 파킨슨병이 진행되는 것이 억울해서 소리를 질러보기도 하고 비참한 마음에 울기도 했지만 이 모든 것을 자라 브랜드를 걸침으로써 단번에 웃어넘길 줄 아는 강인함을 몸에 익혔다.

2주년 파티가 한창인 '1967'에 도착한 마쓰무라는 직원들에게 부축을 받으며 북적거리는 점포 안을 돌아다니며 인사하기에 바빴다. 테라스도 바 카운터도 VIP석도 온통 사람들로 가득 차서 제대로 움직이지도 못할 정도여서 우아하게 이야기를 나누기란 어려웠지만 모두 마쓰무라를 보며 웃고 있었다. 마쓰무라도 기뻤다. 어디를 보아도 모두 웃고 있었다. 마시며 이야기하고, 춤추고 노래하며 즐기는 모습이었다.

'1967'이 전설의 점포가 될지 안 될지는 아직 알 수 없다. 하지만 적어도 한 단계씩 계단을 오르고 있다는 것은 명확했다. 그런 생각이 들자 사회를 맡은 이나모토와 그 곁에 있는 모리타에게 달려가 부둥켜 안고 싶은 마음이 가득했다.

"이나모토, 모리타 씨, 정말 고맙네. 멋진 어른들이 이렇게 떠들썩하게 즐기고 있으니 말이야."

그러나 마쓰무라가 힘차게 뱉은 이 말은 누구의 귀에도 들리지 않았다. 이 날 마쓰무라의 컨디션은 최악의 상태로 목소리조차 거의 낼 수 없었다. 1시간 전에 먹은 약 기운이 들어주기를 기대하였지만 뼈 속까지 힘이 나는 것은 아니었다.

마쓰무라는 이나모토와 모리타의 어깨에 기대며 중앙으로 걸어나갔다. 장내에는 세카이노 오와리(일본의 인디밴드)가 부른 '드래곤 나이트Dragon Night'가 흘렀다. 이번 2주년 파티는 3월 29일 생일을 맞이하는 마쓰무라의 생일파티도 겸하고 있어서 그를 축하하는 이벤트가 준비되어 있었다.

세카이노 오와리 밴드의 보컬인 후카세의 복장을 하고 나타난 것은 마쓰무라와는 마치 피를 나눈 형제처럼 지내는 니시야마 토모요시였다. 숯불구이 불고기 체인점인 '牛角(규카쿠)'를 7년 9개월 만에 1000개로 확대시키며 파란을 일으킨 니시야마는 외식업계의 신이라고 불리며 마쓰무라가 누구보다 경애하는 사람이다. 그 니시야마가 '마쓰무라를 위해서라면 무슨 일이라도 하겠다'며 카키색의 모자가 달린 코트를 걸치고 보라색 가발과 커다란 검은색 선글라스를 쓰고, 마이크를 오른손에, 트레이드마크인 커다란 깃발을 왼손에 들고 등장한 것이다.

"마쓰무라, '1967' 2주년과 생일을 축하하네!"

니시야마의 힘찬 목소리에 마쓰무라는 몸이 떨리는 것을 느꼈다.

'니시야마 형님, 감사합니다. 형님께 조금이라도 칭찬받고 싶어서 더 노력했습니다.' 이렇게 말하며 머리를 숙이고 싶었지만 마쓰무라의 손발뿐만 아니라 볼의 근육마저 경직되어 얼굴에 미소조차 지을 수 없었다.

'이런 날 밤에 최악의 컨디션이라니……. 이렇게 마음이 불타고 떨리고 있는데 이를 전할 수 없다니. 동료들과 손님들, 스태프들에게 감사의 말을 전할 수도 없다니…….'

전혀 목소리도 낼 수 없고 인사도 할 수 없었던 마쓰무라는 감격과 동시에 분한 마음에 휩싸였다.

이제 겨우 이야기가 시작되었을 뿐이야

자정이 다 되어 파티가 끝나갈 무렵 마쓰무라를 부축하고 있던 이나모토가 마쓰무라의 귓가에 이렇게 말했다.

"마쓰무라, 1967년에 태어난 우리들의 손으로 다음 세대에도 계속 회자될 장소를 만들 수 있어서 정말 좋았어. 진심으로 감사하게 생각해."

어떤 상황에서도 쿨한 이나모토의 눈동자가 빛나고 있었다.

"이렇게 사람들이 모이는 장소는 10년이 지나도 100년이 지나도 1000년이 지나도 반드시 존재할 거야. 하지만 한 시대에 그 존재를 강렬하게 새겨놓을 수 있는 곳은 손에 꼽을 정도일 테지. '1967'은 반드시 그 중 하나로 꼽힐 거야. 그런 장소를 자네와 모리타와 함께 만들 수 있었다는 건 나에게 큰 자랑이야. 고맙네. 마쓰무라 자네 덕이야……."

마쓰무라는 친구의 말을 듣자 가슴이 뜨거워지는 것을 느꼈다. 그 의미를 음미하며 여러 가지 생각이 들었다. 다른 누구도 아닌 자신이 만든 점포가 이렇게 사람들의 밤을 화려하게 수놓고 있다. '1967'은 분명 3년 후면 이 세상에서 자취를 감추겠지만 이나모토의 말처럼 사람들이 모일 수 있는 공간과 요리, 술을 찾아 거리를 몰려다니는 일은 멈추지 않을 것이다.

'나는 열광이라는 것을 잊은 적이 없다. 마음속에 간직한 열정은 최고조에 달했다. 하지만 파킨슨병이 계속 진행되면서 먼 미래에 대한 꿈을 가로 막고 있었다. 사실 부자연스런 활동과 고통과의 싸움에 소비하는 시간이 매일 늘고 있었다. 하지만 나는 고독하지 않다. 나에게는 많은 동료들이 있다. 나의 비전과 계획들을 수용하고 형상화시켜줄 훌륭한 직원들이 함께하고 있다.'

마쓰무라는 있는 힘을 다 짜내듯 이나모토에게 말했다.

"이나모토, 고맙다고 해야 하는 것은 나일세. 멋진 점포를 만들어줘서 고맙네. 하지만 '1967'은 우리들의 완결판이 아니네. 우리 이야기의 시작이지. 언젠가 또 함께 이런 공간을 만들고 싶네. 50대, 60대, 70대가 되어서도 쿨하고 멋진 점포를 만들어서 이런 파티를 열자고."

이나모토는 마쓰무라의 얼굴을 보지 않았다. 그도 마찬가지로 아무 소리도 낼 수 없었던 것이다. 마쓰무라는 마음을 담아 이나모토의 팔을 있는 힘껏 꽉 쥐었다.

"그리고 이나모토……."

마쓰무라는 필사적으로 말을 이었다.

"나는 말이지, 반드시 이 병을 극복할 거네. 그리고 아무한테도 들키지 않게 몰래 연습해서 호놀룰루 마라톤 대회에 출전해서는 자네를 큰 차이로 따돌리고 골인할 거라고."

"마라톤?"

이나모토는 마쓰무라의 얼굴을 쳐다보았다. 트라이애슬론 선수로서 전 세계를 휘저으며 다니고 있는 이나모토는 서퍼이면서 마라토너이기도 하다. 외식산업계 종사자 중에서는 수퍼 운동선수인 셈이다.

"그러니까 호놀룰루 마라톤에서 보자고……."

이나모토가 빙긋 웃으며 답했다.

"알겠네. 승부를 가려보자고. 호놀룰루 마라톤에서 나를 큰 차이로 누르고 이긴다 이거지? 나도 그리 쉽게 지지는 않을 거라고."

그 순간 눈을 감은 마쓰무라는 야자수가 늘어선 길을 빠져나가 무지개가 걸쳐진 다이아몬드헤드를 질주하는 자신의 모습을 상상하고 있었다.

"꼭 이겨주지."

마쓰무라의 눈을 보며 이나모토가 웃었다.

"역전 당하지나 말라고."

마쓰무라는 자신의 몸에 깃든 영혼이 아직은 완전하게 자유라는 것을 느낄 수 있었다.

1장

파킨슨병에도
꿈은 시들지 않는다

8년만의 고백

2014년 6월 초순, 나(고마쓰 나루미)는 마쓰무라에게 한 통의 전화를 받았다.

"같이 식사라도 하시지 않겠습니까? 둘이서만 하고 싶은 말이 있습니다."

미나토쿠港區 시바에 있는 다이아몬드 다이닝 본사 사장실에서 만나서 차를 타고 회원제로 운영되는 리조트호텔 일본음식점으로 향했다. 예약된 자리에 안내되어 앉자 마쓰무라는 여느 때처럼 이야기를 시작했다. 누구보다 바쁜 그이지만 상대방을 배려하는 마쓰무라는 이렇게 말을 꺼냈다.

"바쁘실 텐데 저를 위해 이렇게 시간을 내주셔서 깊이 감사드립니다."

하지만 그 날은 평소와 같은 밝은 표정이 아니었다.

"실은 아무래도 직접 만나 뵙고 말씀드리고 싶어서……."

장마가 갠 뜨거운 여름날에도 마쓰무라는 검은색 여름 재킷을 걸치고 있었다. 검은색 바탕에 흰색 줄이 그려진 프린트 셔츠에 니트 넥타이를 매고 모자는 회색의 중절모를 쓰고 있었다.

나는 어딘가 울적해 보이는 마쓰무라에게 패션에 대해 물었다. 어디 브랜드인지 묻자 그는 가볍게 이야기했다.

"자라ZARA입니다. 정말 마음에 들어서 최근에 자주 입고 있습니다."

마쓰무라는 고개를 숙여 자신의 옷을 내려다 본 후 앞에 서 있는 젊은 셰프의 칼질에 눈을 돌렸다. 그리고 갑자기 이렇게 이야기를 건넸다.

"해외에서 일하실 생각은 없나요? 혹시 괜찮으시다면 저의 제안을 한 번 들어보시죠. 언젠가는 해외에 본격적인 일본 식당을 내려고 하는데 뛰어난 셰프를 찾고 있습니다."

마쓰무라는 이렇게 말하고 재킷 주머니에서 명함을 꺼내어 셰프에게 내밀었다. 회를 뜨던 손을 잠시 멈추고 양손으로 명함을 받은 셰프는 '아' 소리와 함께 자세를 바로 했다.

다이아몬드 다이닝 대표이사 마쓰무라 아쓰히사

"감사합니다. 그렇게 말씀해 주시다니 영광입니다."

젊은 셰프가 놀라는 것도 무리는 아니다. 소유 점포가 200개가 넘고 총자산이 150억 엔에 이르는 외식업 상장기업의 사장으로부터 갑자기 명함을 받았으니 말이다.

"저는 아직 수련 중이라서……. 하지만 앞으로도 잘 부탁드리겠습니다."

마쓰무라는 젊은 셰프의 말에 끄덕이며 자조적인 웃음을 지었다.

"이런 안 되겠네요. 손님을 식사에 초대한 자리에서 업무 이야기를 하다니. 언제 어디서나 결국 다이아몬드 다이닝 점포와 요리에 대한 것만 생각하게 됩니다. 제가 이렇게 안 해도 필요한 일들은 직원들이 다 잘해주고 있는데 말이죠."

오후 6시가 지나자 큰 창문을 통해 석양의 빛이 비스듬히 깔리고 있었다. 시원하고 조용한 식당 안에는 아직 다른 손님은 없었다. 자세를 바로하고 앉은 마쓰무라는 크게 숨을 내뱉고는 이렇게 말을 꺼냈다.

"오늘 이렇게 뵙자고 한 것은 저에 대한 말씀을 드리고 싶어서입니다."

자기 자신에 대한 것이라는 말을 듣고 마쓰무라의 건강에 대한 이야기일 거라는 생각이 들었다. 마쓰무라의 몸은 거의 지속적으로 부자연스런 움직임을 보이며 흔들거리고 있었다. 발음이 불명확한 경우도 있었고 갑자기 몸이 경직되고 얼굴 표정조차 굳어버리기도 했다. 그의 증상에 대해서 마쓰무라 자신도 마쓰무라의 주위 사람들 중 누구도 말하지 않았으므로 나 역시 그런 것에 대해 언급한 적이 없었다. 물론 마쓰무라에게 나타나고 있는 증상을 보면 그것이 심각한 병이라는 것은 바로 알 수 있었다.

"벌써 알고 계실지도 모르겠습니다만……."

나는 조용히 마쓰무라의 다음 말을 기다렸다.

"저는 ……약년성 파킨슨병입니다. 신경세포들이 어떤 이유에서인지 점점 소멸하게 되어 몸의 기능이 이상해지는 신경퇴행성 질환입니다."

말을 멈추고 마쓰무라는 눈물을 흘렸다. 그리고 눈물을 닦으며 자신의 병에 대하여 이야기하기 시작했다.

"저의 병에 대해 이야기한 것은 고치에 계신 어머니와 5년 전에 이혼한 전 부인, 그리고 이혼 후 사귀었던 두 사람의 여자 친구뿐입니다."

그와 늘 함께하고 있는 직원들에게도 동료나 친구에게도 마쓰무라는 병명을 알리지 않았다.

"제가 사람들에게 저의 병에 대해 알리게 되면 주위 분들에게 걱정과 부담을 안겨주고, 증상에 대한 설명을 해야 할 것 같아서입니다. 그런데 이 병에 대해 설명하고 증상을 알려주는 것은 정말 어려운 일입니다. 약이 잘 들어서 상태가 좋을 때도 있고 운동장애가 생겨서 자기 자신도 조절이 안 될 정도로 몸이 떨리거나 불규칙적인 움직임이 나타나기도 하는데 걷는 것도 서 있는 것도 앉아 있는 것도 힘들어집니다."

이 날의 마쓰무라는 몸이 흔들리고는 있었지만 비교적 안정적이었고 잔을 들거나 젓가락을 드는 것도 무리 없어 보였다. 목소리도 분명해서 이야기도 가능했다. 그러나 신체 움직임을 컨트롤하지 못할 때에는 의자에서 바닥으로 떨어지기도 하고 바닥에 드러눕기도 했다.

"오늘은 괜찮은 편이지만 어제는 아니었습니다. 그런데 그저께는 증상이 하나도 없어서 늦은 밤 스태프들과 고기를 먹으러 나가기도 했습니다. 그런 날도 가끔 있습니다. 그렇게 상태가 좋은 날이 점점 줄고 있긴 하지요."

그리고 자신의 병을 알리지 못했던 가장 큰 이유에 대해 이야기를 이어갔다.

"파킨슨병은 한눈에 신체의 이상을 알 수 있습니다. 말투도 바뀌고 인상도 달라집니다. 사람들은 이러한 변화가 환자의 뇌에서도 일어나고 있다고 생각합니다. 하지만 뇌의 기능은 무엇 하나 잘못된 것이 없습니다. '오프OFF 증상'이라고 해서 과잉행동을 보인 후에 몸이 인형처럼 굳어지는 경우가 있는데 그럴 때조차 뇌의 사고는 완벽히 작동합니다. 오히려 집중력은 더 나을지도 모르겠습니다."

다이아몬드 다이닝의 사장으로서의 책임과 체면을 위해, 자신의 병에 대한 정확한 정보와 시시각각으로 변하는 증상을 제대로 전달하는 것은 불가능하다고 판단했던 것이다.

"파킨슨병 환자는 현재 일본에 14만 명 이상 있지만, 20대, 30대에서 발병하는 약년성 파킨슨병은 매우 드물다고 합니다."

극히 드문 난치병이라고 한다면 질병에 대한 이해를 바라기는 어려운 일이다.

"바로 목숨과 연관된 질병은 아니니까요. 실제로 병이 어느 정도 진행된 후에도 신경쓰지 않고 일을 해왔습니다. 직원들과 함께 점포를 돌아다니고 새 점포를 열기 위해 진두지휘를 하기도 하고. 2, 3년 전까지는 이대로 파킨슨병의 진행이 멈출 수도 있는 건 아닐까 생각하기도 했습니다."

마쓰무라는 입술을 깨물었다.

"그러나 최근 1년 동안 이전과는 확연히 달라지고 말았습니다."

잠깐 동안의 침묵이 흘렀다.

"매일 우리 가게를 찾아주시는 고객들, 그리고 주주들, 열심히 일하는 직원들, 그리고 너무나 걱정하고 있는 친구들과 가족들에게도 알리지 않고 있기가 괴로웠습니다."

마쓰무라가 자신의 병을 세상에 알릴 수 없었던 이유는 단 하나, 상장기업의 대표이기 때문이다. 기업의 대표가 심각한 질병에 걸리게 되면 경영에는 지장이 없다 해도 유언비어에 의한 심각한 피해는 피할 수 없을 것이고 주가에도 영향을 끼칠 가능성이 크다.

"솔직히 말씀드리면…… 파킨슨병이라고 공표하고 동정을 받는 것도 참을 수 없을 것 같았습니다. '저 사람은 병에 걸렸대', 그래서 '목표를 달성하지 못해도 매출이 줄어도 어쩔 수 없지'라는 말만큼은 듣고 싶지 않았습니다. 게다가 다른 사람들뿐만 아니라 가족이나 친구들에게 '불쌍하다'는 말을 듣고 싶지 않습니다. 남자는 불쌍하다느니 안 됐다느니 같은 말을 들으면 그걸로 끝인 겁니다."

고치현 출신 남자다운 말이다. 마쓰무라는 고집세고 호쾌하며 외곬의 쾌남아가 많은 고치현 남자들의 표본과도 같은 인물이었다. 마쓰무라가 입술을 삐죽 내밀며 이야기했다.

"게다가 후생노동성이 난치병으로 지정한 병을 공표하고 나면 밤에 나가서 술을 마시고 떠들어대거나 여자들과 만나 데이트 하기도 어려워지지 않겠어요?"

겨우 웃는 얼굴을 되찾은 마쓰무라를 보며 나도 웃었지만 30대부터 증상의 진행을 받아들인 마쓰무라의 마음을 생각하면 참을 수 없었다.

다시 침묵이 흘렀다. 나는 마음을 다잡고 마쓰무라에게 물었다.

"절망했던 적은 없었나요?"

그의 고백을 듣고 충격을 받은 나의 마음을 가볍게 해주려고 입가에 미소를 띠우고 있는 마쓰무라의 진짜 속마음을 듣고 싶었기 때문이다.

마쓰무라는 잠시 생각하고 혼잣말처럼 중얼거렸다.

"절망 말입니까? 글쎄요, 고뇌는 있지만 절망은 없었습니다."

그는 자신의 마음을 섬세히 기억하고 있었다.

"물론 굉장히 침울해지기는 했습니다. 이 병의 잔혹함은 흉한 몰골입니다. 가만히 있지도 못하고 반대로 몸이 경직될 때는 제대로 돌아눕지도 못합니다. 일상생활을 하는 것만으로도 허리와 등에 심한 통증에 시달리게 됩니다. 조금씩 통증에도 익숙해지고 있지만 손발이 지속적으로 떨리고 있을 때, 그 반대로 움직이지 못할 때, 거듭해서 나에게 찾아온 운명을 생각하게 됩니다. 왜 하필 나지?…… 왜 내가 이런 병에 걸린 걸까……."

그 누구도 마쓰무라에게 답을 해줄 수 없을 것이다.

"파킨슨병 환자들 중에는 병이 진행되면서 실제로 우울증에 걸리는 사람도 많다고 합니다. 저도 물론 밤마다 침울해졌습니다. 그런데 바닥 끝까지 떨어지고 나니 이번에는 '이런 병 따위에 질 수 없다'는 믿을 수 없을 정도의 투쟁심이 솟아나더군요. 싸우고 싸워서 절대 지지 않겠다고 맹세했습니다. 저 자신도 놀랄 정도로 급반전되었습니다. 절망 직전에 전투 모드로 들어간 겁니다."

그 말 그대로 마쓰무라는 병이 진행되어도 업무적으로도 일상생활에 있어서도 크게 제한을 두지 않았다. 해외로 여행도 가고 회식자리나 파티에도 연일 참석했고 주말에도 쉬지 않고 일했다. 실제로 다이아몬드 다이닝의 업적은 위축되지 않았고 사업은 비약적으로 성장하고 있었다.

"죽어도 병 때문에 실패자가 되고 싶지는 않았습니다. 그렇기 때문에 저는 압도적인 승자가 되어야 합니다."

마쓰무라는 경련이 일어난 듯 쭉 뻗는 양 손의 손가락을 가만히 바라보고 있다.

"그리고 이 병에 걸렸기 때문에 얻게 된 행복도 있습니다."

마쓰무라의 눈가에 다시 눈물이 고였다.

"제가 세상에서 가장 존경하는 니시야마 토모요시 씨가 이렇게 말했습니다. '마쓰무라, 자네의 병은 내 목숨과 바꿔서라도 반드시 고쳐주겠네'라고요."

마쓰무라는 소리를 내어 울기 시작했다.

니시야마는 마쓰무라의 병명을 직접 듣지는 못했지만 자주 만나면서 그가 심각한 병에 걸렸다는 것을 눈치 챘던 것이다.

"외식산업에 종사하는 사람들에게 있어서 니시야마 씨와 그의 성공은 동경의 대상입니다. 그저 우러러 볼 뿐인 사람이 지금 저의 손을 잡고 가족처럼 여기고 그렇게 말해준 겁니다. 역설적이게도 병에 걸리지 않았다면 이런 행복감은 느끼지 못했겠지요."

오른쪽 재킷 소매로 눈물을 닦은 마쓰무라는 천천히 나를 향하고는 단숨에 이렇게 말했다.

"내 몸이 어디하나 불편한 곳 없이 움직인다면, 지금 이 순간에 완벽하게 이겼을 텐데……. 이렇게 매일 밤 생각했습니다. 아니 오늘 밤도 그렇게 생각하겠죠. 벌써 일본의 최고가 되어서 이제는 세계를 상대하고 있었을 텐데……. 억지일지도 모르지만 건강한 몸만 있다면 일분일초를 아껴서라도 일하고 세계를 누비고 있을 것이며, 목표를 향해서 악착같이 돌진하고 있을 것이라고 생각합니다. 파킨슨병에 걸리고 난 후 점점 몸도 자유롭게 움직이지 않게 되고 통증에 시달리는 시간이 늘어나는 것이 불합리하고 분해서 참을 수 없었습니다. 하지만 최근에는 이렇게 생각하고 있습니다. 이 병은 나의 운명이었다고. 파킨슨병에 걸렸기 때문에 이런 마음을 갖게 된 것이라고. 오히려 병에 걸린 후 생각과 꿈에 한계가 없어졌어요. 목숨이 붙어 있는 한 포기하지 말고 힘차게 나아가자. 다이아몬드 다이닝을 전대미문의 업적을 남긴 기업으로 만들어 보자. 진심으로 이렇게 생각하게 되었습니다. 그러자 저를 도와줄 동료들이 하나하나 나타났습니다. 병이 괴롭기는 하지만 고독하지는 않습니다. 언제나 직원들과 동료들에게 둘러싸여 믿을 수 없을 정도로 많은 도움을 받고 있습니다. 저 자신이 이렇게 될 수 있었던 것은 사실은 파킨슨병 덕분일지도 모릅니다. 건강했다면 어느 정도 성공한 것으로도 만족하고 우쭐해져서 거기까지의 다이아몬드 다이닝으로 끝났을지도 모르니까요."

병을 앓으면서도 타협하지 않고 전진하는 마쓰무라는 그야말로 등번호 10번을 단 다이아몬드 다이닝팀의 사령탑이었다.

외식업계의 이단아인가, 천재인가?

외식업계에서 마쓰무라 아쓰히사에 대한 평판은 엄청나다. '외식업계의 판타지스타', '음식과 엔터테인먼트를 융합시킨 천재', '레스토랑업계의 금기에 도전해 승리한 남자'라는 찬사가 쏟아지는 한편 그의 특이한 경영방침과 거듭되는 출점 계획의 변경, 남다른 개성과 콘셉트에 대해 '이단아', '무계획 경영자', '관심종자' '빅마우스'라는 야유를 쏟아내기도 한다.

나는 이전에 인터뷰하기 위해 조사했던 마쓰무라의 일대기를 되새겨 보았다. 조사에 따르면 마쓰무라가 유일무이한 경영자라는 점에는 의심의 여지가 없다.

1967년 고치현에서 태어난 마쓰무라는 대학 재학 중에 레스토랑 체인점 '사이제리야saizeriya'에서의 아르바이트 경험을 계기로 외식·서비스업에 흥미를 갖게 되었다. 1989년 대학을 졸업한 후, 서비스업에서 성공하겠다는 목표를 갖고 당시 유명 디스코클럽을 운영하고 있던 닛타쿠엔터프라이즈에 입사하여 디스코클럽의 기획·운영에 관여하며 '웨이터 사천왕'이라는 별명을 얻기도 했다.

1995년, 6년간 근무했던 닛타쿠엔터프라이즈를 퇴사하고 독립했다. A&Y뷰티서프라이즈를 설립하고 이케부쿠로에서 태닝샵을 시작했다. 도쿄도 내에서 태닝샵 체인점을 확장해가며 큰 성공을 거두었다.

2001년, 긴자에 '뱀파이어 카페'를 오픈하며 마침내 음식업에 뛰어들었다. 드라큘라 백작의 관을 모방한 콘셉트 레스토랑은 이후 마쓰무라가 만들기 시작한 점포들의 원점이 되었다. 2002년 12월에 사명을 주식회사 다이아몬드 다이닝으로 변경하고 이후 점차 독자적인 발상으로 레스토랑을 진출시키며 2007년 3월에는 오사카증권거래소 헤라클레스(현재 JASDAQ)에 상장되었다. 2008년 1월에는 '외식 어워드 2007'을 수상했다.

멀티 콘셉트 전략을 내세워 지속적인 성장을 거듭하여 2010년 10월에 '100가지 브랜드, 100개의 점포'를 달성했다. 그룹 회사로는 (주)바구스 BAGUS, (주)선풀SUN POOL, (주)골든매직GOLDEN MAGIC, (주)도사샤츄 土佐社中 등을 거느리며, 2014년 11월에는 도쿄증권거래소 2부로 편입되었다.

레스토랑 경영의 어려움을 극복하고 궁극의 즐거움을 추구하던 마쓰무라에게 찾아온 가혹한 운명. 파킨슨병을 받아들이며 현재를 살아가고 있는 마쓰무라는 단순한 경영자의 영역을 넘어 사람의 마음을 움직이는 카리스마로 외식업계에 영향력을 미치고 있다.

나는 젓가락질을 멈추고 마쓰무라에게 말했다.

"부디 건강관리에 힘쓰셔서 지금처럼 일을 계속해주세요. 다이아몬드 다이닝이 아니면 할 수 없는 레스토랑을 만들어주세요. 그리고 오늘 들려주신 이야기는 누구에게도 말하지 않겠습니다. 비밀엄수의 의무는 작가의 한 부분이기도 하니까 안심하셔도 좋습니다."

그리고 기업가로서 예전처럼 인터뷰에도 응해달라고 부탁하는 나에게 마쓰무라는 고개를 저었다.

"아니요. 그러실 필요 없습니다. 이런 고백을 한 것은 저에 대한 모든 것을 책으로 써주시길 바라기 때문입니다. 주제 넘는 일이라는 것은 알고 있지만 부디 저에 대한 책을 써주시겠습니까?"

나는 뭐라 대답해야 할지 몰랐다. 파킨슨병에 대한 고백을 듣고 8년간의 비밀을 알게 된 내가 그의 모든 것을 쓸 수 있을 리가 없다고 생각했기 때문이다.

"마쓰무라 씨가 직접 성공의 발자취를 자신의 언어로 쓰면 더 좋지 않을까 합니다. 능력 있는 구성작가가 있으니까 마쓰무라 씨의 구술을 받아 적는 것만으로도 좋은 책이 될 겁니다."

마쓰무라가 외식업의 매력과 자신의 일에 대한 열정을 써준다면 젊은 층이나 비즈니스맨들에게 반드시 인기가 있을 것이다. 그러나 훌륭한 비즈니스 책이 만들어질 것이라고 말하는 나에게 마쓰무라는 거듭 머리를 저었다.

"아니요, 저는 직접 책을 쓸 생각은 없습니다. 제 이야기를 써줄 작가님을 이전부터 정해놓았었습니다. 그 작가님께 오늘 이렇게 부탁드리는 것입니다."

나는 더는 아무 말도 할 수 없었다. 마쓰무라를 처음 만났을 무렵부터 들어왔던 말에 이제는 답해줄 때가 왔다는 것을 깨달았기 때문이다.

아무 것도 감추지 말고 써주세요

마쓰무라와의 첫 만남은 2011년 11월 7일, 아자부주방麻布十番에서 와인&레스토랑Cast78을 경영하던 다카오카 아키코의 소개로 마쓰무라가 경영하는 레스토랑에서 회식을 하면서였다.

그날 감기에 걸려 고열이 나는데도 긴자의 '마이몬MAIMON'로 달려온 마쓰무라는 이마에서 흐르는 땀을 닦으려고도 하지 않고 회식이 시작되자마자 내가 쓴 책을 몇 번이고 읽고 있다고 말해주었다.

"고교시절 축구부였던 저는 나카타 히데토시中田英寿의 광팬으로 당신의 '나카타 히데토시 고동中田英寿 鼓動'이라는 책을 암기할 정도로 읽었습니다. 그의 은퇴를 기록한 책을 읽고 밖으로 드러나는 얼굴과 감춰진 채 그 안에서 싸우고 있는 마음이 얼마나 다른가를 배웠습니다. 지금도 가끔씩 그 책을 꺼내서 읽곤 합니다."

20~30대에는 한 달에 20~30권의 책을 읽었다는 마쓰무라는 가

장 좋아하는 작가가 누구냐는 질문에 '무라카미 류村上龍와 고마쓰 나루미小松成美'를 꼽는다고 했다. 위대한 작가와 함께 일컬어지는 것이 낯간지러웠던 나는 그 이야기를 흘려들었지만 마쓰무라는 몇 번이나 되풀이하며 나의 책이 그의 정신적인 면을 단련시켰다고 했다.

첫 대면이었던 회식자리가 끝나고 마쓰무라는 큰 소리로 외치듯 말했다.

"지금까지 많은 출판사들로부터 자서전을 출판하자는 의뢰가 있었지만 전부 거절했습니다. 그 때마다 이렇게 말했습니다. '저는 제 책을 써주실 작가 분을 이미 정했습니다. 그 분은 무라카미 류 아니면 고마쓰 나루미입니다'라고."

넉살좋은 찬사에 감사하다며 머리를 숙일 뿐이었다. 마쓰무라의 목소리가 이어졌다.

"언젠가 이 두 분께 부탁드릴 수 있는 사람이 될 겁니다. 이 일을 계속하면서 그것이 저의 동기부여이기도 하고 커다란 목표이기도 합니다."

책을 쓰는 사람과 그 대상이 되는 사람의 관계는 단순하지 않다. 인생을 책이라고 하는 영원의 매체를 통해 정면으로 응시하기 위해서는 긴 시간이 필요하다. 처음 만난 마쓰무라에게 그저 인사치레로라도 '네'라고 대답할 수는 없었다.

그 이후로도 마쓰무라는 기회가 있을 때마다 레스토랑을 만드는 것에 대한 철학과 소신을 계속해서 들려주었고 다이아몬드 다이닝의 점포를 나에게 보여주었다. 나는 외식업계의 젊은 리더 다이아몬드 다이닝의 사장으로서의 마쓰무라를 취재하고 그 의지에 대해 들을 수 있는 기회가 생겼다.

나는 마쓰무라가 한 말 중에서 인상적인 말들을 취재 노트에 기록했다.

- 놀이 안에 일이 있고, 일 안에 놀이가 있다.
- 로켓은 비행기의 연장선상에서 만들어진 것이 아니다. 달에 가고 싶다는 강한 의지가 로켓을 만든 것이다.
- 창조는 눈으로부터 시작된다.

사내에서나 점포에서 마쓰무라가 보여준 리더십은 훌륭했다. 목표를 바라보고 흔들리지 않고 밀고나가는 강철과 같은 정신력, 이와 정반대로 들에 피는 꽃과 같은 부드러움은 기업인으로서뿐만 아니라 인간으로서 뿜어내는 광채와 같았다. 물론 여러 번 만나면서 어딘가 아픈 것 같다는 생각이 들긴 했지만 서로 그 점에 대해서 한 번도 이야기하지 않았다.

일본음식점 바 라운지에서 책에 대한 이야기를 이어가던 마쓰무라에게 나는 주저 없이 말했다.

"제가 마쓰무라 씨를 논픽션의 소재로 삼는다면 그 모든 것을 쓰지 않으면 안 됩니다. 상장기업의 사장으로서의 얼굴과 성공신화만을 쓸 수는 없습니다. 오히려 병을 앓고 있는 마쓰무라 씨가 테마가 될 수 있습니다. 파킨슨병에 대해 써도 되겠습니까? 회사는 괜찮겠습니까?"

실제로 어떤 영향이 미치게 될지 알 수 없었다.

"좋은 일이 생길 수도 있지만 그보다 몇 배의 폭풍이 불어 닥칠지도 모릅니다. 다이아몬드 다이닝의 성공 이야기를 자신의 이름으로 담담하게 쓰는 것이라면 터무니없는 폭풍에 휘말리는 일은 없으니까요."

마쓰무라는 고개를 끄덕였다.

"알고 있습니다. 저는 각오하고 있습니다. 진실을 알리고 저 자신에게 일어난 일을 정확히 알리고 싶습니다. 자신 있게 말할 수 있습니다. 제가 신뢰하는 직원들과 스태프들이 스크럼을 짜고 매진하는 회사는 저의 질병 따위로 쓰러지지 않습니다. 부디 책을 써주시지 않겠습니까?"

물론 경영자로서 마쓰무라의 재능과 인간적인 매력을 쓰고 싶은 마음은 있었다. 하지만 파킨슨병의 진실을 써야 하는 두려움도 있었다. 마쓰무라의 이야기는 일관되었다.

"저는 각오하고 있습니다. 제발 아무것도 감추지 말고 써주세요."

마쓰무라의 이야기에는 조금의 거짓도 없었다. 그 정열과 기백에 감동을 받은 나는 지금 마쓰무라의 부탁을 받아들이지 않는다면 후회할 것이라는 생각조차 들었다.

"……알겠습니다. 완성할 수 있을지 지금은 100퍼센트 장담하진 못하지만 단행본 집필에 도전해 보겠습니다."

표정의 변화는 적었지만 눈동자를 이리저리 굴리고 있는 모습에서 마쓰무라가 얼마나 감격하고 있는지를 알 수 있었다.

앞으로 주어진 시간은 5년뿐이라고요?

취재는 바로 시작되었다. 취재 이후로 마쓰무라의 일과 그 일을 구축하기 위한 독특한 상상력에 그저 감탄하면서도 투병중인 마쓰무라를 방문하고 있다는 현실의 중압감을 견디기 힘든 적이 많았다.

인터뷰에 응하는 마쓰무라는 업무나 사생활은 물론 병에 대해서도 전혀 감추지 않고 자세히 이야기했다. 그리고 그럴 때마다 나는 마쓰무라로부터 자극을 받았다.

"최근에는 서 있지 못할 때도 있어서 잘 쓰러집니다. 하지만 그럴 때 모두를 걱정시킬 것인지 웃길 것인지는 제 마음가짐에 달렸지요. 저를 어떻게 이해하고, 이 병을 어떻게 이해할 것인가는 고마쓰 씨가 쓰시는 책의 완성에 달려 있습니다. 이 병과 싸우고 있는 많은 분들을 위해서도 잘 부탁드리겠습니다."

마쓰무라에게 떠밀려 거의 1년 가까이 파킨슨병에 대한 자료를 탐독한 나는 마쓰무라의 상태가 얼마나 심각한지 점차 알게 되었다.

"그렇습니다. 병은 잔혹할 정도로 확연히 진행되고 있습니다. 떨리고 크게 휘청거리고 서 있는 것도 앉아 있는 것도 걷는 것도 점점 힘들어지고 있습니다. 넘어지는 일도 더 많아졌습니다. 이런 병을 앓고 있는 것이 바로 저입니다. 그러니까 부디 병에 대한 것부터 써주십시오. 슬픔도 동정도 필요 없습니다. 저는 이 병과 싸워 이길 자신이 있으니까요."

마쓰무라를 덮친 파킨슨병이란 어떤 병인가? 공익재단법인 난치병의 학연구재단·난치병정보센터의 웹사이트에는 다음과 같이 적혀 있다.

1. '파킨슨병'이란?

떨림, 운동능력 저하(동작이 느려짐), 근육 강직, 자세 불안정(쉽게 넘어짐)을 주요 증상으로 하는 병으로 50세 이상에서 발생합니다. 때때로 40세 이하에서 발생하는 경우도 있으며 이를 약년성 파킨슨병이라 부릅니다.

2. 파킨슨병의 환자 수는 어느 정도입니까?

10만 명에 100~150명의 환자가 있습니다.(1000명당 1~1.5명). 60세 이상에서는 100명에 1명 정도 발병하며 고령자에서 많아지므로 인구의 고령화와 더불어 환자도 증가하고 있습니다.

3. 이 병은 어떤 사람들에게서 많이 발생합니까?

기민성嗜眠性뇌염 등의 후유증으로 발생했다는 기록도 있지만, 대부분의 경우는 특별한 원인이 없습니다. 신경세포 등에 알파 시누클레인 alpha-synuclein이라고 하는 단백질이 응집해서 쌓이는 현상이 원인이라고 알려져 있습니다. 그러나 식사나 직업, 살고 있는 지역과 직접적 연관성은 없습니다.

4. 이 병의 원인은 밝혀졌습니까?

대뇌 아래에 있는 중뇌의 흑질 도파민 신경세포가 감소해서 발생합니다. 도파민 신경세포가 감소하면 신체의 운동기능이 떨어지고 떨림 현상이 발생합니다. 도파민 신경세포가 감소하는 이유는 알 수 없지만 현재는 도파민 신경세포 안에 있는 알파 시누클레인이라고 하는 단백질이 쌓이고 도파민 신경세포가 감소한다고 추정하고 있습니다. 이 알파 시누클레인이 증가하지 않도록 하는 것이 치료약 개발의 커다란 목표입니다.

5. 이 병은 유전됩니까?

유전되지는 않지만 젊은 나이에 발병하는 환자 중 일부에서는 가족 중에 같은 질환을 가진 경우가 있는 것으로 확인되었습니다.

6. 이 병은 어떤 증상이 나타납니까?

떨림, 근육 강직, 운동능력 저하(동작이 느려짐), 자세 불안정(쉽게 넘어짐) 장애가 주된 증상입니다. 떨림 현상은 정지 상태에서 떨리는 것으로, 의자에 앉아 손을 무릎 위에 올려놓았을 때나 걸을 때 나타납니다. 움직이면 떨림 현상이 약해집니다. 근육 강직은 자기 자신은 잘 느끼지 못하지만 다른 사람이 자신의 손이나 발, 머리를 움직이려 할 때 느끼는 저항감을 말합니다. 운동능력 저하는 움직임이 느려지는 것으로 동시에 세세한 동작이 어려워집니다. 최초의 한 걸음을 떼지 못하고 주저하는 것처럼 보이기도 합니다. 자세 불안정 장애는 신체 균형감각이 저하되어 쉽게 넘어지는 증세를 말합니다. 자세 불안정 장애는 질환이 시작되고 몇 년 후에 발생합니다. 처음부터 나타나는 현상은 아니며, 질환이 시작되고 2년 이내에 자세 불안정이 나타날 경우에는 진행성 핵상마비 등의 파킨슨 증후군일 가능성이 있습니다. 운동장애증상 이외에는 변비나 빈뇨, 발한, 피로감, 후각 저하, 기립성 저혈압(어지럼증), 우울증, 의욕저하(무력감) 등의 증상도 나타나며 이를 비운동 증상이라고 부릅니다.

7. 어떠한 치료법이 있습니까?

치료의 기본은 약물요법입니다. 도파민 신경세포가 감소하므로 줄어든 도파민을 보충해야 합니다. 도파민 자체를 먹어도 뇌로 전달되지 않으므로 도파민 전구물실인 L-dopa를 복용해야 합니다. L-dopa는 장에서 흡수되어 혈액뇌관문을 통과하여 뇌 안으로 이동, 도파민 신경세포에 침투하여 도파민이 됩니다. 그런 다음에는 시냅스 세포에 결합, 운동 조절을 위해 방출되어 도파민 수용체로서 작용하게 됩니다. 도파민 수용체 자극제는 도파민 신경세포를 매개로 하지 않고 직접 도파민 수용체에 작용하여 줄어든 도파민을 보충하는 작용을 합니다……

수술요법은 뇌 내에 전극을 넣어 시상하핵을 자극하는 방법이 가장 많이 시행되고 있습니다. 시상하핵은 운동을 억제하는 것으로 알려져 있어 이곳을 자극하여 시상하핵의 기능을 마비시키면 운동 억제를 막아 신체를 움직일 수 있게 됩니다……

신체를 움직이는 것은 체력을 강화시켜 파킨슨병의 치료에 도움이 됩니다. 격렬한 운동이 아니라 산책이나 스트레칭과 같은 운동을 매일 지속적으로 실시하여 체력을 높이는 것이 중요합니다. 또한 밝은 기분을 유지하는 것도 중요합니다. 기분이 우울해지면 자세도 구부정해지고 동작도 느려집니다. 우리들이 의욕을 가지고 행동할 때 뇌에서 도파민 신경이 활성화됩니다. 일상생활의 생활방식도 치료에 큰 영향을 미치므로 항상 염두에 두고 생활하시기 바랍니다.

— http://www.nanbyou.or.jp/entry/169 에서 발췌

마쓰무라는 유명한 기업가이며 특히 외식업계에서 엄청난 파급효과를 일으키는 인물이지만 그와 동시에 그는 아무도 모르게 병마와 장렬한 싸움을 이어왔다. 이를 기록해야 한다. 나는 마쓰무라에게 받은 고백의 충격과는 반대로 평온한 마음으로 그렇게 생각하게 되었다.

마쓰무라 자신의 기억을 더듬어 보면, 파킨슨병의 초기증상을 자각한 것은 2005년 봄이었다.

“30대 중반에 왼쪽 어깨가 잘 안 올라가는 증세가 나타나고 목이 통증과 함께 경직되어서 오십견이 빨리 온 것인가라고 생각하고 그저 마사지와 지압만을 받았습니다. 하지만 아무리 솜씨 좋은 사람에게 마사지를 받아도 개선되지 않았어요. 몇 번 정형외과 진료를 받은 적은 있었지만, 언제나 매번 원인불명이라고 진단을 받았습니다. 당시에는 잠도 안 자고 일을 하던 때라 피곤이 누적되었을 것이라고만 생각했습니다. 피로가 풀리면 언젠가 나을 거라고 믿고 있었습니다.”

이런 아들의 증상을 전화로 들은 어머니는 크게 걱정하며 ‘다시 병원 검사를 받아보라’며 아들을 재촉했다. 고향인 고치현에서 메탈리콘metalicon(금속부식방지도금) 공장을 경영하고 있던 마쓰무라의 아버지가 2000년 3월에 뇌경색으로 쓰러져 왼편 반신불수로 누워 있는 탓에 어머니의 걱정은 커져만 갔다.

아버지의 간병을 해온 어머니는 마쓰무라보다 다섯 살 위의 누나 치아키에게 ‘아쓰히사의 뇌에 이상이 생긴 건 아닐까? 아버지와 같은 뇌경색의 전조 증세가 아닐까?’라며 매일같이 불안을 토로했다.

어머니의 걱정과는 달리 마쓰무라는 바쁘다는 핑계로 정밀검사를 피하고 있었다. 다음 해 2006년 여름, 고향에 들른 아들이 부자연스럽게 걷는 모습을 본 어머니는 가슴이 철렁했다. 왼손을 축 늘어뜨리고 팔은 흔들지도 못하고 있었기 때문이다.

6살 딸 미유와 이제 막 3살이 된 아들 나쓰미를 데리고 귀성한 마쓰무라는 다음 날, 고치 시내에 있는 유원지에 가족과 함께 나들이를 나갔다. 어머니가 말한 대로 왼손이 흔들리지 않는 모습을 확인한 누나는 마쓰무라를 쏘아붙였다.

"아쓰히사, 아버지처럼 되면 어쩌려고 그래? 네가 지고 있는 책임은 아버지와는 비교도 안 될 만큼 어마어마한 거야. 제대로 검사해서 원인을 밝혀서 안심을 하든 치료를 하든 해야 하잖아."

마쓰무라는 지금까지 누나와 한 번도 싸워본 적이 없었다. 어릴 때부터 공부도 잘하고 고향에 소재하는 국립대학을 졸업하고 교사가 된 누나를 존경하고 있던 마쓰무라가 누나의 말을 거역할 리가 없다.

"응, 알았어. 여기 있을 때 병원에 갈게."

가족들과 저녁을 마치고 마쓰무라는 누나 부부에게 이끌려 아버지가 입원해 있는 병원으로 향했다. 야간진료이긴 했지만 뇌신경외과의 진료를 받을 수 있었다. CT검사를 마친 마쓰무라에게 의사는 '뇌에는 이상이 없다'고 했다. 하지만 안도의 숨을 쉰 것도 잠깐뿐, 생각지도 못한 병명을 의사로부터 듣게 된다.

"더 자세한 검사를 받아봐야 알겠습니다만…… 문진 결과를 보면 어쩌면 파킨슨병일지도 모르겠습니다."

마쓰무라도 누나도 너무 놀라 낯선 병명의 실상을 상상조차 하지 못했다.

마쓰무라는 당시를 떠올리며 이렇게 말했다.

"파킨슨병이라고 듣고도 어떤 병인지도 몰랐고 잘못 판단한 것일 수도 있다고 생각했습니다. 피로에 의한 증상을 오진할 수도 있다고 말입니다. 분명 왼손이 저리기도 하고 잘 움직이지 않았던 것은 맞지만 뇌 때문에 생긴 증상이라고는 생각조차 안 했습니다."

병명을 듣게 된 마쓰무라는 정밀검사를 피할 수 없었다. 파킨슨병 치료로 유명한 게이오 대학병원에 예약을 하려 했지만 한 달 후라는 말에, 역시 파킨슨병 치료로 명성 높은 지케이 대학병원에 예약을 했다. 며칠 후, MRI와 핵의학검사 등의 각종 영상검사, 자율신경검사, 후각검사 등 다양한 검사를 받았다. 정식으로 진단이 내려진 것은 그 다음 주의 일이었다.

마쓰무라는 지케이 대학병원의 진료실에 혼자 들어가 의사의 진단 결과를 기다렸다. 의사의 어조는 매우 차분했다.

"검사 결과 파킨슨병의 초기단계라는 것이 밝혀졌습니다."

마쓰무라는 의사의 말을 믿지 못한 채 이어지는 말에 귀를 기울였다.

"마쓰무라 씨의 경우, 아직 30대임에도 발병한 상태라 보통 약년성 파킨슨병이라고 부릅니다."

의사는 뇌가 그려진 그림을 펼쳐 보이며 천천히 설명하기 시작했다.

"뇌의 어떤 부분에서 도파민이라고 하는 물질이 분비되지 않게 되면서 운동장애가 생기는 난치병입니다. 현재 진행을 늦추는 약도 있고, 증상을 완화시키는 약도 있지만 완치를 위한 치료법은 아직 확인되지 않았습니다. 약을 복용하기 시작한 후 5년 정도가 지나면 효과가 떨어지고 부작용이 생길 가능성이 높아집니다."

무슨 설명을 들어도 어떤 말로 해설을 덧붙여도 마쓰무라는 자신의 일이라고는 생각할 수 없었다. '상황을 좀 더 지켜보자'는 말과 함께 약도 처방되지 않았고, 마쓰무라는 맨몸으로 회사로 돌아와 업무를 계속했다.

늦은 밤, 집으로 돌아와 부인에게 진단결과를 전하자 부인도 믿을 수 없다는 표정을 지을 뿐이었다. 방에서 자고 있는 딸과 아들은 평온한 숨소리를 내며 잠들어 있었다. 평소와 다름없는 가정 분위기 속에서 자신에게 덮친 질병에 대한 어떤 실감도 할 수 없었던 마쓰무라는 오히려 낙관적이었다.

"대범하고 느긋한 것은 우리 고치현 사람들의 기질이야."

마쓰무라는 이 날을 지금도 선명히 기억하고 있었다.

"지케이 대학병원에서 의사의 진단결과를 들으며 제가 생각하고 있었던 것은 5년이라고 하는 시간이었습니다. 5년 동안 병의 진행을 늦출 수도 있고 약의 효과를 기대할 수도 있으니까요. 의사 선생의 설명에 귀를 기울이며 나에게는 아직 5년이라는 시간이 있다고 위로했습니다. 말기 암처럼 몇 개월 단위로 신체 상황이 심각하게 변화된다면 패닉 상태가 됐을지도 모르지만 5년이라면 목표로 하는 많은 일을 이루기에 충분한 시간이라고 생각했습니다. 5년이 지나면 증상이 진척되고 부작용이 발생할지도 모르지만 그렇지 않을 수도 있다는 데 희망을 걸었습니다. 그 때쯤에는 치료방법이 개발될지도 모르고요. 그리고 아직 내 머릿속 어딘가에 오진이 아닐까 하는 생각이 있었을 겁니다."

지케이 대학병원에서도 파킨슨병이라고 진단받았다는 사실을 들은 어머니와 누나는 말문이 막히고 말았지만 마쓰무라는 두 사람의 걱정을 밝은 목소리로 일축했다.

"증상이 가벼운 지금, 앞으로의 일을 걱정해도 소용없잖아. 5년 동안은 지금과 똑같이 지낼 수 있으니까 걱정 안 하셔도 돼요. 혹시라도 정말로 병이 진행된다면 그때는 가능한 모든 치료를 받을게요. 현대 의학은 나날이 발전하고 있으니까 5년 후에는 파킨슨병의 치료법이 개발될지도 모릅니다."

마쓰무라는 현실을 받아들이면서 희망을 버리지 않았다. 그리고 기업가로서는 더욱 의욕을 불태워 5개년 계획을 발표했다. 자신에게는 5년 후의 삶이 보장되어 있지 않다는 사실이 오히려 마쓰무라의 야심에 박차를 가했다. 마쓰무라는 우선 5개년 계획의 전반기에 회사를 상장시킬 것이라고 목표를 정했다.

"단순히 벤처의 오너 기업이 아니라 주식을 보유하고 시가총액을 통해 회사의 가치를 말할 수 있는 존재가 되는 겁니다. 상장사가 되면 직원들이 은행에서 주택담보대출을 받을 수도 있게 됩니다. 다이아몬드 다이닝 사에 입사하여 일하고 있는 직원들에게 해줄 수 있는 것 중 하나가 바로 그것이라고 생각했습니다."

그리고 5년 이내에 '100가지 브랜드, 100개의 점포'를 달성하고자 했다. 즉 각각의 개성을 가진 콘셉트 레스토랑 100개를 만든다는 것이다. 신규 점포를 개척할 때마다 지속적으로 참신한 아이디어를 창출해야 하기에 체인점 방식이 상식인 외식업계에서는 황당무계하기도 하고 비효율적인 일이라고도 할 수 있는 전략이었다.

당시의 마쓰무라에게는 제3자의 목소리는 아무 의미가 없었다. 자신이 제시한 미래의 청사진에 조금의 망설임도 없었다.

"다이아몬드 다이닝은 똑같은 점포를 두 개 이상 열지 말 것. 창업 때부터 이런 원칙을 지켜왔습니다. 서로 다른 개성의 점포를 100개까지 내는 방식을 고수하는 것으로 업계에 '다이아몬드 다이닝의 존재감'을 과시하고 싶었습니다. 매출 대비 경비와 설비투자 등 점포에 들어가는 비용을 생각하면 이런 시스템과 전략은 어리석은 일이었고 비효율적이었지만 마쓰무라 아쓰히사만이 할 수 있는 일이라는 것을 보여주고 싶었죠."

풍차를 향해 돌진하는 돈키호테와 같이 마쓰무라는 사람들이 비웃든 무슨 말을 하든 자신만이 할 수 있는 모험을 자신만의 로드맵으로 달성하고자 마음먹었던 것이다.

"사장이라고 해서 폼만 잡고 있진 않았어요. 몇 번이고 넘어져서 상처투성이가 돼도 이를 악물고 직원들과 하나가 되면 목표는 저절로 이루어질 것이라고 확신했습니다."

2006년 결심을 하고 4년이 지난 2010년 10월, 마쓰무라는 마침내 '100가지 브랜드, 100개의 점포'를 실현했다. 그러자 매스컴에서는 다이아몬드 다이닝의 독자성과 마쓰무라만이 지닌 점포 설계 철학을 시대의 조류라고 보도했다. 마쓰무라를 둘러싼 환경은 4년 전과는 비교가 되지 않을 정도로 화려하게 변해 있었다.

그러나 의사의 말대로 5년이 지나자 파킨슨병은 이빨을 드러내며 마쓰무라의 신체를 덮쳐왔다. 더 이상 증상을 감출 수 없을 만큼 누가 봐도 확연히 알 수 있을 정도였다.

"20010년 10월에 오쿠라 호텔에서 '100가지 브랜드, 100개의 점포' 달성을 기념하는 성대한 파티를 열었습니다. 그 무렵부터 파킨슨병의 진행이라는 명확한 스케줄이 제 인생에 기록되기 시작했습니다."

마쓰무라는 투병이라고 하는 커다란 짐을 지면서 다이아몬드 다이닝의 키를 쥐고 있었다. 일본 외식산업의 총아로서 칭송받던 그는 매스컴을 통해 다음 단계의 목표를 내세웠다.

- 1000개의 점포, 시가총액 1000억 엔
- 레스토랑과 이에 관련된 사업을 통한 점포 확대와 해외 진출

마쓰무라의 야심은 사그라지기는커녕 병의 진행과 더불어 더욱 세차게 타올랐다. 직원들은 불편한 몸을 가누며 자신들을 진두지휘하는 마쓰무라의 모습에 더욱 용기를 얻어 그의 뒷모습을 바라보며 함께 달려나갔다.

그 결실의 하나로 2014년 11월에는 자스닥에서 도쿄증권거래소시장 제2부로의 시장변경을 이루어냈다. 도쿄증권거래소 2부 상장의 종을 울린 마쓰무라는 그날 회사의 중역들과 직원들에게 이렇게 선언

했다.

"가능한 한 빨리 도쿄증권거래소 1부 상장을 이룰 수 있도록 하겠습니다."

상승 기류를 탄 다이아몬드 다이닝은 환희를 맛보고 있었다. 하지만 이 때 마쓰무라는 자신의 복잡한 심경을 나에게 감추지 않았다.

"환호성을 지르고 싶은 기쁜 마음 안에 슬픔이 얽혀 있습니다."

어제까지 가능했던 일이 오늘 불가능해진다는 것

마쓰무라의 책을 내기로 한 출판사의 겐조 사장과 만난 후, 나의 인터뷰에 대답하는 마쓰무라는 속삭이듯 말하며 고개를 숙였다.

"저의 슬픔은 제가 지고 있는 것과 똑같은 무거운 짐을 직원들에게 지게 했다는 것입니다. 이전 직장이었던 닛타쿠엔터프라이즈에서 저를 따라온 나카무라 미노루, 구보 타카야스, 구와타니 요시토, 마쓰오 시게루 그리고 직원이 얼마 없었던 시절부터 함께 일해온 야쿠시지 요시유키와 세키 타케시, 홍보를 맡아준 시게타 이쿠코, 기획을 맡은 쓰치다 아유코, 첫 상장을 위해 힘을 쏟았던 사이토 모토아키, '100가지 브랜드, 100개의 점포'를 위해 달려온 가와우치 테쓰야, 도쿄증권거래소 2부 상장을 무난히 달성한 히구치 야스히로, 모두들 진실이 무엇인지 저에게 묻고 싶었을 것입니다. 하지만 누구 하나 한 번도 저에게 병에 대해 묻지 않았습니다. 그건 제가 무엇에든 지기 싫어하고 절대로 병을 인정하지 않는 '고집쟁이'라는 사실을 알고 있기 때문입니다. 그들 밑에서 일하는 직원들도 마찬가지였습니다. 저의 병을 못본 체해줬던 것입니다. 두 손을 모으고 싶을 정도로 고마운 일입니다."

2015년에 들어서자 파킨슨병과의 싸움은 더욱 가혹하고 격렬해졌다.

"두뇌도 명료하고 사고회로와 상상력도 그대로이지만 몸은 확연히 말을 듣지 않게 되었습니다. 한 달 전에는 가능했던 일들 중 반 정도가 불가능해졌습니다. 어제 가능했던 일이 오늘은 불가능해진 것이죠."

이메일이나 메신저에 글을 쓰고 보내는 일도, 옷 갈아입는 것도, 단추를 잠그는 것도, 신발을 신고 벗는 일도, 목욕하는 것도…… 그런 일상생활의 소소한 것들이 가능한 날보다 불가능한 날들이 더 많았다.

"목소리가 나오지 않는 날도 걷지 못하는 날도 있습니다. 아침에 눈을 떠도 누군가의 도움이 없으면 일어나지 못하고 몇 시간이나 꼼짝 못했던 적도 있습니다. 드디어 파킨슨병은 속도를 내며 제 몸을 지배하기 시작했습니다. 있는 힘껏 저항하고 있지만 더 이상 숨기고 모른 척 넘어갈 수 없게 되었습니다. 이제 이 병은 완전히 저의 한 부분이 되었으니까요."

나는 이렇게 말하는 마쓰무라에게 병의 증상을 정확하고 성실하게 기록해 나가자고 이야기했다.

병을 진단받은 후 처음 1년간 마쓰무라는 약물치료 대신에 침과 뜸, 정체整体 마사지(골격 및 관절의 뒤틀림이나 어긋남을 마사지 등을 통해 개선하고자 하는 치료) 등 대체치료를 통해 회복에 힘썼다. 하지만 증상은 나아지지 않았고, 2008년, 41살이 되자 파킨슨병의 약물치료 BI Sifrol Tablets(0.5정/1일)를 시작해야 했다.

처음엔 어느 정도의 치료효과를 보였지만 서서히 효과도 줄어 운동장애와 불수의운동不隨意運動이 나타나는 등 증상이 악화되었다. 따라서 추가 약물투여를 할 수밖에 없는 상황이 되었다.

또한 조금이라도 증상이 개선되기를 바라는 마음에서 2010년 43살이 되었을 때는 독일로 가서 엑스셀센터X cell Center에서 줄기세포 치료를 받기도 했다. 2011년에 일본 줄기세포협회에서 2회, 2012년 45살에는 선필드 클리닉Sun Field Clinic에서 3회의 치료를 받는 등 총 6회에 걸친 줄기세포 치료를 받았으나 파킨슨병의 증상이 개선되지는 않았다. 근력을 떨어뜨리지 않도록 하는 것이 좋다는 의사의 권유에 따라 2008년부터 골프를 시작하여 2014년까지는 몸이 자유롭게 움직이지 않아도 골프는 계속했다. 무엇이든 의사로부터 몸에 좋다고 들은 것들은 시도해보기도 했다.

"해독분해 작용이 있는 수소가 유효하다고 들은 후부터는 수소수를 마시고 있습니다. 또 도쿄에 있는 병원에서 글루타니온Glutathione 주사를 주 1회 맞고 있습니다. 이 치료는 넥시즈Nexyz의 곤도 씨가 저를 위해 보험 적용이 안 되는 고액의 치료대금 1년치를 지불하고 치료권을 선물해주셨습니다."

연간 치료비는 200만 엔이 족히 넘었다. 난치병으로 지정된 파킨슨병은 국가의 보조금제도가 있지만 그동안 병을 공표하지 않았던 마쓰무라는 이 보조금을 신청하지 않았다.

"이러한 치료도 회사가 있기에 받을 수 있는 것입니다. 고치현에서 아버지의 뒤를 이어 메탈리콘(금속부식방지도금) 공장을 경영하고 있었다면 아마도 지금과 같은 치료는 받지 못했을 겁니다."

마쓰무라는 병에 걸린 몸과 자신이 처한 환경, 그리고 입장을 냉정하게 직시하고 있었다. 파킨슨병의 고통스런 증상들 때문에 우울증에 걸리는 경우도 많다. 정신적인 면의 변화와 증상은 어떠할까? 마쓰무라는 이에 대해 묻자 다시 눈동자를 이리저리 움직이기 시작했다.

"문득 정신을 차리면 제가 머릿속으로 생각하고 있는 것들의 90퍼센트가 병과 병에 관련된 것이었습니다. 분한 마음이 치밀어 오르고 우울해져서 어느 새 눈물이 흐르기도 하지만 그럴 때일수록 일을 하지요. 지금은 1년마다의 계획과 10년간의 비전 모두를 생각하고 이를 실현하기 위해 한 계단씩 밟아 올라가고 있습니다. 모든 지혜를 회사를 위해 집중하고 있지요. 이런 두근거림이 있다면 금방이라도 어두운 동굴에서 빠져나올 수 있습니다. 다만 약에 의한 부작용으로 장시간 수면은 불가능해졌습니다. 한두 시간 만에 잠이 깨고 맙니다. 수면을 취하지 않으면 체력이 떨어지기 때문에 가끔은 수면제를 먹고 자기도 합니다. 그래도 4시간 정도면 잠이 깨지요."

마쓰무라의 증상에 대한 추이를 자세히 전해준 것은 말을 안 해도 마쓰무라의 생각을 읽을 수 있는 비서 호리 아키코였다. 호리 아키코가 다이아몬드 다이닝 사에 입사한 것은 2008년이었다. 마쓰무라가 파킨슨병이라고 진단받은 지 2년째가 되는 해였다.

"제가 입사했을 무렵에 마쓰무라 씨는 어깨가 아프다, 허리가 아프다며 마사지나 침, 뜸 같은 치료를 자주 받곤 했습니다. 오십견이나 운동부족일 것이라며 웃어넘기곤 했는데 지금 이렇게 병원 진료기록을 작성하면서 정리해보니 당시에는 이미 파킨슨병이라고 진단을 받은 후였던 겁니다. 사장님은 어떤 경우에도 직원들 앞에서는 절대 병에 대한 불안감을 보이지 않았어요."

호리나 다른 직원들도 마쓰무라가 안고 있는 큰 병에 대해 눈치를 챈 사람은 없었다. 2010년 10월에 '100가지 브랜드, 100개의 점포'를 달성하고 2011년 10월 오쿠라 호텔에서 성대한 파티를 열었을 무렵에는 누구나 마쓰무라 신체에 나타난 이상증세를 알 수 있었다. 그리고 증상이 급속히 진행된 최근 1년간, 호리는 마쓰무라의 비서로서 담담하게 업무를 수행하며 그를 배려했고, 누구에게도 말하지 않았던 순간을 마음의 노트에 담아두었다고 했다.

마음의 노트에 담아두었던 그 광경을 이야기해달라고 했을 때, 호리는 시간을 좀 달라고 했고 어느 날 다시 만나 이야기를 시작했다. 호리가 가지고 있던 노트에는 '내가 계속 비서 일을 하며 헌신하는 이유'라고 쓰여 있었다.

"최근 1년간 마쓰무라 사장님의 상태는 차마 눈뜨고 볼 수 없을 정도였습니다. 그래도 평소처럼 밝았고 저와 직원들에 대한 태도 역시 전혀 변함이 없었습니다. 고결하고 순수하며, 온 마음과 진심으로 주변 사람들을 대하는 분입니다."

호리의 눈에 비친 마쓰무라는 우직할 정도로 '신뢰를 저버리지 않는 사람'이었다. 호리가 마쓰무라에게 감동을 받았던 에피소드는 셀 수 없을 정도였다. 2014년 초여름까지 마쓰무라는 호리와 함께 골프 대회에 참가했다.

"되도록 운동을 하는 게 좋다는 의사의 조언을 듣고 거동이 불편해진 몸을 채찍질하며 코스를 돌았습니다. 골프채를 제대로 휘두르지 못하는 상황에서도 선배들과 함께하고 싶다는 마음 하나로 계속하셨던 겁니다. 티샷을 할 때도 코스 위에서도 몇 번이나 쓰러져도 다른 사람들이 걱정하지 않도록 농담을 건네기도 했습니다. '호리, 다이아몬드 다이닝은 엔터테인먼트 정신이 기본이잖아. 그렇지?'라고 하셨고, 저도 사장님 앞에서는 결코 눈물을 보이지 않겠다고 맹세했습니다."

마쓰무라가 자신의 육체와 싸우고 있을 때, 곁을 지키고 있던 호리 역시 함께 싸우고 있었던 것이다.

"2014년 가을 무렵부터 몸이 경직되고 갑자기 움직이지도 못하게 되는 '오프' 상태가 잦아졌고, 스케줄대로 일정을 소화하지 못하는 날이 늘었습니다. 회사로 손님이 방문하는 약속시간이 되어도 출근조차 못하는 일도, 약속 장소에 나가지 못하는 일도, 약의 부작용으로 잠을 자지 못해서 하루 종일 지독한 수마에 시달리다 잠들어 버리는 일도 있었습니다. 목소리가 나오지 않는 날, 잠자리에서 일어나지조차 못하는 날, 걷지 못하는 날이 늘면서 몸 생각을 해서라도 쉬

셔야 한다고 생각했습니다. 하지만 사장님이 안 계시면 진행되지 못하는 안건들도 많아서 스케줄 조정에 애를 먹었습니다. 회사 밖에서는 물론 사내에서도 그 이유를 감추고 있었기 때문입니다. 하루에 열 번 이상 스케줄을 재조정하는 일도 있었지만 조금이라도 휴식시간을 드리고 싶은 마음뿐이었습니다."

호리가 가장 힘들었던 점은 마쓰무라의 상태를 묻는 사람들이었다.

"사내에서도 '알고 있으면 진실을 이야기해달라'며 추궁당하는 일도 있었습니다. 방문한 상대 회사에서 '사장님이 어디 아프신가?'라고 묻는 일도 있었습니다. 주주총회에서 주주들이 '그쪽 사장은 취한 거 아냐? 주주들을 바보로 아나?'라며 화를 내기도 했습니다. 저는 어떻게든 사장님의 병을 감추고 거짓말로 그 순간을 넘기기에 바빴습니다. 다른 선택의 여지가 없었습니다. '지금 가장 힘든 건 사장님이신데…'라는 생각에 저 역시 정말 괴로웠고 밤이 되면 슬프고 분한 마음에 눈물이 나곤 했습니다."

그 무렵 호리는 잡지 'GOETHE'의 비서 특집에 소개되면서 다른 회사들로부터 헤드헌팅 의뢰를 받게 되었다.

"믿을 수 없을 정도의 좋은 조건으로 세 군데 회사에서 '우리 회사로 오지 않겠느냐'며 연락이 왔습니다. 솔직히 회사를 옮길 것인지 말 것인지 고민했습니다. 내가 사장님을 끝까지 지킬 수 있을까? 마음이 약해졌기 때문입니다. 하지만 금방 마음을 다잡았습니다. 언제나 어떤 일에도 한계가 올 때까지 싸우고 자신의 힘든 상황을 다른 사람들에게는 결코 보이지 않은 채 오히려 사람들을 웃기려고 노력하고 회사를 더욱 크게 키우려는 사장님을 배반할 수 없다고 생각했기 때문입니다. 그 후로는 반드시 사장님을 지키겠다는 각오로 어떤 힘든 상황도 극복해 내겠다고 굳게 결심했습니다."

눈이 빨개진 호리는 그래도 눈물을 참고 얼굴을 들어 말을 이어갔다. 나는 호리의 독백을 조용히 듣고 있었다.

"제 일이 이렇다보니 여러 부류의 사장님들을 만날 기회가 많은데 이렇게 사람들을 위해 열심히 일하고 항상 웃는 얼굴로 사람들을 배려하고 부하들을 신뢰하여 그들에게 권한을 부여하고 강한 신념을 가진 야심가이면서 모든 이들로부터 사랑받고 사람들을 끌어 모으는 아우라가 있는 분은 만난 적이 없습니다. 사장이라고 폼 잡고 으스대는 일은 한 번도 하신 적이 없습니다. 사장님은 늘 겸손하게 배우는 자세를 잊지 않고 사람을 신뢰하며 '괜찮으니까 하고 싶은 만큼 도전해봐! 모든 책임은 내가 질 테니까!'라고 하십니다.

저는 회사가 56개 점포를 냈을 때 입사했는데 마쓰무라 사장님이 모두에게 전달하고자 하는 핵심은 늘 일관되었습니다. 당시부터 지금까지도 사장님의 열정은 계속되고 있지만 2010년에 '100가지 브랜드, 100개의 점포'를 달성하고부터는 아마 병이 더 진행된 탓도 있겠지만 그의 열정은 이전보다 더 가속된 듯했습니다.

사장님의 비서로서 감동받을 때도 있지만 괴로울 때도 있었습니다. 더 이상 병을 숨기지 못할 상태가 되자 야후, 구글 등 검색 사이트에서 '다이아몬드 다이닝 사장 질병', '마쓰무라 장애인', '마쓰무라 파킨슨' 등 회사에 부정적인 영향을 미칠 검색어가 매일 검색 순위에 오르내렸습니다. 검색어를 내리기 위해 검색결과 순위 조정 기술을 강구하기로 했습니다.

마쓰무라 사장은 TV 취재와 강연, 잡지 인터뷰 등과 같은 의뢰를 많이 받았습니다. 잡지의 경우에는 사진만 찍으면 되므로 큰 부담이 없었지만 강연의 경우에는 의자에 앉아 하더라도 의자에서 떨어지거나 목소리가 안 나오는 경우가 있어서 결국 거절해야 했습니다. 또 TV 녹화가 끝난 후 동작이 부자연스럽고 목소리가 제대로 들리지 않는다며 방송국 측에서 먼저 회사를 위해 방송을 내보내지 않는 편이 낫겠다며 방영을 거부한 적도 있었습니다.

몇 년 전, 유명 예능 프로에서도 출연의뢰가 들어왔습니다. 사장님 귀에 들어가면 무조건 출연하겠다고 하실 게 뻔했기 때문에 홍보팀은 회사와 사장님을 위해 사장님께 알리지 않고 거절한 적이 있습니다. 나중에 다른 사람을 통해 출연의뢰 사실을 전해들은 사장님은 '왜 의뢰를 거절한 거야!'며 화를 내셨습니다. 그 때 모습은 지금도 기억하고 있습니다. 마쓰무라 사장의 철칙은 남성 직원들한테는 엄격해도 여성 직원들에게는 친절하셨고 저도 그때까지 한 번도 직접 혼이 났던 적이 없었습니다. 크게 화를 내는 사장님의 모습을 보면서 저는 심장이 멎을 듯 놀랐고 그건 자신의 병에 대한 분노라고 이해하며 마음을 가라앉혔습니다.

최근에는 사장님을 모시러 가서 기다려도 댁에서 나오시지 않는 날도 몇 번 있었는데 전화나 인터폰을 해도 반응이 없어 스태프와 함께 열쇠를 열고 들어가 보면 몸을 움직이지 못하고 경직된 채 바닥에 쓰러져 있는 일도 있습니다.

사장님을 모시기 위해서 비서실의 남자 직원들은 하루도 거르지 않고 복근력, 배근력을 키우기 위한 근력운동을 하고 있습니다. 사장님이 움직이지 못하시는 날에는 그들이 업어서 댁에서 회사로, 약속 장소로 모시고 가야 하기 때문에 반드시 체력이 필요합니다.

휴대폰이나 컴퓨터로 이메일을 쓰지 못할 때도 제대로 나오지 않는 소리를 겨우 들어가며 저희가 대신 입력하는 날도 늘었습니다. 사장님의 안전을 생각해서 원래는 휠체어로 이동하는 것이 좋겠지만 본인이 휠체어에 타는 것을 거부하고 계십니다.

회의에서 직원 전체에게 전달할 사항도 많은데 그럴 때에는 이어폰 마이크를 달아서 작은 소리라도 모두가 들을 수 있도록 확성기를 통해 회의를 진행하는 일도 종종 있습니다. 사장님의 의견이 제대로 전달되지 않을 때는 비서실의 나가오에게 따로 말해서 나가오가 사장 대리로서 사장님의 의견을 직원들에게 전달하는 경우도 늘고 있습니다. 항상 사장님과 동행하며 곁에 있는 나가오와 아키, 그리고 저는 사장님의 마음속 소리를 제대로 헤아려서 전달해야 하는 중요한 역할을 맡고 있어서 한 순간도 긴장을 놓을 수 없습니다.

직원들 모두 하나가 되어 사장님을 지켜나가고자 합니다. 여기에는 조금의 거짓도 위선도 없습니다. 저는 이런 회사의 일원이고 마쓰무라 사장의 비서라는 것을 자랑스럽게 여기고 있습니다."

끝까지 이야기를 마친 호리는 '이런 이야기는 아무에게도 한 적이 없다'고 덧붙이며 약간 볼이 상기된 상태였다. 나는 미팅 룸에 앉아 있었지만 마쓰무라가 세운 이 회사에 불고 있는 청량한 바람을 느낄 수 있었다. 그리고 마쓰무라가 '한 번도 고독하다고 느낀 적이 없다'고 단언했던 그 의미를 생각해 보았다.

"제 주변에는 항상 누군가가 있습니다. 저만큼 많은 도움을 받고 있는 사람은 없을 겁니다."

웃는 얼굴로 그렇게 말하던 마쓰무라. 가혹한 병을 통해 마쓰무라는 얻은 것이 분명 있다. 긴 머리를 가다듬으며 깊이 머리 숙여 인사하는 호리의 배웅을 받으며 다이아몬드 다이닝 사를 나온 나는 '운명'이라고 말한 마쓰무라의 작은 목소리를 다시 떠올렸다.

2015년 5월 27일, 아사히신문 인터넷 판에 'iPS세포(인공다능성 줄기세포)로 파킨슨병 치료, 교토대학이 심사위 설치'라는 기사가 게재되었다.

> 후생노동성은 25일, 교토대학이 재생의료의 안전성 등을 심사하는 심사위를 설치하는 것을 허가했다. 교토대학 iPS세포연구소의 다카하기 쥰 교수 등은 iPS세포를 이용한 파킨슨병의 치료를 목적으로 한 임상연구를 계획하고 있으며 6월에 동 위원회에 심사를 신청할 방침이다.
> iPS세포 등을 이용한 재생의료의 임상연구는 재생의료안전성 확보법으로 규제되고 있다. 연구를 진행하기 위해서는 생물학과 법률 전문가들이 참가하는 위원회에서 세포 배양방법과 환자 선별방법 등 안전성과 윤리적 측면에 대한 심사가 필요하기 때문에 교토대학이 후생노동성에 동 위원회의 설치를 신청한 것이다.

파킨슨병은 신경분야의 난치병으로 뇌의 중앙부에서 도파민이라고 하는 물질을 만드는 신경세포가 감소하면서 발생한다. 다카하시 교수 등은 iPS세포에서 만들어진 신경세포를 환자의 뇌에 이식할 계획이다. 이식한 세포가 원활히 활동하게 된다면 병의 진행을 억제시킬 가능성이 있다.

이 날 오전, 마쓰무라로부터 전화가 왔다. 아이폰에서 들려오는 그의 목소리는 작지만 똑똑히 들을 수 있었다. 약간 쉰 듯한 마쓰무라의 목소리는 고양된 것처럼 느껴졌다.

"아사히신문, 보셨나요?"

그렇다는 나의 대답에 마쓰무라의 이야기가 이어졌다. 파킨슨병 치료를 위한 비장의 카드라고 할 수 있는 iPS세포를 이용한 재생의료가 교토대학에서 시작되려고 한다는 사실에 그의 마음은 설레고 있었다.

"iPS세포 치료를 학수고대하고 있었습니다. 쉽지 않을 거라는 것은 알고 있지만 희망은 버리지 않고 있습니다. 언젠가 저도 이 치료를 받을 수 있다는 것을 지금은 상상이 아니라 현실로 받아들일 수 있으니까요."

마쓰무라라면 아직 아무도 가본 적 없는 길을 개척하고 유연한 몸놀림으로 질주해 나갈 것이다. 마쓰무라의 병을 상세히 알게 된 나는 치료가 성공적일 것이라는 확신을 가지고 수술실로 향하는 그의 브이 사인을 보고 싶어졌다.

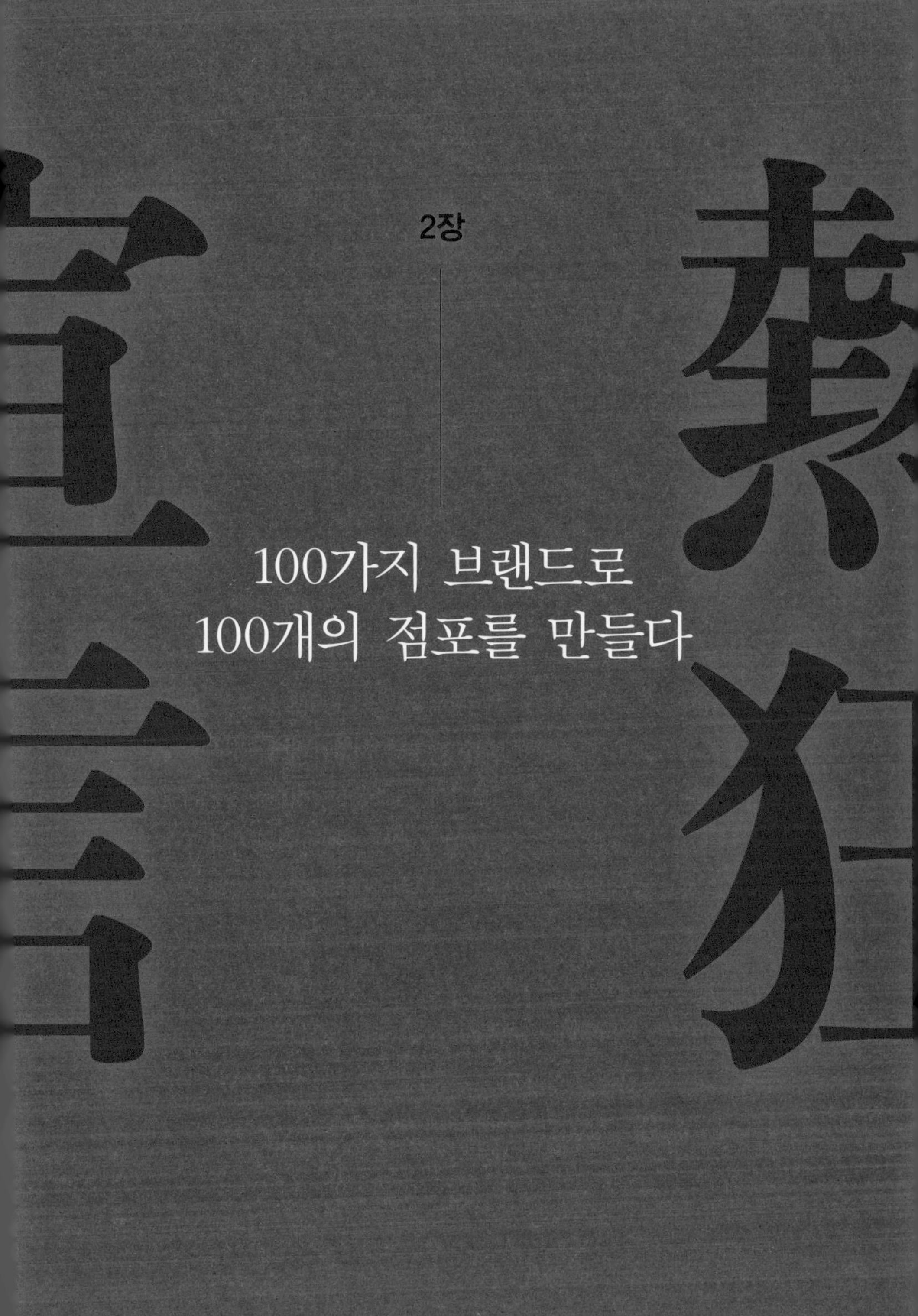

2장

100가지 브랜드로 100개의 점포를 만들다

프랜차이즈?
저는 정반대의 길을 가겠습니다

2011년 10월 12일, 오쿠라 호텔에서 주식회사 다이아몬드 다이닝이 주최하는 파티가 열렸다. '100가지 브랜드 100개의 점포 달성'과 첫 번째 점포였던 '뱀파이어 카페 10주년 기념파티'에 초대된 손님은 600명이 넘을 정도로 큰 규모였다. 마쓰무라 아쓰히사가 외식산업에 진출한 지 10년, 그리고 2010년 10월에 달성한 '100가지 브랜드 100개의 점포'를 기념하여 거행된 이 파티에는 마쓰무라의 자존심과 기백이 담겨져 있었다.

다이아몬드 다이닝이 제창해온 '음식과 엔터테인먼트의 융합'을 재현한 흥미로운 파티였다. 마쓰무라가 평소와 다름없는 얼굴로 등장하자 호화로운 연출이 이어졌다. 2미터나 되는 10주년 기념 케이크, 하녀 복장을 한 여성밴드의 라이브 연주, 마쓰무라의 고향인 고치현의 요사코이 전통춤, 야마가미 형제의 마술, 아야만 JAPAN(일본의 여성 엔터테인먼트 그룹)의 퍼포먼스, 라이벌 기업의 스티커가 붙어 있는 뜀틀을 운동선수 출신 탤런트 이케다니 나오키가 뛰어 넘는 퍼포먼스, 선배와 친구들 20명이 연출한 가가미와리(나무 술통의 뚜껑을 나무 망치로 깨며 행운을 비는 행사), 파티를 싫어하기로 알려진 겐토샤幻冬舍 출판사의 겐조 토오루 사장의 주빈 인사까지 모두 '마쓰무라'다운 연출이었다.

마쓰무라의 아이디어와 계획을 부정하는 직원은 다이아몬드 다이닝에는 한 사람도 없다. 임원부터 신입 직원들까지 모두 하나가 되어 사장이 상상하는 대로의 대형 연회를 실현시킨 것이다.

"올해는 우리 회사에 의미 있는 해이기 때문에 그동안 신세진 분들에게 감사의 마음을 전하는 기회를 만들고 싶었습니다. 그렇다면 역시 격식 있는 오쿠라 호텔의 연회장에서 해야 한다고 생각했지요. 다른 어떤 기업도 해낼 수 없는 파티를 열어서 손님들에게 최상의 즐거움을 드리고 싶었습니다."

파티 종반에 무대에 선 마쓰무라는 다이아몬드 다이닝 사의 다음 목표를 발표했다. 스크린에 '1000점포 1000억 엔 세계 제1의 엔터테인먼트 외식기업을 목표로!'라는 문구가 새겨졌다. '100가지 브랜드 100개의 점포'에서 단숨에 10배가 되어 나타난 숫자에 연회장이 술렁였다.

이 선언 후, 브라더 콘Bro. KORN이 등장하여 'WON'T BE LONG'을 부르자 이에 맞추어 댄스타임이 펼쳐졌다. 직원들도 초대된 손님들도 마쓰무라의 고향 고치현에서 달려온 가쓰오 인간(고치현의 마스코트 캐릭터)도 모두 반짝이는 조명 속에서 댄스 삼매경에 빠졌다. 600명의 게스트들은 4시간 반 동안 이어진 폭풍 퍼포먼스를 보며 마쓰무라와 다이아몬드 다이닝 사의 열정과 결속력에 감동을 받았고, 선두에 서서 분위기를 고조시키고 있는 마쓰무라의 뜨거운 서비스 정신에 탄복할 따름이었다.

이 파티가 개최되기 약 1년 전. 2010년 10월, 도쿄 유라쿠쵸에 토사요리土佐(고치현 향토요리) 전문점 '시만토가와四万十川'를 오픈함으로써 '100가지 브랜드 100개의 점포'를 실현시킨 마쓰무라는 외식업계에 새로운 바람을 불러일으킨 CEO로 각광을 받고 있었다.

마쓰무라가 외식업계에서 존재감을 드러낸 것은 업계에서는 '있을 수 없는 목표'를 들고 나와 실제로 목표를 달성하면서부터이다. 그 있을 수 없는 목표는 바로 '100가지 브랜드 100개의 점포'였다. 일반인들에게는 의미조차 알 수 없는 이 말은 마쓰무라와 다이아몬드 다이닝이라고 하는 기업이 달성한 하나의 금자탑이다.

"음식점 경영에 뛰어든 지 몇 년이 지나고 나서 저는 경쟁이 치열한 외식업계에서 우리 다이아몬드 다이닝만이 할 수 있는 것을 찾아내 그것을 회사의 주요 목표로 삼아야겠다고 생각했습니다. 저와 직원들은 그 목표를 향해 힘차게 나아갔고 첫 번째 점포가 문을 열고 나서 9년 후인 2010년 10월에 목표를 달성했습니다."

'100가지 브랜드 100개의 점포'란 어떤 사업을 말하는 것일까? 마쓰무라는 나에게 이렇게 설명해주었다.

"100개의 점포를 서로 다른 콘셉트와 스타일로 창조해내는 것을 말합니다. 일식인지, 양식인지, 어떤 인테리어인지, 어떤 메뉴인지, 그런 것을 모두 아울러서 차별화하는 것이지요. 100개의 서로 다른 점포를 만든다고 하는 목표와 이를 달성한 것이 왜 커다란 주목을 받았을까요? 외식업계가 점포 수를 늘려나가는 통상적인 방법과는 정반대였기 때문입니다. 보통 레스토랑이나 이자카야(선술집)를 운영하는 회사는 잘 나가는 가게를 개발하고 이와 똑같은 콘셉트로 복제합니다. 체인점 개설을 통해 똑같은 점포를 늘려나가는 것이지요."

체인점 확장에 성공한 회사는 그 다음으로 프랜차이즈화(프랜차이즈 가맹자가 프랜차이즈 본사 측과 계약을 체결하여, 본사 측이 개발한 점포와 상품, 서비스, 노하우를 활용하는 시스템)하여 더욱 점포 수를 확대시켜 나가는 경우가 많다.

"와타미 주식회사의 와타나베 미키 씨가 만든 이자카야 '와타미和民'를 필두로 많은 외식기업들은 인기 점포의 체인점화를 통해 점포 수를 늘려서 회사를 키워나갑니다. 그런데 저의 점포 확장 방식은 이러한 방식과는 전혀 다릅니다. 한 점포 한 점포, 전혀 다른 점포를 만드니까요. 장소를 선정한 후 그 거리와 사람들에게 어울리는 스타일, 메뉴를 개발하고 점포명을 고안해내고 타깃에 맞는 서비스를 제공하는 것입니다."

100개의 점포를 출점시킨 회사는 꽤 있지만 한 점포 한 점포 모두 서로 다른 콘셉트로 만들어진 회사는 한 곳도 없다. 왜 없냐고 묻는 나에게 마쓰무라는 정열적으로 이야기를 시작했다.

"왜냐하면 귀찮고, 비효율적이고, 손이 많이 가고, 비용과 위험성도 커지기 때문이지요. 주변 사람들은 '왜 그런 무모한 일을 하느냐. 잘 나가는 가게가 있으면 그와 똑같은 가게를 출점시키면 간단할 텐데' 라고 말하더군요. 체인점의 경우 인테리어 공사도 획일화시킬 수 있어서 각 점포마다 디자이너를 고용할 필요가 없습니다. 서비스나 메뉴도 똑같으니까 개발하는 데 드는 시간과 인건비도 절약할 수 있습니다. 하지만 각 점포를 각기 다르게 만들려면 모든 것에 시간과 노력과 자금을 들여야 합니다."

외식업계의 상식에 따르면 마쓰무라의 도전은 그저 무모할 뿐이었다.

"어떤 이들은 '성공할 리가 없다' 혹은 '마쓰무라는 외식업계를 너무 얕보고 있다'고도 했습니다. 하지만 저는 저다운 것을 증명하기 위해서는 이 방법밖에 없다고 생각했습니다. 음식점 매출 1위라든가, 점포수 1위라든가, 프랜차이즈 가맹점포수 1위라든가 하는 것에는 조금도 관심이 없었습니다. 무슨 일이 있어도 '콘셉트 개발 일본 1위'가 되겠다고 결심했습니다. 맛있는 식당들은 여기저기 꽤 있지요. 맛있으면서 가격도 저렴한 식당들도 많습니다. 하지만 저는 그런 유행을 좇아갈 생각은 없었습니다. 꿈이 있는 즐거운 레스토랑, 즉 손님들이 환성을 지를 정도로 깜짝 놀랄 수 있는 레스토랑을 만들고 싶었습니다. 엔터테인먼트와 레스토랑을 융합한 형태의 일본 최고 회사가 되고 싶었습니다. 왜 그런 생각을 하게 되었는지 지금 생각해봐도 딱히 이유는 없습니다. 한 번밖에 없는 인생, 정말로 하고 싶은 일을 하면서 끝까지 포기하지 않고 성공을 거머쥐고 싶다는 생각뿐이었습니다. 직원들에게도 언제나 그렇게 이야기해 왔습니다."

식사뿐만 아니라 엔터테인먼트를 즐기면서 먹을 수 있는 음식 서비스를 제공한다. 외식업계의 판타지스타fantasista(다재다능한 예능인, 뛰어난 기술과 환상적인 플레이로 관객을 열광시키는 천재적인 축구 선수)라는 이름의 기원을 여기서 찾을 수 있을 것 같다.

"첫번째 점포를 내고 몇 년이 지났을 무렵에는 이 목표가 자리를 잡아갔습니다. 한 점포 한 점포 다른 콘셉트로 창조해내는 확장 방식은 파킨슨병과는 아무런 관련이 없습니다. 하지만 100점포 달성 목표를 10년 이내에 이루겠다는 기한을 정한 것은 파킨슨병을 진단받은 것과 관련이 있겠지요."

질병을 선고받게 되면 무리가 없도록 사업을 확장시키지 않는 길을 택하는 것이 일반적인 생각일 것이다. 내가 그렇게 이야기하자 마쓰무라는 고개를 끄덕이며 말했다.

"보통은 그렇게 할 겁니다. 당시 우리 회사 직원들 이외의 모든 사람들이 '무리'라고 했지만 그런 말을 들으면 오히려 투지가 불타올랐지요. 중간에 도전을 멈출 수는 없었습니다. 하다 말 것이라면 처음부터 그런 목표는 세우지도 않았을 테니까요."

불가능이란 말을 들으면 어떻게 해서든 가능하게 만들고 말겠다는 생각이 마쓰무라의 가슴에 치밀어 올랐다. 질병조차도 마쓰무라에게는 전진하게 하는 힘이 되었던 것이다.

"그 무렵에는 정신없이 돌진만 했는데 지금 생각해보면 그런 것 같습니다. 제가 만약 병에 걸리지 않았다면 더 쉬운 길을 택했을지도 모릅니다."

놀랍게도 '100가지 브랜드 100개의 점포'를 달성할 때까지 다이아몬드 다이닝은 한 번도 적자를 보지 않았다. 은행에서 대출을 받은 적은 있으나 계속해서 경상이익(영업이익+영업외수익-영업외비용)이 증가하고 있었던 것이다.

창조는 눈에서부터 시작된다

지금도 업계에서는 '기적'이라고 불리는 마쓰무라의 100점포. 왜 마쓰무라는 가능했을까? 나는 마쓰무라와 함께 점포·콘셉트 개발을 맡아온 가와우치 테쓰야에게 그 이유에 대해 물었다. 가와우치라면 마쓰무라의 비법을 알고 있을 거라 생각했기 때문이다. 예상대로 가와우치는 나의 질문에 명쾌하게 대답해주었다.

"유일무이한 마쓰무라 류流야말로 다이아몬드 다이닝이 다른 회사에는 없는 발상과 형태를 가질 수 있는 이유입니다. 마쓰무라 사장이 점포를 내는 데는 두 가지 패턴이 있습니다. ①점포 명, 콘셉트(무슨 요리를 제공할 것인가), 인테리어 이미지에 대한 아이디어가 있을 경우 ②목이 좋은 곳에 점포를 낼 수 있을 때 주변 시장상황에 초점을 맞추는 경우. 물론 ①②를 혼합할 경우도 있습니다. 100가지 브랜드 100개의 점포 달성에 속도를 내기 위해서는 인테리어 이미지가 필요합니다. 언제나 여느 점포와는 다른 새로운 스타일의 점포를 만들어야 하기 때문에 그 때마다 주방장, 인테리어 디자이너, 그래픽 디자이너, 영업담당자 등도 콘셉트를 주지해야 합니다. 이를 위해 사장님은 항상 '창조는 눈에서부터 시작된다'라고 강조하며 이미지에 대한 아이디어를 얻기 위해서 수십 개의 레스토랑을 끊임없이 방문했던 것입니다."

가와우치는 마쓰무라의 사고방식을 설명해주었다.

"길을 걸을 때에도 '간판의 로고 디자인을 주의 깊게 보세요. 다른 레스토랑을 방문할 때는 인테리어와 메뉴, 서비스를 마음에 잘 새겨두세요'라고 하십니다. 그 외에도 회의 때마다 '영화를 많이 보세요, 책을 읽으세요, 그럴 시간이 없으면 서점이나 비디오 대여점에서 제목만이라도 훑어 보세요'라고 하십니다. 입력된 정보야말로 새로운 점포의 이미지와 스토리를 만들어내기 위한 재료가 된다면서요."

마쓰무라는 학생시절부터 책과 영화광이었는데 책과 영화로부터 얻는 즐거움과 감동을 늘 가슴에 품고 있었다.

"활자 중독이라고 할 정도로 책을 읽었어요. 소설이나 논픽션도 좋아했지만 그 외에도 모든 종류의 잡지, 여성지, 정치경제 관련 서적들을 무조건 읽어댔습니다. 지하철을 타서도 내부에 있는 광고, 역에 걸린 광고나 포스터에 눈이 갔습니다. 무언가 번뜩이는 발상이 떠오르기도 하니까요. 책이나 잡지, 거리에서도 눈에 띄는 재미있는 문구가 있으면 메모해 둡니다. 영화도 마찬가지입니다. 시간이 나면 영화관에 가서 영화를 봅니다. 영화 한 편을 보면 새로운 점포에 대한 구상이 떠오릅니다. 직원들은 제가 영화관에 가면 또 새 점포에 대한 기획이 시작되는구나 싶어 두려워하곤 했지요. 제가 만든 점포에는 제가 읽은 책의 주인공이나 시대, 제가 봤던 영화에서 그려진 가공의 세계나 패션, 색감까지 반영되어 있습니다. 직원들에게도 저와 마찬가지로 자극을 찾아다니고 상상하고 그것들을 잘 다듬어서 새 점포에 대한 아이디어나 메뉴로 개발하라고 말하곤 합니다."

책과 영화에서 어휘와 시각적 이미지를 담아놓았다가 괜찮은 입지를 발견하면 마음에 담아놓은 것들 중에서 이미지와 스토리를 만들어 재빨리 점포개발 준비에 들어간다. 가와우치가 나에게 설명한 '마쓰무라 류'의 방식은 다이아몬드 다이닝 류流가 되어 나날이 직원들에게 계승되어갔다. 하지만 마쓰무라의 행동을 곁에서 빠짐없이 지켜본 가와우치는 '자신을 포함해서 직원들이 절대 흉내낼 수 없는 재능이 사장님에게는 있다'고 덧붙였다.

"사장님의 특징은 이과계열과 문과계열, 예술계열의 하이브리드라는 점입니다. ①숫자에 강하다. ②국어능력이 뛰어나다(점포명 등을 고안해내는 어휘력과 좋고 나쁨에 대한 판단력). ③미적 감각(로고 디자인이나 인테리어 디자인에 대한 판단이 탁월하다). 외식업 경영자에게는 ①과 같은 타입은 많이 있지만 ②나 ③까지 모두를 다 갖추고 있는 사람은 본적이 없습니다. 독서와 활자를 좋아하고, 영화를 좋아하는 것이 점포개발에 도움을 주는 게 틀림없습니다. 그리고 버블시대에 화려한 인테리어를 자랑했던 레스토랑과 클럽을 돌아다니며 얻은 경험에서 감성을 연마하고 축적했습니다. 마지막으로 '남자는 이공계'라고 주장하시는 아버지의 가르침에 따라 대학에서 이공학부를 전공한 점도 도움이 되었다고 생각합니다."

또 가와우치는 마쓰무라의 정보수집 능력이 탁월하다고 했다.

"정보지나 신문, 웹사이트, 각종 미디어를 통해서 정보를 수집하고 있습니다. 지금도 얼굴만 마주치면 '가와우치 씨, 무슨 정보 없어요?' 라고 묻습니다. 그것도 하루에도 몇 번씩. 막대한 정보의 입수와 쓸 만한 정보를 가려내는 능력이야말로 콘텐츠를 발굴하고 리스크를 관리하는 데 없어서는 안 되는 능력이겠지요."

마쓰무라가 정보를 수집하는 데 있어서 최대한 활용하고 있는 방법은 직접 다양한 분야의 사람들을 만나 스스로 인터뷰어가 되어 질의응답을 거듭하는 것이다.

"마쓰무라 사장님은 아시는 바와 같이 언제나 온화하고 웃는 얼굴이십니다. 그렇게 진지한 자세와 온화한 성품 때문에 만나는 분들 모두가 사장님의 팬이 되어서 아낌없이 많은 조언을 해주십니다. 그러면 사장님도 자신이 얻은 정보를 아낌없이 다른 경영자들, 후배들에게 이야기해줍니다. 번뜩이는 정보를 숨겨두거나 하지 않습니다."

사람을 매료시키는 마쓰무라의 인간성과 기업의 CEO가 되어서도 변하지 않는 호기심과 탐구심이 어우러져 수많은 점포를 탄생시켰던 것이다.

제 1호점
'뱀파이어 카페'의 탄생

제 1호점이 탄생한 것은 2001년 6월, 도쿄의 중심 긴자였다.

"당시는 다이아몬드 다이닝이 아니었고 그 전신이었던 회사가 만든 것입니다. 1996년 3월 히가시 이케부쿠로에 설립한 유한회사 A&Y 뷰티서플라이에서 만든 점포였습니다."

그렇게 원하던 레스토랑을 내면서 마쓰무라는 다른 무엇보다 장소를 중요시했다. '장소는 긴자가 아니면 절대 안 돼'라며 물러서지 않았던 것이다.

"긴자는 일본이 자랑하는 세계 최고의 번화가이며 품격 있는 거리입니다. 저는 첫 번째 레스토랑만큼은 반드시 긴자에 내겠다고 정해 놓았던 겁니다. 외국 자본의 외식산업이 맨 먼저 진출하는 곳도 긴자입니다. 맥도날드도 스타벅스도 웬디스도 모두 1호점은 긴자였지요. 디스코텍이라면 롯폰기겠지만요. 각기 나름대로 상권과 상생하기 위한 전략이 있기 때문입니다. 레스토랑을 낸다면 반드시 긴자여야 합니다. 긴자에 1호점이 출점했다고 하는 사실은 회사의 역사에 길이 남게 될 테니까요."

반드시 긴자여야 하는 이유는 또 있다.

"긴자에 새로운 레스토랑이 생겼다고 하면 매스컴의 관심도 남다릅니다. 도심에서도 긴자가 아니라면 임대료나 보증금을 낮출 수 있습니다. 지방이라면 더 싼 값에 점포를 두세 개 만들 수 있을지도 모릅니다. 하지만 매스컴이 관심을 가져주지 않는다면 사람들에게 알릴 수가 없겠죠. 그런 관점에서도 긴자는 가장 이목을 집중시킬 수 있는 곳입니다."

무슨 일이 있어도 반드시 긴자에서 시작하겠다고 생각했지만 외식업계 초짜인 마쓰무라가 긴자에서 매장을 빌린다는 것은 쉬운 일이 아니었다. 디스코텍을 경영하는 회사에서 독립한 지 6년, 태닝샵 경영으로 성공한 마쓰무라는 사업가로서 은행들과의 거래가 있었기 때문에 다소의 신용은 쌓을 수 있었지만 레스토랑 경영에 대한 경험 부족이 커다란 장벽이었던 것이다. 나중에 마쓰무라가 주식 상장을 목표로 했던 것도 비즈니스에 신용과 신뢰가 얼마나 중요한 것인지 깨달았기 때문이다.

포기를 모르는 마쓰무라도 그때는 여러 번 좌절했다고 고백했다.

"먼저 돈을 마련하는 것이 우선이었습니다. 자기 자본만으로는 원하는 대로의 레스토랑 출점이 불가능해서 은행 융자를 받으러 돌아다녔지만 어느 곳도 돈을 내주는 곳이 없었습니다. 겨우 제2금융권(할부금융사)에서 대출을 받을 수 있었지요."

마음을 놓자마자 이번엔 부동산 문제가 앞을 가로막았다.

"임대인이 레스토랑 무경험자에게는 가게를 빌려주지 않겠다며 허락을 해주지 않는 겁니다. 몇 십 번이나 거절을 당했지요. 이야기가 잘되가다가도 레스토랑 경영이 처음이라는 걸 알게 되면 '아, 그런 거라면 안 되겠는데'라며 이야기를 멈추는 겁니다. 더 이상 갈 곳이 없었습니다. 30대 젊은 경영자에게는 임대해본 적이 없다며 빌딩 주인들에게 몇 번이나 거절당했습니다. 어디를 가도 무경험자에게는 빌려줄 수 없다는 말뿐이었죠. '긴자가 아닌 다른 곳에서 시작해야 하는 걸까' 하고 좌절했습니다. 하지만 '아니지, 잠깐만, 여기서 포기한다면 앞으로도 계속 포기하고 말거야. 포기한 남자로 살 순 없다. 나는 반드시 긴자에서 시작해야 한다'고 다시 마음을 고쳐먹었습니다. 몇 개월 동안 이런 갈등의 연속이었습니다."

마쓰무라는 포기하지 않았다. 디자이너를 동반하고 다니면서 레스토랑의 콘셉트를 설명하면서 임대계약 교섭을 다시 시작했다. 마침내 어떤 빌딩의 주인이 마쓰무라의 열의를 보고 계약을 맺어주었다. 긴자 6번가에 있는 빌딩 7층에 마쓰무라가 만든 것은 '뱀파이어 카페'라고 하는 콘셉트 레스토랑이었다. 콘셉트 레스토랑이란 어떤 스토리의 세계를 재현하여 눈과 혀로 즐길 수 있는 엔터테인먼트를 제공하는 레스토랑이다. 뱀파이어 카페야말로 마쓰무라 내면의 창조성이 그대로 드러난 장소였다.

"현세에 소생한 드라큘라의 성. 이것이 레스토랑의 테마였습니다. 엘리베이터를 타고 7층에 내려 레스토랑의 문을 여는 순간, 루마니아의 트란실바니아에 있는 드라큘라 백작의 성에 빠져들게 되는 것이지요. 고객들이 공감각적인 체험을 할 수 있는 엔터테인먼트 레스토랑으로 만드는 것이 목표였습니다."

그의 이런 참신한 발상은 의외의 경험에서 비롯되었다. 마쓰무라는 20대의 가장 강렬했던 기억을 이야기해 주었다.

"저는 27살에 결혼했습니다. 신혼여행으로 미국 플로리다주 올랜도에 갔습니다. 그곳은 말 그대로 테마파크 마을이었습니다. 디즈니월드, 씨월드, 케네디우주센터, 유니버셜 등 수많은 테마파크가 있었습니다. 디즈니월드 한 곳의 부지가 야마노테선(도쿄 도심 순환전철) 안쪽 면적보다 큽니다. 그 한가운데에 세계에서 가장 무서운 도깨비집이 있었는데 거기서 저는 나자빠졌습니다. 고작해야 도깨비집일 뿐인데 기겁할 정도의 공포를 느꼈던 겁니다."

빤한 속임수에 불과하다고 생각하고 있던 도깨비집에서 마쓰무라는 그림동화나 영화 속으로 빨려들어간 것과 같은 경험을 했다.

"정말로 무서웠습니다. 우선 4명이 손을 잡고 들어가지 않으면 입장이 거부되는 시스템입니다. 그건 누군가 놀라 넘어질 수 있기 때문이지만 왜 그렇게까지 무서운가 하면 모든 것이 '리얼'이기 때문입니다. 예를 들면 공포영화를 보고 있을 때 제가 그 영화 속으로 들어간 것과 같은 느낌입니다. 우선 입장하는 순간, 아이스하키 마스크를 쓴 진짜 제이슨이 나타났습니다. 영화 '13일의 금요일'에서 살상을 반복하는 그 제이슨입니다. 제이슨이 우리를 발견하게 되면 체인톱 엔진에 시동을 겁니다. 그리고 그 체인톱을 휘두르면서 우리를 향해 돌진해 옵니다. 순간 현실인지 꿈인지 분간을 할 수 없게 되지요. 체인톱 소리가 커지면서 도망쳐야 한다고 생각하지만 공포감으로 몸이 움직이질 않는 겁니다. 옆을 보니 손을 잡고 함께 들어간 미국인 남성이 거품을 물고 기절해 있었습니다. 정말 무서웠어요. 그 다음부터는 비명의 연속이었죠. 몸이 굳어버릴 것 같은 공포감에 일상을 잊어버리게 되었고 도깨비집을 나오는 순간에는 녹초가 되어 있었습니다. 그렇게 정신을 놓고 있던 와중에, 이런 감각을 즐길 수 있는 레스토랑이 있으면 재미있겠다고 생각했던 겁니다."

올랜도에 있는 도깨비집. 언젠가 그런 비일상적인 경험을 구현시킨 레스토랑을 만들고 싶다. 그렇게 마음에 새긴 마쓰무라였지만 회사에서 독립한 후에는 부부가 태닝샵을 경영했다.

"27살에 결혼하고 나서 4개월 후에 태닝샵을 오픈했습니다. 레스토랑을 낼 만큼의 자금은 아무리 발버둥쳐도 구할 수 없었습니다. 처가에서 돈을 빌리고 제2금융권에서 융자를 받아서 겨우 차린 가게가 '머메이드'라는 태닝샵이었습니다. 이 무렵 젊은 사람들과 여고생들이 태닝샵을 찾기 시작하여 유행할 조짐이 보였고 승산이 있었습니다."

오픈한 태닝샵에서 마쓰무라는 아침부터 밤까지 일했다.

"낮에는 아내가, 밤에는 제가 근무했습니다. 1년 365일, 쉬지 않고 일을 했기 때문에 아내는 속았다며 불평을 했습니다."

마쓰무라의 태닝샵은 크게 히트했고 운영하는 점포를 4개까지 늘렸다. 회사를 그만두고 독립한 지 6년 후인 2001년, 마침내 레스토랑 경영에 나설 수 있는 자금을 확보했다.

마쓰무라는 쭉 품어왔던 계획을 조금도 바꿀 생각이 없었다. 올랜도의 도깨비집처럼 화려하고 정말 오싹한 레스토랑을 만들자. 그러기 위해서 매일 잠도 자지 않고 콘셉트 스토리를 고안하여 공포의 대상 중에서도 가장 쿨한 드라큘라 백작을 선택했다.

"물론 도깨비집이 아니라 레스토랑이니까 드라큘라 백작은 없습니다. 어디까지나 손님들이 주인공이고, 의도하는 바는 손님이 드라큘라 성을 방문해서 드라큘라 백작이 주최하는 디너에 참석한다고 하는 콘셉트인 거지요."

타깃은 여성으로 잡았다. 마쓰무라는 처음부터 그렇게 정했다.

"제가 타깃으로 한 것은 '28살의 여성'이었습니다. 왜냐면 28살의 여성이 가장 돈을 잘 쓰니까요. 연인이나 여자 친구들과 오기도 하고 회사 회식장소로 찾기도 합니다. 대학을 졸업하고 6년 정도가 지난 여성들은 행동력도 있고 호기심도 왕성합니다. 그런 28살 여성들의 마음을 잡는다면 무조건 성공할 것이라고 확신했었습니다."

'뱀파이어 카페'의 인테리어와 메뉴에는 온통 흡혈귀 전설로 꾸며져 있었다.

"참고로 삼기 위해서 톰 크루즈와 브래드 피트가 주연한 영화 '뱀파이어와의 인터뷰'를 봤는데 너무 현대적이어서 별로 도움이 되지 못했습니다. 결국 옛날 냄새 물씬 나는 크리스토퍼 리의 '흡혈귀 드라큘라'를 보면서 제가 찾던 세계를 발견하고는 그대로 참고했습니다."

아주 세세한 것도 놓치지 않았다.

"콘셉트는 빨간색, 장미, 십자가. 온통 이것들로 꾸몄습니다. 앞쪽 바닥에 새긴 십자가는 '마귀를 쫓는 십자가'입니다. 바닥에는 장미 그림의 카펫을 깔았습니다. 그리고 천정에 달려 있는 괴기한 느낌의 샹들리에. '뱀파이어 카페'의 이미지를 살려서 일부러 주문한 샹들리에입니다. 복도는 '피의 복도'라고 해서 적혈구, 헤모글로빈, 즉 피의 결정들이 그려져 있습니다."

그리고 레스토랑의 아이콘은 드라큘라 백작의 관으로 삼았다. 마쓰무라는 이 관을 구하기 위해 동분서주했다.

"드리큐라 백작이 자는 관. 제가 생각하는 이미지는 머리 부분이 육각형이었는데 그런 육각형의 관은 아무리 찾아도 없었습니다. 일본은 물론이고 미국이나 유럽 등 해외 장의업자들에게 문의했지만 구하지 못했어요."

할 수 없이 마쓰무라는 자신이 생각하는 이미지대로 관을 주문했다.

"제가 제1호점을 낼 무렵, 디자이너스 레스토랑이 붐을 일으키고 있었습니다. 유명 디자이너가 레스토랑 인테리어에 참여하게 되면 그것만으로도 레스토랑이 번창했던 겁니다. 그래서 그 관도 당시 인기 디자이너에게 의뢰했습니다. 디자이너에게 관을 만들어 달라고 하니 '그런 건 재수 없다'며 거절당했습니다. 그래도 제발 부탁드린다며 설득해서 육각형 모양의 관을 그려주었습니다. 그 도안대로 관을 만들어 겨우 저의 콘셉트가 완성되었습니다."

신혼여행에서 마쓰무라와 공포를 공유했던 부인, 요시코도 남편과 함께 전력을 다했다.

"그 무렵, 아내의 아이디어가 많은 도움이 되었습니다. 함께 관을 찾기도 하고 인테리어에 대한 아이디어를 짜내기도 하고, 아내의 조언들이 레스토랑의 기본이 되었습니다. 그리고 '뱀파이어 카페'의 로고를 만든 것도 아내였습니다."

레스토랑 개점을 위한 준비가 착착 진행되었다. 마침내 꿈에 그리던 레스토랑 경영을 향한 싸움이 시작되려 하고 있었다. 하지만 열정과 자금을 모두 쏟아 부은 마쓰무라에게 함정이 기다리고 있었음을 개점 직전에 알아차렸다. 당시 마쓰무라가 경영하던 태닝샵 시부야점 점장을 하다 '뱀파이어 카페'로 옮긴 구보 타카야스는 '그때만 생각하면 지금도 위경련이 올 것 같다'며 곤혹스러워했다. 마쓰무라와 함께 거의 20년 세월을 지내온 구보의 증언을 통해 외식업계에 데뷔한 젊은 마쓰무라의 실패담을 들을 수 있었다.

"뱀파이어 카페가 오픈할 때 사장님이 와서 도와달라고 하셔서 긴자로 갔습니다. 도와드릴 생각으로 갔던 것이 가서 보니 제 담당은 홀 책임자인 매니저였습니다."

오픈 직전에 사건이 발생했다. 셰프가 사라진 것이다.

"사장님과 사장님이 믿고 있던 셰프가 필사적으로 메뉴를 개발해서 드디어 완성되었다고 생각하고 있던 레스토랑 개점 2주 전, 그 셰프가 갑자기 '못하겠다'는 말을 남기고 사라져버린 겁니다. 셰프가 없으면 주방팀은 제 기능을 못할 것이고 주방이 제대로 움직이지 못하면 오픈은 불가능한 일이기 때문에 마쓰무라는 인력파견 회사에 셰프와 몇 명의 주방 스태프를 요청했습니다."

꿈에 그리던 레스토랑을 급조된 주방팀과 함께 시작하게 된 것이다.

"그때부터가 정말 지옥이었습니다. 그 사람들이 일을 제대로 하지 않는 겁니다. 사장님과 우리들을 완전히 아마추어 취급을 했어요. 게다가 마쓰무라 사장과 셰프의 대립이 격화되기 시작했습니다."

드디어 레스토랑 개점일이 다가오고 구보가 책임자가 되어 막바지 준비를 하고 있을 때였다.

"사장님의 지시로 제가 메뉴판의 영어표기 작업을 맡고 있었는데,

셰프에게 도움을 청했어요. 예를 들면, 포르치니버섯을 뭐라고 표기하면 좋겠느냐고 물으면 셰프는 '그런 게 무슨 의미가 있냐'며 대꾸조차 하지 않았습니다. 그걸 들은 마쓰무라 사장이 크게 화를 내며 이렇게 말했습니다. '여긴 내 가게야. 내 생각대로 따르라'고 말이죠. 또 마쓰무라는 식기에 대해서도 집착이 강해서 상세한 이미지를 셰프에게 전달해서 식기 준비도 맡도록 했습니다. 그런데 셰프가 모아온 식기는 마쓰무라의 이미지와는 너무 다른 중화요리풍이었던 겁니다. 그런 무책임한 셰프와의 갈등이 매일 반복되었고 마쓰무라도 '이대로는 무리다. 이 셰프를 빨리 자르고 새로운 체제로 시작하자'며 난처해했습니다."

드라큘라 관의 내장 인테리어와 연출 준비는 완벽했다. 하지만 주방에서는 마쓰무라의 의향이 전혀 반영되지 않고 있었다. 일이 제대로 풀리지 않은 채 2001년 6월, '뱀파이어 카페'는 개점했다.

"매일 매장에서 손님 접대를 하고 있던 사장님은 이대로 가다가는 가게가 망하고 말 것이라고 생각했습니다. 식재료부터 조리, 접시에 담는 과정까지 명확한 이미지를 만들어 놓았지만 전혀 구현되지 않았거든요. 파견되어 온 셰프와는 공감대가 전혀 없었습니다."

괴로워하던 마쓰무라는 새로운 셰프를 영입하기로 결심했다. 뱀파이어 카페의 새로운 조리장으로 영입하기로 한 나가자와 유지는 마쓰무라가 디스코텍에서 웨이터로 일하고 있던 닛타쿠 엔터프라이즈 시절 때부터 알고 지내던 사이로 가장 존경하는 셰프 중 한 명이었다. 어느 날 마쓰무라는 혼자서 나가자와 셰프를 찾아가 도와달라고 간원했던 것이다.

마쓰무라는 가장 힘들었던 이 시기의 기억을 오랫동안 봉인해두고 있었다고 말했다.

"최악의 스타트였어요. 그렇게 공을 들여 준비해 왔는데 가장 중요한 셰프에게 개점 직선에 배신당했습니다. 전혀 알지도 못했던 셰프에게 주방을 맡긴 채 그렇게 고대하던 개점을 맞이했던 겁니다. 경영자로서의 저의 미약함이 모든 불행의 원인이었습니다. 제 생각만 하고 있다는 것은 알고 있었지만 평소 존경하던 나가자와 셰프에게 '뱀파이어 카페로 와 주십사' 하고 머리 숙여 부탁드렸습니다. 정말 무모한 부탁을 드렸던 거지요. 나가자와 셰프는 확고한 지위를 구축하신 분으로 이미 대형 레스토랑을 맡아 운영하고 있었으니까요."

그런데 나가자와는 마쓰무라의 무모한 부탁을 들어주었다. 마쓰무라는 지금도 그때를 생각하면 가슴속에서 뜨거운 것이 치밀어 오른다고 했다.

"나가자와 씨는 바로 '알겠네'라고 말해주셨습니다. 며칠 후 주방 스태프 전원을 자르고 나가자와 씨와 그쪽 스태프들을 영입했습니다. 나가자와 씨는 전에 다니던 레스토랑에 머리숙여 양해를 구하고 저희 쪽으로 와주셨던 겁니다."

나가자와는 요리도, 식기도, 그릇에 담는 스타일도 마쓰무라의 생각을 바로 이해하고 그대로 실천해주었다.

"원래의 셰프가 나가버린 후 주방과 대립해야 했던 한 달의 경험은 저에게 엄청난 교훈이 되었습니다. 그 후로 모든 일을 준비하는 데 신중에 신중을 기하게 된 것은 이 때 경험했던 위기 덕분입니다."

남편을 믿고 레스토랑에 자신의 꿈을 실었던 아내 요시코, 마쓰무라를 절망에서 구해준 나가자와 셰프, 처음해보는 일이지만 레스토랑 개점을 위해 헌신한 구보를 비롯한 직원들. 이들의 힘을 빌려 마쓰무라가 목표로 하는 엔터테인먼트 레스토랑 제 1호점이 드디어 출범한 것이다.

뱀파이어 카페를 열었을 때는 버블시대가 붕괴된 후의 회복기에 해당한다. 레스토랑 경영에 나선 마쓰무라가 고객을 늘리기 위해 가장 열을 올렸던 것은 매스컴과 접촉하며 홍보하는 것이었다.

"레스토랑을 오픈한 지 한 달, 물론 대성황을 이룰 만큼 성공적이진 못했습니다. 그래서 저는 디스코텍에서 웨이터를 하던 시절 익힌 영업을 떠올리고 행동에 옮겼습니다. 어떻게든 매스컴에 노출되어서 화제가 되기를 바라며 언론사들을 위한 파티를 개최하기로 했습니다. 하지만 그 쪽으로는 전혀 줄이 없었어요. 그래서 매니저였던 구보에게 매스컴에 전달할 보도자료를 만들어 유명 잡지사를 찾아다니게 했습니다. 파티에 참가하겠다는 약속을 받기 전까지 절대 돌아오지 말라고 했었죠."

구보는 직접 만든 기획서를 들고 하루 10~15곳 정도의 잡지사를 찾아 다녔다.

"홍보활동이라는 것도 처음이라 노하우도 매뉴얼도 없었습니다. 파워포인트로 만든 기획서를 몇 십 장 들고 다니며 '뱀파이어 카페의 설명을 들어 주십시오. 프레스 파티에 참가해 주세요'라며 부탁할 뿐이었습니다."

대부분 문 앞에서 쫓겨났지만 매일 방문하다보니 이쪽 이야기를 들어주는 편집자가 나타나기 시작했다. 한 달 후에는 마쓰무라가 타깃으로 잡았던 15개 잡지사 모두가 프레스 파티에 출석하겠다고 약속했다. 당시에는 아직 이런 콘셉트 레스토랑이나 엔터테인먼트 레스토랑이 별로 없었지만 마쓰무라는 반드시 히트하게 될 것이라는 확신을 가지고 있었다.

"독특한 취향의 맛있는 레스토랑이나 싸고 맛있는 이자카야는 거리에 넘쳐납니다. 이제 일본에서 음식점이 맛있어야 한다는 것은 당연한 원칙이 되었습니다. 하지만 식사를 하면서 엔터테인먼트를 즐길 수 있는 레스토랑은 전혀 새로운 장르니까요."

긴자에서 그것도 개성이 강한 레스토랑으로 화제가 되는 것. 마쓰무라의 의도는 정확히 적중했다. 프레스 파티에 참석한 매스컴 관계자들은 마쓰무라가 준비한 스타일에 열광했다. 기자들은 취재도 잊고 드라큘라 성의 분위기에 흠뻑 빠져 즐기고 있었다.

"바로 취재 의뢰가 쇄도했습니다. 취재를 하고 가면 1개월 후 잡지에 기사가 게재됩니다. 그러면 그 날부터 예약 전화가 끊이지 않았어요. 도화선에 불이 붙었다는 걸 실감하는 순간이었습니다."

'뱀파이어 카페'는 전례없는 대성공을 거두게 되었고 엔터테인먼트 레스토랑의 서막을 여는 시작점이 되었다. 마쓰무라는 대담하게 점포를 늘려나갈 계획을 세웠다.

"뱀파이어 카페가 대성공을 거둔 그 해 연말, 저와 점장, 셰프와 몇 몇 간부들이 모여 송년회를 했습니다. 그 때 저는 이렇게 선언했습니다. '5년 이내에 레스토랑을 3곳으로 늘리고 싶다. 이 3곳을 모두 성공시켜서 회사를 조직화하고 싶다'고. 모두 저의 선언에 박수를 보내주었습니다. 그리고 모두가 함께 해보자고 맹세했습니다. 그 날의 맹세는 제가 도망갈 수 없었던 첫 번째 이유가 되었습니다."

다음 해 2002년 12월이 되자 조직을 '다이아몬드 다이닝'으로 변경하고, 본사를 다이토구 히가시우에노로 이전했다. 마쓰무라는 주식회사의 대표이사가 되었다. 회사명은 전국적으로 수십만 개가 넘는 음식점과 외식기업들 중에서 '빛을 발하는 원석이 되고 싶다'고 하는 의미를 담은 것이다. 그리고 2003년부터 2004년까지 8개 점포를 출점하는 데 성공했다.

"태닝샵도 아직 몇 군데 영업을 유지하고 있었지만 당연히 레스토랑 사업에 주력하게 되었습니다."

'에이티카페a.t.cafe(롯폰기)', '미궁의 나라의 앨리스(고탄다)' '올빼미의 숲梟の森(롯폰기)', '검은 제등黑提燈(아카사카)', '대나무 소녀 이야기竹取百物語(긴자)', '검은 제등(고탄다)', '3년돼지곳간三年ぶた蔵(시부야)'를 오픈하면서 인기 레스토랑의 오너 겸 경영자가 되었다.

3번째 점포인 '미궁의 나라의 앨리스'는 '이상한 나라의 앨리스' 그림책의 세계관을 표현한 레스토랑이다. 고딕풍의 '뱀파이어 카페'와는 전혀 다른 판타지 세계가 매장 인테리어, 서비스, 제복과 메뉴를 통해 표현되었다.

"제가 무척 좋아하는 루이스 캐럴의 '이상한 나라의 앨리스'를 바탕으로 이미지화한 레스토랑입니다. 입구는 거대한 책모양의 문으로 만들었습니다. 손님을 맞이하는 것은 매드 해터(미친 모자 장수)입니다. 메뉴에는 하트의 여왕, 하얀 토끼, 체셔 고양이, 애벌레 아저씨, 트럼프 병사, 덤과 디 쌍둥이 등 동화에 나오는 개성적인 캐릭터를 본떠 만든 독특한 요리와 오리지널 칵테일을 개발해서 디테일에 신경썼습니다."

레스토랑에 들어서면 하얀 토끼를 쫓아 이상한 나라로 들어가 다양한 모험을 하게 되는 소녀와 비슷한 체험을 하게 된다.

"어른이 되어서도 동화 속 주인공이 될 수 있는 시간을 만들어드리고 싶어서 만든 레스토랑입니다. '뱀파이어 카페'나 '미궁의 나라의 앨리스' 같은 레스토랑을 만드는 것은 정말 힘들었지만 사실은 인생의 즐거움이도 했습니다. 일이지만 놀이 같고, 노는 것 같지만 일을 하는 것. 그 이후로도 이어진 우리 회사의 방침이 시작된 것도 이 무렵입니다."

동화에 열중했던 마쓰무라의 어린 시절의 산물이기도 한 이 레스토랑들은 해외의 가이드북에도 많이 소개되어 지금은 외국 관광객들의 여행 필수 코스가 되기도 했다.

"주식회사의 사장이고, 도쿄 안에서 복수의 레스토랑을 경영하고 있다고 하면 어마어마한 성공을 거둔 것처럼 들릴지도 모르겠습니다. 하지만 지금은 웃으며 이야기할 수 있지만 당시의 회사 실정은 매우 참혹했습니다. 늘 자금난에 시달렸으니까요. 정말이지 등골이 오싹해지는 사건의 연속이었고 늘 예상치 못한 장애물에 부딪쳤습니다."

마쓰무라가 회상하는 사건들은 말 그대로 천국과 지옥의 경계선에 서 있는 것과 같은 광경이었다. 기존의 5개 점포가 견실한 영업실적을 내주는 덕분에 제 6호점인 '대나무소녀 이야기' 출점을 준비할 수 있었다.

"대나무소녀 이야기는 '가구야히메'라는 일본의 고전작품을 모티브로 한 레스토랑입니다. 레스토랑의 콘셉트를 정하고, 매장 입지를 찾아 계약하고, 인테리어를 디자인하고, 내장공사, 셰프와 스태프, 아르바이트 직원 모집, 식기 구입, 메뉴 개발 등에 총 1억 엔의 비용이 드는 프로젝트였습니다."

마쓰무라는 공사를 시작하기 전, 자금 대출을 위해 은행에 갔다.

"점포 임대를 위한 보증금이 높아서 인테리어 예산도 가능한 한 절약했음에도 불구하고 1억 엔으로도 모자랄 정도였습니다. 다행히 은행에서는 '다이아몬드 다이닝 사는 영업실적도 좋으니까 1억 엔 정도는 가능합니다'라는 대답을 해주었어요. 그래서 안심하고 공사를 시작했던 겁니다. 그런데 며칠 후, 이른 아침부터 휴대폰에 부재중 전화가 여러 통 걸려와 있었습니다. 은행 담당자였습니다. 그에게 전화를 하자 '마쓰무라 사장님, 큰일이 생겼습니다. 빨리 은행으로 와주시겠습니까?'라고 하더군요. 무슨 일인가 싶어 양복으로 갈아입고 은행으로 달려갔습니다."

마쓰무라를 기다리고 있는 것은 대출정지 선고였다. 마쓰무라는 은행 응접실에서 나누었던 당시의 대화를 지금도 생생히 기억하고 있었다.

"사장님, 죄송합니다."

"뭐가 죄송하다는 겁니까?"

"실은 다이아몬드 다이닝의 기업평가가 A에서 B로 떨어졌어요. 안타깝지만 대출이 불가능하게 되었습니다."

"아니, 아니요, 며칠 전 이야기하신대로 융자가 나올 거라고 해서 이미 임대계약도 체결했고 공사도 착공했는데요."

"정말 죄송합니다."

"대출이 안 되면 저희 회사는 망합니다."

죄송하다는 말만 반복하는 은행원을 뒤로 하고 마쓰무라는 돌아서야 했다. 이대로 1억 엔 지불이 불가능하게 되면 회사는 도산하게 될 것이다.

"머릿속이 하얗게 됐지만 제가 할 수 있는 일은 다른 은행을 찾아가서 머리를 숙이는 것 밖에 없었습니다. 여기저기 뛰어다닌 결과 다른 은행에서 대출을 해주기로 겨우 약속해주었습니다. 레스토랑 사업은 먼저 대규모 투자를 하고 점포를 만들어 성공시켜서 투자금을 회수하는 도박과 같은 비즈니스입니다. 점포를 내기 위해서 항상 은행에서 대출을 받았던 우리 다이아몬드 다이닝은 현금 유동성이 없어 언제나 빠듯하게 자금을 돌려야 했기 때문에 정말 위기일발의 상황이었습니다."

레스토랑의 운영자금뿐만이 아니었다. 직원들의 월급을 주는 일도 매월 줄타기와 같았다.

"무슨 일이 있어도 직원들 월급은 제날짜에 나가야 했습니다. 당시

경리는 제가 맡고 있었습니다. 급여일 전날이면 저는 운영하는 모든 레스토랑을 돌며 카운터 현금 출납기나 금고에 있는 현금을 전부 긁어왔습니다. 지폐뿐 아니라 동전까지. 나중에는 제 지갑과 아내의 지갑에 있는 현금까지 다 꺼내야 했습니다. 직원들 계좌에 월급을 송금하고 나면 수중에 한 푼도 남지 않았던 달이 1년에도 몇 번씩 있었습니다."

숫자상으로는 상당한 흑자경영을 보였지만 실제로는 사장이 자금사정 때문에 간담이 서늘해지기 일쑤인 영세기업이었던 것이다.

"당시에는 제가 직접 운전해서 영업장을 돌며 현금을 회수했습니다. 어느 날, 전체 직원의 월급을 담은 가방을 차 지붕에 얹은 채로 달렸던 겁니다. 저희 집이 있던 우에노에서 이케부쿠로에 있는 매장에 도착하고 보니 조수석에 있어야 할 가방이 없었죠. 그때서야 '헉, 차 위에 두었지!'라는 생각이 나서 차 문을 열고 차 지붕을 보았습니다. 그런데 차 위에 올려놓았던 가방이 기적처럼 떨어지지 않고 그대로 있는 겁니다. 저는 언제나 법정 속도를 지키며 안전운전을 하는 타입이었기 때문에 살았던 겁니다. 만약 스피드를 내서 달렸더라면 커브길에서 원심력에 의해 가방은 어딘가로 날아가버리고 다이아몬드 다이닝도 산산조각이 났을 겁니다."

농담처럼도 들리는 이러한 에피소드는 마쓰무라가 굉장히 운이 좋은 사람이라는 것에 대한 증명이기도 했다.

스스로 한계를 두지 말고 무한대로 나아가라

경영을 꿈꾸던 10대 시절, 한 곳이라도 자신의 가게를 갖고 싶다고 생각했던 마쓰무라는 남다른 창의성과 타고난 에너지 그리고 행운을 통해 회사를 더욱 성장시켜 나갔다. 2005년 3월에는 본사를 도쿄의 긴자로 옮기고 그로부터 약 3년 만에 점포 수를 50곳까지 늘려나갔다.

"1호점인 '뱀파이어 카페'부터 그는 늘 '온리 원only one'의 레스토랑을 만들고자 했으며 가게 하나 하나가 세상에서 오직 하나뿐인 레스토랑이 되는 것을 추구했습니다. 100호점이라는 것은 그저 저 멀리에 있는 숫자였지만 그래도 불가능한 것은 아니라고 늘 상상했습니다."

마쓰무라는 다이아몬드 다이닝의 젊은 직원들과 강연에서 만나는 대학생, 고등학생들에게 자신의 성공담과 인간의 무한한 가능성에 대해 설명할 때 이런 공상 같은 이야기를 들려준다.

"'뱀파이어 카페'를 만든 해 12월 31일에 있었던 송년회에서 저는 직원들에게 말했습니다. '5년 후에 점포를 3곳까지 늘리자, 3호점이 만들어지면 회사로 만들어 경영하자'고. 하지만 만약 송년회 때 어디선가 타임머신이 내려와 타임머신 안에서 나온 사람이 '마쓰무라 사장님, 지금부터 이 타임머신을 타시기 바랍니다. 5년 후의 미래로 모시겠습니다. 5년 후, 레스토랑은 3곳이 되었고 당신의 회사는 순조롭게 운영되고 있습니다'라고 했다고 합시다. 그랬다면 저는 틀림없이 좋아하며 그 타임머신을 탔겠지요. 5년 후 세상에서 3개의 레스토랑을 소유하며 만족했을 겁니다. 즉 그것은 다른 말로 하면 자신의 가능성을 전혀 믿지 않고 있다는 것입니다. 스스로 천정을 만들고, 점포 3곳이라고 하는 한계를 정했기 때문에 타임머신을 타는 것이겠죠. '뱀파이어 카페' 개점 이래 7년이 지나 50개 점포를 운영하고 있는 저는 지금이라면 그런 약한 모습의 자신을 뿌리칠 것입니다. 한계를 정해놓지 말고 끝까지 밀고 나가야 합니다. 자신이 믿는 길의 끝에는 믿을 수 없는 도전의 기회와 도약의 순간이 기다리고 있다는 것을 지금까지의 경험을 통해 저는 알고 있습니다."

초창기의 다이아몬드 다이닝을 이끈 마쓰무라는 점포를 늘려가면서 목표를 초월하는 잠재력은 바로 사람에게 있다는 것을 깨달았다. 회사의 성장은 직원과 아르바이트 직원들의 조력 없이는 불가능했던 것이다. 이윽고 그는 레스토랑을 경영하고 싶다, 외식업계의 경영자로서 성공하고 싶다고 하는 개인적인 야심에서 벗어나 '다른 사람들을 위해 무엇을 할 수 있을까?'를 생각했다.

"다이아몬드 다이닝에 입사해서 일하는 직원들을 위해, 레스토랑 홀에서 요리를 나르고 커다란 목소리로 손님들에게 인사를 하는 아르바이트 직원들을 위해, 제가 할 수 있는 일은 무엇인지 생각하는 것이 즐거워졌습니다."

마쓰무라의 마음에 커다란 변화가 생기고 그의 경영은 제2막을 향해 나가게 되었다.

"다이아몬드 다이닝은 다른 외식기업과는 전혀 다른 존재가 될 것입니다. 그것은 5년 안에 100가지 브랜드 100개의 점포 달성을 목표로 하기 때문이지요."

마쓰무라의 선언에 직원들은 술렁였다. 그런 전대미문의 목표는 뜬구름을 잡으려고 하는 것과 같아서 실감할 수는 없었지만, '마쓰무라 사장이 그렇게 말하면 무조건 된다'고 직원 모두가 생각했던 것이다.

마쓰무라의 말을 실현하는 데 있어서 결코 빠져서는 안 되는 인물이 2005년 9월에 입사했다. 마쓰무라와 함께 신규 점포를 발굴하고 콘셉트를 만들어 착착 개점시킨 가와우치 테쓰야가 바로 그였다.

"가와우치가 없었다면 '100가지 브랜드 100개의 점포'는 달성하지 못했을 것이고 환상으로 끝났을 것입니다."

마쓰무라가 그렇게 단언할 정도로 가와우치는 다이아몬드 다이닝의 약진을 위한 열쇠를 쥐고 있는 남자였다. 그는 '규카쿠牛角'라는 야키니쿠점을 대히트시킨 니시야마가 사장으로 있던 주식회사 레인즈 인터내셔널의 직원이었는데, 새로운 레스토랑 사업을 전개하는 마쓰무라 밑에서 일하고 싶다며 다이아몬드 다이닝으로 이직해온 것이다. 다이아몬드 다이닝이 8호점을 준비하고 있을 무렵에 면접을 보고 입사를 결정한 가와우치는 자신의 사명은 신규 점포 발굴이라고 자부하고 있었다.

"본사가 있는 긴자 7번가의 다이에이회관 7층에는 임원인 야쿠시지, 나가자와의 책상도 없는 상태였습니다. 내부감사실장이라고 하는 직책으로 입사하게 되었는데, 내부감사라고 해도 당시의 점포 수로

봐서는 전임이라고 할 수도 없고 점포개발 업무와 시설관리 업무 등 다양한 일을 맡고 있었습니다. 사장이 세운 '100가지 브랜드 100개의 점포'라는 목표를 실현시키기 위해서는 성공 가능성이 보이는 장소를 물색하여 임대가능한 점포를 찾아 건물주와 계약하여 신규 점포를 출점시켜야 합니다. 점포 한 곳을 내는 것만 해도 큰일인데 100호 점포까지 달성해야만 합니다. 사장님이 중심이 되어 추진해오던 일을 제가 맡게 되었으니 사장님께 조금이라도 도움이 되고 싶다고 굳게 결심했습니다."

2005년 11월, 12월 긴자에 두 개의 점포를 연속해서 오픈했다. '물거품의 사랑泡沫の恋', '가을비紅葉時雨'라는 대형 룸으로 구성된 이자카야를 전 직원이 의기투합하여 완성시켰다. 가와우치는 당시의 마쓰무라의 모습이 너무나도 인상적이었다고 한다.

"디자인팀이 만든 작품이 있었습니다. 새 점포의 벽에 붙일 작은 포스터였는데 사장님이 직접 코팅 작업을 하고 있는 겁니다. 제가 '사장님 그런 잡일은 제가 할게요'라고 말리니까 언제나처럼 웃는 얼굴로 '가와우치 씨, 이건 제 일이에요. 그러니까 걱정 안 해도 됩니다'며 즐거운 듯 작업을 계속하더군요."

가와우치는 '이 사람은 진심으로 점포 만드는 작업을 즐기고 있구나'라고 생각했다.

"당시 사장님의 신뢰를 받으며 많은 일을 해오던 우리 회사 여성 그래픽디자이너가 과로로 컨디션이 좋지 않았습니다. 아마도 사장님은 그 직원을 배려해서 더 일을 도와주었던 것이라고 생각합니다. 티

내지 않고 타인을 배려할 줄 하는 분이라는 생각이 들었습니다."

이 두 점포를 오픈할 때는 마쓰무라 사장이 음료코너에 서서 다른 직원들과 함께 서빙을 했다.

"특히 '가을비' 매장은 공사가 지연되어 오픈 시간 직전까지 마무리가 되지 않았어요. 저도 이틀 연속 밤을 새워 공사현장에서 작업을 도왔는데 오픈 시간에는 히비야에서 새 매장의 임대건물 주인과 약속이 있어 나와 있었습니다. 그때 사장님한테 전화가 왔는데 급히 현장으로 오라는 지시였습니다. 모든 직원이 모인 가운데 오픈 파티를 하고 싶었던 거지요. 저도 근처 약국에서 자양강장제를 들이키고는 바로 달려갔습니다."

오픈 첫 날을 무사히 마무리하자 마쓰무라는 직원들의 수고를 격려하기 위해 회식자리를 마련했다.

"사장님은 피곤하다거나 힘들었다거나 그런 부정적인 말은 한 마디도 하지 않았습니다. 직원들 모두가 사장님의 이야기에 웃고 즐기는 화기애애한 자리였습니다. 이런 일체감, 목표달성의 만족감이 다이아몬드 다이닝 직원들의 마음을 하나로 만든다는 생각이 들었습니다."

마쓰무라의 매력에 끌린 이유 중 하나는 돈에 대한 청렴함이었다.

"사장님의 후배 중 한 사람이 사장님의 소개로 매장 임대 계약이 체결된 적이 있습니다. 중개업자가 사장님에게 따로 몇 십만 엔의 '사례금'을 건넸습니다. 그냥 받아서 먹고 마시는데 써도 되는 돈일 텐데 '가와우치 씨, 사례금으로 받은 돈입니다. 경리부에 전해주세요'라며 주시더군요. 사장님은 돈에 대해서 매우 투명한 사람입니다."

2006년 9월, 다이아몬드 다이닝의 터닝포인트가 되는 '파트라슈(현재는 GLASS DANCE)'가 라조나가와사키 플라자에 오픈했다. 이곳은 다이아몬드 다이닝의 주력사업이 되는 맥주 가게의 제1호점인데, 처음으로 다이아몬드 다이닝이 복합쇼핑몰에 점포를 낸 곳이며 특히 이 빌딩은 건축디자인계의 거장 리카르도 보필Ricardo Bofill이 참여한 곳이다. 다이아몬드 다이닝의 대들보로 성장하게 되는 이 점포의 콘셉트는 마쓰무라가 관람했던 영화 '그림형제The Brothers Grimm'에 나오는 술집 장면에서 힌트를 얻었다고 한다.

"저는 입사 후 파죽지세로 활약하고 있는 가와우치에게 콘셉트를 맡기고 싶었습니다. 그래서 '거대한 나무통이 있는 오래된 술집'이라고 하는 이미지만을 제시하고 스토리를 통해서 점포 디자인을 해보라고 했습니다."

마쓰무라의 기대에 맞추어 가와우치는 매우 흥미로운 스토리를 준비했다.

"가와우치가 파워포인트로 기획서를 만들었는데 '사장님, 이곳은 벨기에의 플란다스 지방에 있는 양조장입니다. 이곳을 지키는 전설의 파수견이 있는데 그 개 이름이 바로 파트라슈이더라고요'라며 이야기를 꺼냈습니다. 저도 모르게 눈을 동그랗게 뜨고 '그런 스토리가 정말 있었던 겁니까?'라고 가와우치에게 물었지요."

가와우치가 놀랄 정도로 마쓰무라 사장은 큰 관심을 보였다.

"물론 그 이야기는 그저 만들어낸 이야기였지만 완벽하게 제가 좋아하는 스토리였던 겁니다. 중간에 입사해 들어온 가와우치가 완전한 다이아몬드 다이닝의 일원이 되어 제 한쪽 팔이 되었다는 실감이 확 전해오는 순간이었습니다. 그 이후로는 가와우치에게는 한두 마디만 해도 제 생각과 추구하는 세계가 완벽히 전달되는 듯했습니다."

일본에서 매출로는 1, 2위를 다투는 쇼핑몰로 성장한 라조나가와사키 플라자 중에서도 '파트라슈'는 매출 1위의 레스토랑이 되었다. 업계는 물론 일반인의 인식에 있어서도 다이아몬드 다이닝의 매장은 절대적인 평가를 받기 시작했다.

레스토랑 앞에는 원형의 광장이 있고 광장을 둘러싸고 있는 다른 점포들은 모두 대기업 소유였다. 마쓰무라는 그때의 기분을 지금도 잊지 못하고 있다. 그 때는 약년성 파킨슨병으로 진단받은 직후였기 때문이다.

"가게 앞을 나와 주위를 둘러보았습니다. 드디어 이 대기업들과 어깨를 나란히 할 수 있게 되었다는 사실에 새로운 전의를 불태웠습니다. '더 이상 두려워할 겨를도 없다!'고 마음속으로 외쳤습니다."

마쓰무라는 아름다운 자신의 점포와 그 점포를 둘러싸고 있는 광경을 미묘한 표정으로 한동안 바라보았다. 이때 마쓰무라는 무엇을 생각하고 있었을까? 그 심정을 물어보니 마쓰무라의 눈에 강렬한 빛이 감돌았다.

"다이아몬드 다이닝이 새로운 장으로 나아가는 순간이라고 생각했습니다. 제 곁에 야쿠시지가 있고, 나가사와가 있고, 여기에 가와우치가 힘을 더해주고 다른 직원들까지 함께하니 더 이상 고독한 싸움을 하지 않아도 된다는 안도감이 들었습니다. 직원들을 위해서라도 일본에서 가장 유명한 외식 기업으로 만들겠다고 하는 강한 의지가 솟아났습니다. 파킨슨병과의 싸움에서도 절대 도망가지 않겠다고 결심을 했던 그때의 저는 천하무적이었습니다."

그 직후부터 마쓰무라의 몸에 나타난 변화들은 직원들도 알아차릴 수 있을 정도가 되었다. 하지만 아픈 몸을 참아가며 하루하루 완전연소라도 하듯 열심히 일하는 마쓰무라의 모습은 오히려 직원들의 마음을 하나로 묶어주었다.

2006년 9월, '파트라슈'의 출점과 병행하여 관서, 중부지역에서의 점포개발을 목표로 가와우치와 함께 오사카, 교토, 나고야를 정열적으로 돌아다닌 마쓰무라는 무리한 일정 때문에 다리를 끌다시피 하며 다녔다. 오사카에서는 서 있기조차 힘들어져서 급히 마사지를 받아가며 통증을 견뎌냈다.

"하지만 멈출 수는 없었습니다. 의사에게 들은 5년이라는 시간이 제 머릿속에 각인되어 있었습니다. '이 5년 동안 병의 진행을 늦출 수도, 약의 효과를 기대할 수도 있다'는 말을 가슴에 새기며 속도를 늦춘다는 것은 생각조차 하지 않았습니다."

마쓰무라는 가와우치와 함께 여러 물건들을 돌아보고 출점에 대한 결단을 내리고 있었다. 도쿄 우에노에 진출을 노리고 있던 마쓰무라는 2007년 2월, '우에노 시노바즈야 별장上野しのばず屋別邸'을 오픈했다. 260평이 넘는 거대한 이 매장을 가와우치가 추천했을 때 아무리 마쓰무라라도 바로 계약에 나설 수는 없었다.

"할 것인지, 말 것인지 3일간만 생각할 시간을 주세요. 가와우치 씨."

그리고 3일 후, 마쓰무라는 가와우치에게 말했다.

"가와우치 씨, 합시다!"

마쓰무라는 가와우치와 둘이서 260평을 어떻게 활용할 것인지에 대해 끊임없이 이야기를 나눴다. 가와우치는 방에 틀어박혀 몇 시간이나 이야기를 하는 마쓰무라의 열의가 지금도 가끔씩 생각난다고 했다.

"평수가 커서 4개의 레스토랑으로 나누기로 했습니다. 그리고 둘이 회의실에 들어가 시간이 흐르는 것도 잊고 콘셉트를 짰습니다. 기획이 진행되면서 거액이 들어가는 공사가 되리라는 것이 확연해졌습니다."

예상대로 예산은 불어났고 공사는 난항을 겪었다. 결국 예산도 공사기간도 크게 벗어났다. 점포의 완성 예정일에도 공사가 이어졌다. 가와우치는 용의주도하게 감독하지 못한 점을 마쓰무라에게 사과했다. 그리고 지연에 대한 설명을 하고 있을 때 무언가 안절부절하지 못하는 마쓰무라의 태도가 계속 마음에 걸렸다.

"사장님, 무슨 일 있으세요?"

마쓰무라는 공사가 지연된 것이나 준비 부족에 대해서 질책하거나 하지는 않았다.

"가와우치 씨, 사정은 알겠네. 여기는 괜찮아. 늦어봤자 며칠이겠지. 그것보다 지금 일이 진행되고 있는 오사카 건에 대해 이야기해봅시다."

그러고는 마쓰무라는 가와우치를 향해 엷은 웃음을 보였다.

"네?"

완성시키지 못한 건으로 제대로 숨도 쉬지 못하고 있는 가와우치에게 마쓰무라가 말했다.

"훌륭한 크리에이티브 디렉터의 조건은 누구보다도 빨리 질리는 겁니다."

가와우치는 말했다.

"눈앞의 일은 걱정 말라는 것이지요. 이건 될 거다, 성공할 거라고 생각한다면 쓸데없이 세세한 것까지 신경쓸 필요는 없다. 사장님은 이미 다음 안건을, 즐거운 다음 안건을 생각하고 있었던 겁니다. 압도될 것 같은 박력을 느꼈습니다."

그러나 마음속에는 작은 불안도 생겨났다고 한다.

"마치 무언가에 쫓기듯 인생의 시간을 재고 있는 듯한 인상을 받았으니까요."

마쓰무라의 병에 대해서 알지 못했던 가와우치였지만 무서울 정도로 서두르는 마쓰무라를 온몸으로 느낄 수 있었다.

직원들의 지위 향상을 위해 주식상장을 결심하다

가와우치와 신규 매장 입지를 알아보고 다니면서 출점 계획을 세워나가던 마쓰무라는 또 다른 커다란 결단도 내리고 있었다. 그것은 회사를 주식시장에 상장시키는 것이었다.

"실은 제 2호점인 '에이티카페'를 롯폰기에 냈을 때, 이미 자프코

JAFCO라고 하는 벤처캐피탈에서 만나고 싶다며 연락이 왔었습니다."

자프코가 성장 가능성이 높은 회사에 투자하는 펀드회사라는 것조차 몰랐던 마쓰무라에게 담당자는 '상장하지 않겠습니까?'라고 했다는 것이다.

"무슨 말을 하는 건지 몰랐습니다. 이제 겨우 점포 두 개를 낸 저에게 상장을 권유하다니요. 당시 우리는 자금조달 때문에 고생하고 있던 때였으니까요. 설명을 들으면서도 잘 모르겠다고 대답할 수밖에 없었습니다."

다음날 점장회의에서 마쓰무라는 직원들에게 그 이야기를 전했다.

"벤처캐피탈 회사가 찾아와서 상장하지 않겠느냐고 하더군요."

직원들은 저마다 '상장'이라는 단어를 중얼거리고 있었다.

"사장님 상장이 뭡니까?"

"나도 잘 몰라. 그래도 뭔가 폼 나지 않아? 뭔가 대단한 거 같아."

가장 큰 벤처캐피탈 회사인 자프코의 존재도 몰랐던 마쓰무라였지만 상장이라고 하는 말은 화살이 되어 마쓰무라의 가슴 한복판에 꽂혔던 것이다.

당시 알고 지내던 일본신용판매신용조합 담당자에게 말했다.

"며칠 전 벤처캐피탈 자프코가 와서 '상장하지 않겠습니까?'라고 했습니다."

하지만 그 담당자는 시큰둥했다. 마쓰무라는 그의 그런 태도를 보며 상장과 다이아몬드 다이닝은 동떨어진 이야기라는 것을 실감하고 안타깝게 생각했다. 그러나 2004년 7월, 6호점인 '대나무 소녀 이야기'를 오픈했을 때 다시 전환기가 찾아왔다. 회사가 경제신문에 실리자 벤처캐피탈뿐만 아니라 투자은행, 증권회사에서 마쓰무라를 찾아왔던 것이다. 모두가 같은 말을 했다.

"마쓰무라 사장님, 상장하시지 않겠습니까?"

상장이라고 하는 도전이 마쓰무라의 머리에 여전히 남아 있었다.

"제가 존경하는 미디어시크Mediaseek라고 하는 QR코드 회사의 니시오 나오키 사장을 알게 된 것이 계기가 되었습니다. 니시오 사장은 회사를 설립하고 불과 9개월 만에 상장시켰다고 하는 기네스기록을 가지고 있습니다. 온몸이 저려오는 듯했지요. 니시오 사장과 이야기를 나누며 다이아몬드 다이닝도 도전해보고 싶다는 생각이 들었습니다. 니시오 사장이 미디어시크를 상장시켰을 당시의 회계사를 소개해 주기로 했습니다."

MBA를 취득하기 위해 미국으로 유학을 떠난 공인회계사 사토 토시로는 귀국하면 마쓰무라와 만나기로 약속했다.

"2004년 12월 30일에 니시오 사장이 소개해준 사토 씨를 만나 '상장을 목표로 하고 싶은데요'라며 의향을 밝혔습니다. 그러자 사토 씨는 '회사와 매장들을 방문해도 될까요?'라고 하더군요. 2005년 1월 4일, 사토 씨가 회사를 방문했고 제가 점포들을 안내했습니다. 매장을 돌며 여러 음식을 맛봤고 각 매장의 콘셉트를 자세히 설명했습니다. 사토 씨는 큰 관심을 보이고는 '제가 맡겠습니다'라고 수락해주셨습니다."

마쓰무라가 상장 쪽으로 방향을 튼 데는 몇 가지 이유가 있었다.

“가장 큰 이유 중 하나는 신규 매장을 내고 싶은 물건을 계약하러 갔을 때 상장회사가 아니라는 이유로 몇 번이나 거절당했던 아픈 경험 때문입니다. 잘 생각해보면 제가 빌딩 주인이어도 그렇게 했을 겁니다. 특히 인기가 있는 장소라면 다수의 경쟁상대도 있을 것이고 그렇다면 역시 상장회사부터 선택할 겁니다. 그때마다 우리 회사도 상장시켜서 같은 레벨에서 경쟁하고 싶다는 마음이 커졌던 겁니다. 또 사람들은 음식점이라고 하면 늘 ‘물장사’라고 생각합니다. 우리 일을 가볍게 보기도 하기 때문에 어렵습니다. 그런 것을 다 불식시키고 싶기도 했습니다. 제대로 된 주식회사가 되어서 투명한 경영을 통해 인정받고 싶다는 마음도 있었습니다.”

그리고 가장 큰 이유는 직원들을 위한 마음 때문이었다.

“지금은 젊은 직원들이 많지만 언젠가 그들도 결혼할 것이고 그때 상대측 부모님이나 자신들의 부모님들이 기뻐하셨으면 좋겠다고 하는 생각도 굉장히 컸습니다.”

마쓰무라는 상장을 목표로 하는 결의를 굳히고 다시 되돌아갈 수 없는 길을 걷기 시작했다.

그리고 여기에 또 한 사람, 마쓰무라의 심복이 되는 인물이 등장한다. 현재 다이아몬드 다이닝 산하의 주식회사 골든매직의 이사 겸 경영기획실장을 맡고 있는 사이토 모토아키이다. 사이토는 다이아몬드 다이닝의 상장을 위해 영입한 직원으로 상장을 위한 준비를 끝내고 실현시킨 전문가이다. 사이토가 밝힌 상장 과정은 방대한 작업과 허둥거림과 혼란의 연속이었다. 물론 그 결실의 감동을 생각하면 지금도 설렌다고 한다. 사이토는 그때의 기억을 소상하게 밝혔다.

"마쓰무라 사장님과 만난 것은 2003년 11월쯤이었습니다. 저는 컨설팅회사에 근무하고 있었고 외식기업 영업을 담당하고 있었기 때문에 알게 되었습니다."

마쓰무라는 어느 날 갑자기 사이토에게 묻고 싶은 게 있다고 연락했다.

"만나자 마자 '주식상장이란 게 뭡니까?'라고 물었습니다. 그러고는 '얼른 공부해서 정식으로 주식공개를 하려고 하는데요'라고 덧붙였습니다. 외식기업 몇 곳을 담당하고 있던 저는 다이아몬드 다이닝의 가능성을 가늠할 수 있었습니다. 마쓰무라 사장이 진심으로 하려고 한다면 대단한 일이 벌어질 것이라는 생각에 흥분되었어요."

마쓰무라는 무슨 일이 있을 때마다 사이토를 찾았다.

"사장님은 언제나 '친구로서 가르쳐주었으면 좋겠는데'라고 했습니다. 당시 스물여섯 밖에 안 되었던 저로서는 큰 영광이었습니다."

마쓰무라는 사이토에 대한 신뢰가 점점 두터워져서 상장에 대한 의욕은 물론이거니와 자금조달 방법까지 상담하게 되었고 마지막에는 언제나 가슴속에 있는 비전에 대해서 말하곤 했다.

"외식업계와 자기 회사 직원들의 지위 향상, 이것만큼은 반드시 해내고 싶다고 하셨지요. 보통은 회사의 이익을 최우선으로 생각할 텐데 우선 '외식업계의 위상을 높이고 싶다'며 의지를 불태우는 모습을 보며 매우 놀랐습니다."

마쓰무라는 항상 직원과 은행, 업무상 만나는 사람들에게 이렇게 말하곤 했다.

"외식업계의 위상은 매우 낮습니다. 금융이나 제조업과는 달리 사라지는 것을 취급하고, 유행에 좌우되기 쉬우니까요. 레스토랑 비즈니스에 대해서 도박과 같은 이미지를 갖고 있는 사람들도 있을 겁니다. 저는 그런 편견을 뒤엎고 싶은 겁니다. 외식산업이 일본이라고 하는 나라의 중요한 산업이고 훌륭한 직업이라는 것을 알아주었으면 좋겠습니다."

마쓰무라는 사이토에게도 이렇게 말했다.

"우리 회사에는 젊은 직원들이 많습니다. 아르바이트 직원들도 많습니다. 모두 결혼해서 가정을 갖고 언젠가는 집도 사고 싶어 할 겁니다. 회사가 상장기업이 되면 회사에 대한 신뢰도가 높아져서 은행에서 주택구입 대출도 받기 쉬워질 것이고 결혼할 상대 부모님께 인사드리러 가서도 '사위가 상장회사에 다니고 있다면 안심'이라고 여기실 테니까요."

사이토는 외식업계가 다른 업계에 비해 낮은 직종으로 대접받고 있는 현실에 분개하고 있는 마쓰무라가 멋있다고 생각했다. 그런 사이토에게 마쓰무라는 '우리 회사로 와서 주식상장을 도와주지 않겠느냐'고 제안했다. 사이토는 놀랐다.

"그때까지 전문직으로서 주식상장을 위한 업무를 맡아왔던 건 아니어서 망설였어요. 마쓰무라 사장님은 거듭해서 '사이토 씨와 함께 주식상장을 추진해보고 싶습니다'고 하셨고 저도 결심을 했습니다."

그러나 다수의 기업을 담당하고 있던 사이토의 전직은 간단하지 않았다. 마쓰무라는 2005년이 되자 바로 사이토가 근무하는 컨설팅 회사를 찾아갔다.

"마쓰무라 사장님은 저를 데리고 가고 싶다는 것을 사장님께 직접 말씀드리겠다고 하셨습니다. 실제로 당시 사장님을 만나 머리를 숙이고 저의 '이적'을 부탁하셨던 겁니다."

사이토는 마쓰무라의 행동력에 다시금 놀라며 하루라도 빨리 다이아몬드 다이닝의 일원으로서 일하게 되기를 바라고 있었다.

"실제로 회사에서는 '다이아몬드 다이닝이 상장될 때까지 파견 직원으로 나가 근무할 것인지 퇴사하고 나갈 것인지' 알아서 결정하라고 했습니다. 다이아몬드 다이닝을 상장시키고 나면 다시 원래의 회사로 돌아간다고 하는 선택지도 있었습니다. 하지만 저는 마쓰무라 사장님 밑에서 원 없이 일해보고 싶어 컨설팅 회사를 퇴직하기로 했습니다. 적당히 일하는 것을 좋아하지 않는 마쓰무라 사장님은 처음부터 그럴 생각이었던 것 같습니다."

2005년 3월, 주식상장을 위한 다이아몬드 다이닝의 주식공개 준비실장이 된 사이토는 스태프들과 함께 주관 증권사와 감사법인의 지도를 따르며 상장에 필요한 서류들을 준비해 나갔다.

"당시의 주관 증권사인 SBI증권의 자본시장부서와 최단기간 IPO(기업공개)를 목표로 추진했습니다. 상장시장에 대해서는 주관 증권사와 상담한 결과, '헤라클레스'Nippon New Market Hercules(약칭 헤라클레스는 오사카증권거래소가 개설한 신흥기업전용 시장이었으나 2010년 10월 12일, JASDAQ과 NEO를 시장통합하여 JASDAQ이 되었다)를 선택했습니다."

주식상장을 위한 심사 절차는 너무나 세세하고 복잡했다. 마쓰무라는 주식상장 때문에 회사를 둘러싼 환경이 급변하는 것과 관련해서 내심 흔들리고 있었다.

"상장심사는 문자 그대로 회사가 상장에 적합한지 아닌지를 심사하는 것이에요. 벤처캐피탈과 증권회사, 감사법인 등 많은 분들이 경영 수치, 구체적인 기업전략 등 모든 분야에 걸쳐서 가능한 한 부정적인 시각에서 심사를 합니다. 제가 심사위원들에게 설명을 해야 했는데, 상장심사에는 열정이나 성의에 대한 평가가 없습니다. 그런 건 보지도 않지요. 저는 늘 비전과 꿈을 이야기하며 동료를 늘리고 온 힘을 다해 일해왔습니다. 하지만 상장심사에서는 누구도 그런 이야기에는 관심이 없습니다. 세세한 것까지 들먹이며 이건 안 된다, 저건 이상하다, 무슨 생각을 하는 것이냐고 물을 뿐입니다. 정신이 이상해질 정도입니다. 절대 포기하지 않겠다고, 강철 같이 마음을 다잡으면서도 내심 엄청난 곳에 발을 들이고 말았구나 싶기도 했습니다. 등골이 오싹해졌던 적도 한두 번이 아니었습니다."

마쓰무라와의 주식상장이라고 하는 약속을 지키기 위해 힘써왔던 사이토는 힘들지만 최선을 다해 심사에 임하고 있는 마쓰무라 사장의 강렬한 눈빛에 힘을 얻어가며 자신의 사명감에 불타고 있었다.

"우선은 회사의 재무 상태를 철저히 조사했고 이를 서류화했습니다. 건전한 재무 상태야말로 상장을 위한 첫 번째 조건이니까요. 하지만 조사한 결과, 다이아몬드 다이닝 사가 자금조달에 얼마나 고전하고 있는지 여실히 드러났습니다."

마쓰무라는 보증협회의 신용보증을 담보로 은행에서 자금을 빌렸다. 사이토는 당시를 이렇게 회상했다.

"은행 차입과 비교할 때 금리가 높은 할부거래도 몇 건 있었습니다. 총액 1억 엔이 넘었을 겁니다. 연대보증란에는 부인과 마쓰무라 사장의 친척, 부인의 친척 한 명씩, 총 3명의 연대보증인이 적혀 있었습니다. 그걸 보고 '사장님은 여기에 목숨을 걸고 있구나' 싶어 오싹했지요. 사장님께 '이런 거액의 대출금이 무섭지 않나요?'라고 물으니 '괜찮아, 다 잃고 무일푼이 된다 해도 나를 따라주는 직원들 몇 명만 있으면 다시 처음부터 시작할 수 있으니까. 난 그럴 거거든'이라고 말하며 대수롭지 않게 여기더군요. 저는 그의 대범함에 아무 말도 하지 못했습니다."

마쓰무라와 사이토는 주식상장을 위한 수단을 강구했다.

"건전한 재무 상태를 도모하기 위해서 투자회사의 투자를 받았습니다. 상장까지는 벤처캐피탈 등에서 총액 3억7450만 엔의 자금을 조달해서 재무 개선에 힘썼습니다. 당시 마쓰무라 사장님과 의기투합하여 금리가 높은 곳은 빨리 갚아버리기로 하고 은행 담당자를 불러 대출금을 전액 상환하겠다고 하니 엄청나게 화를 냈습니다. 은행 지점장한테 불려가기도 했어요. 그런 식의 중도상환은 있을 수 없다는 것이었어요. 은행은 금리가 비즈니스니까 조기 상환은 절대로 피하고 싶겠죠. 하지만 상장을 위해서는 차입금도 정리하는 것이 좋겠다는 판단 아래 은행원을 억지로 밀어붙여 자금조달을 이유로 강제 상환

했습니다. 이후 경영수치를 온전히 안정화시킨 상태에서 자금 정책을 세워나갔습니다."

건전한 경영을 목표로 업무를 추진해나가던 사이토지만 '이대로 가다가는 암초에 걸리고 말겠는데'라는 생각이 들기도 했다. 그것도 한두 번이 아니었다. 조달된 자금은 성장을 위한 신규매장 진출 투자금으로 대부분 쓰였다. 당시 본사의 시스템 구축 관련 부분들은 우선순위에서 뒤로 밀렸다. 어느 날, 심야에 시스템부의 서버가 다운되어 모든 파일이 소멸되고 말았다. 주식상장을 위한 준비를 시작한 지 1년 정도가 지났을 때 발생한 일이었다. 모든 자료를 처음부터 다시 작성해야 했다. 사이토는 절망했다. 그러나 마쓰무라 사장은 '포기하지 않는다, 포기하지 않는 한 패배도 없다. 포기하지 않고 계속 밀고 나간다면 언젠가 승자가 될 것'이라고 말했다. 사이토는 그 말에 힘을 얻어 철야작업을 계속하며 스태프들과 힘을 합쳐 간신히 만회할 수 있었다.

"주식상장을 위한 심사에서 회사가 감추고 싶어 했던 모든 것이 다 드러났습니다. 상장이라는 것은 그런 겁니다. 마쓰무라 사장님은 인간관계나 회사의 성립까지 포함하여 이전 시대와의 결별을 감행해야 했습니다."

100곳 이상의 가게를 공부하면 절대 망하지 않는다

입사 이후 주식상장까지 2년간, 사이토는 거의 매일 회사에서 숙식을 해결하며 일을 했다. 집에 들어가는 것은 옷을 갈아입거나 씻으러 갈 때뿐이었다. 그럼에도 끝까지 해낼 수 있었던 것은 마쓰무라 사장의 기백을 가장 가까이에서 느낄 수 있었기 때문이었다.

"컴퓨터 앞에 앉아 일을 하고 있으면 사장님이 제 뒤에 슥 와서 서 있는 겁니다. 깜짝 놀라 뒤돌아보면 '어때? 잘 되가나?'라는 한 마디를 할 뿐이었습니다. 다른 말은 한 마디도 하지 않았어요. 미숙하고 실수도 많았던 저에게 핀잔도 지시도 없었습니다. 아무리 수면이 부족하고 아무리 피곤해도 사장님의 그 한 마디를 들으면 힘이 났습니다. 저도 다른 말은 하지 않고 '네 잘되고 있습니다'라고 대답했습니다."

2007년 1월 10일, 사이토는 주식상장을 위한 신청서류를 제출했다. 우편발송에 소요되는 하루의 시간이 아까워 꼼꼼히 조사한 뒤, 고속철도 신칸센을 타고 직접 창구까지 가서 서류를 제출한 것이다.

이후 마쓰무라와 사이토는 오사카증권거래소의 연락만을 기다리고 있었다. 사이토가 기다리고 기다리던 전화가 걸려온 것은 2007년 2월 2일 아침이었다.

"아침에 '오사카증권거래소에서 사이토 씨에게 온 전화입니다'라는 말을 듣자 뭔가 복받쳐 올라오는 듯했습니다. 전화를 건네받자 오사카증권거래소 담당자가 '귀사를 우리 오사카증권거래소 헤라클레스

시장에 상장시키기로 결의했습니다'라고 했어요. 전화를 끊은 뒤 마쓰무라 사장님에게 달려가자 사장님은 눈을 크게 뜨고는 한 마디로 물었습니다. '왔어?'라고요. 사장님 앞에서 저는 감격한 나머지 아무 말도 못하고 머리를 크게 끄덕였습니다."

그 순간 마쓰무라의 두툼한 손이 사이토의 손을 감쌌다.

"당시 사장님은 지금보다 20kg 정도 체중이 많을 때였는데 그 두툼한 손에 엄청난 악력으로 악수를 해주셨습니다. '수고 많았네'라는 짧은 말을 건네셨지만 목숨을 건 마쓰무라 사장님의 강한 의지가 손을 통해 전해졌습니다."

2007년 3월 6일, 마침내 다이아몬드 다이닝은 오사카증권거래소 헤라클레스 시장에 상장했다. 마쓰무라는 이 날의 감격에 대해 '그 후의 삶에 영향을 미쳤다'고 말한다.

"정말로 수명이 줄어드는 듯한 날들이었습니다. 물론 상장을 준비하는 작업도 힘들었지만 그것 말고도 힘든 일이 많았어요. 상장시키지 않았다면 드러나지 않았을 것들까지 심사과정에서 밝혀지고 제 코앞에 들이대기도 했습니다. 그때마다 '이제 끝났다' 싶어 낙담한 일도 여러 번 있었지만 그럴 때마다 일부러 마음을 다잡았습니다. 여기서 백기를 들면 끝이지만 포기하지 않으면 계속 이어지는 거니까요. 무슨 일이 있어도 어쨌든 끝까지 가자. 그리고 그런 고통은 지나고 나면 추억이 되기도 합니다. 사이토와 스태프들은 너무 힘들어서 사는 것 같지도 않았을지 모르지만, 저도 회사도 상장이라는 경험을 통해 성장하고 있는 것이라고 마음속으로 믿고 있었습니다."

마쓰무라는 다이아몬드 다이닝의 시초가가 결정되는 순간을 직접 확인하기 위해 아침부터 컴퓨터 화면을 바라보고 있었다. 점심 때가 지나 오후가 되어 드디어 시초가가 정해졌다.

"한 주당 136만 엔입니다. '됐다! 시장에 데뷔한 거야. 그것도 이렇게 고가에!'. 너무 기뻐서 사장실에서 나와 직원들이 있는 곳으로 달려나갔습니다. 그런데 아무도 주가 같은 건 보고 있지 않더라고요. 각자 자기 일을 하고 있을 뿐이었습니다. 들떠 있는 사람은 아무도 없었습니다. 담담하게 평소와 같은 일상이 흐르고 있었습니다. 그걸 보고 저는 '우리 회사는 괜찮을 거다'라는 안도감이 들었고 마음이 든든해졌습니다. 상장은 어디까지나 통과의례에 불과하다는 것을 모두의 모습을 보면서 재확인했던 겁니다."

상장을 통해 조달한 자금을 사용하여 마쓰무라는 '100가지 브랜드 100개의 점포'를 향해 돌진했다. 2007년 10월에 50개 점포가 달성되자, 이후로는 매월 3~4개의 신규 점포를 개업해 나갔다. 또한 상장을 통해 가능해진 M&A(기업매수)도 진행하여 점포 수는 상장 이전보다 2배의 속도로 늘어났다.

2008년 초여름에는 이런 드라마가 마쓰무라를 기다리고 있었다.

"주식회사 찬토의 이사를 맡고 있는 아카마쓰 씨로부터 '마쓰무라 사장님, 이마이야今井屋와 마이몬MAIMON을 경영하고 있는 푸드 스코프와의 M&A에 흥미가 있습니까? 혹시 그렇다면 소개해드리겠습니다'는 이야기를 듣고 저는 바로 그렇다고 대답했습니다. 곧장 요코하마은행 신바시 지점 지점장실을 찾아가 '사고 싶은 회사가 있는데

M&A 자금으로 10억 엔을 빌려주십시오'라고 단도직입적으로 부탁드렸습니다. 밑져야 본전이라는 생각으로 교섭하려 했는데 지점장님은 간단히 '좋습니다'라는 한 마디로 대출을 승인했습니다."

자금이 해결된 마쓰무라는 바로 오리구치 마시히로가 경영하는 굿윌 그룹의 자회사 푸드 스코프를 관리하고 있는 사베러스(투자펀드)와의 교섭을 시작했다.

"이쪽의 구입희망 금액을 제시하자, 일본인의 얼굴을 한 미국인 즉 언어는 통하지만 머릿속은 완전한 미국인이었던 담당자는 매우 불쾌한 얼굴로 '푸드 스코프는 그렇게 싸지 않다. 우리를 바보로 아는 거야!'라며 불같이 화를 냈습니다. 사베러스의 담당자가 격노한 채로 첫 번째 교섭은 종료되었고 우리는 물러났습니다."

그로부터 3개월 정도가 지나고 2008년 9월 15일 발생한 리먼브라더스 쇼크로 인해 일본 경제는 빈사 상태에 빠지고 말았다.

"리먼 쇼크의 영향으로 푸드 스코프와의 M&A에 나섰던 모든 기업들이 물러났고 결국 남은 곳은 리먼 쇼크의 영향을 거의 받지 않았던 다이아몬드 다이닝 한 곳뿐이었습니다. 기적적으로 우리가 푸드 스코프를 합병하게 되었습니다. 푸드 스코프는 당시의 다이아몬드 다이닝과 매출 규모가 거의 동등한 회사였습니다. 이번 매수를 통해 우리 회사의 시가총액도 증가했고 '100가지 브랜드 100개의 점포' 달성을 향한 기세에도 더욱 속도가 붙었습니다."

푸드 스코프는 직원들과 점포를 다이아몬드 다이닝의 100% 자회사인 시크릿테이블로 이동시켰고 이후 2013년 3월에는 다이아몬드 다이닝에 합병되었다. 마쓰무라는 이번 합병을 통해 금전으로는 바꿀 수 없는 인재를 얻었다.

"푸드 스코프의 직원이었던 시노다 시게하루와 아오키 토시유키입니다. 일식 셰프였던 시노다는 나중에 다이아몬드 다이닝의 2대 고급 레스토랑 '시노다しの田'와 가쓰라하마桂浜를 만들었습니다. 아오키는 비서실장으로서 제 수족이 되어 중대한 임무를 맡았습니다."

M&A를 통해 점포들이 늘기도 했지만 자회사화子會社化를 통해 만들어진 새로운 브랜드와 점포들도 있다. 시크릿테이블, 골든매직과 같은 자회사에 마쓰무라는 젊은 사장들을 앉혔고 그들의 경영방식에 일절 관여하지 않았다. 마쓰무라는 말한다.

"골든매직의 사장인 야마모토 유타는 외식업계 사장이 되기 위해 태어난 청년입니다. 이자카야(선술집)를 좋아해서 모든 이자카야를 돌아다니며 모든 메뉴들을 먹어보았고 언젠가 이상적인 이자카야를 만들겠다는 꿈을 가지고 있었습니다. 그런 유타에게 저는 '1억 엔을 줄 테니 100배로 불려서 회사에 갚아라'며 사내 벤처 사장으로 추천했습니다. 저는 비록 큰 힘은 아니지만 유타와 같은 재능 있는 자들의 힘이 되어주고 싶다고 생각하고 있었거든요."

직원들의 재능을 놓치지 않고 그에 알맞은 업무를 맡기고 싶다는 생각을 해오던 마쓰무라는 사내에 '팀 판타지'라는 창조집단을 만들어 활동하게 했다. 팀 판타지는 2009년에는 미디어에서도 주목을 받게 되었다. 마쓰무라는 급성장하는 회사가 스스로 고립하지 않도록 또 실력주의가 일관되게 추진될 수 있도록 고안해낸 이 유연한 조직을 다음과 같이 설명했다.

"부서가 아니라 신규 점포를 구상할 때 프로젝트 팀을 만들었습니다. 점장 후보, 셰프 후보, 기획, 디자인, 홍보 이렇게 5명 정도가 팀을 만들어 일상적인 업무도 처리하면서 그 팀이 새로운 레스토랑을 차리는 겁니다. 저는 매장 개발과 콘셉트 작업에는 참가했지만 그 외에는 거리를 두고 모든 것을 이 팀에 맡겼습니다. 상장 전에는 모든 것을 진두지휘했지만 100점포를 향해 가는 과정에서는 지휘관을 맡은 직원들이 꽤 늘었는데 연령과 성별에 관계없이 팀을 이끌게 했습니다."

사실 '팀 판타지'에는 모델이 있었다.

"라멘박물관과 빵집 거리를 만든 게임 회사 '나무코namco'의 '팀 닌자'입니다. 팀 닌자는 입지가 확보되면 베이커리나 디저트 등 유명 브랜드점을 모집해서 붐을 일으켰습니다. 그 팀이 만든 매장은 질투가 날 정도로 히트를 쳤습니다. 어느 날 '닛케이 MJ'라는 잡지에 '외식 기업은 한심하다. 게임메이커인 팀 닌자한테 완패한 거다. 자기네 힘으로는 재미있는 점포를 못 만든다'라는 도발적인 기사가 실렸는데 그걸 보고 온몸이 끓어올랐던 겁니다."

마쓰무라의 생각도 팀 닌자와 똑같았다.

"제가 점포를 낼 때의 포인트는 우선 '입지'입니다. 콘셉트를 세우기 전에 먼저 입지를 봅니다. 거리마다 그 거리의 분위기가 있는데 그 점을 무시해서는 안 되기 때문입니다. 인근 주변을 철저히 조사하는 것은 매우 중요한 일입니다."

정보 수집을 위해서는 다방면에 걸친 조사가 필요하다.

"부동산 업자에게 묻거나 자기 발로 걸어다니며 보는 것은 물론이거니와 맥주 유통사한테 잘나가는 음식점들을 물어보기도 하면서 철저히 살핍니다."

외식업계에는 '100곳 정도의 가게들을 둘러보면 실패하지 않는다'는 말이 있다.

"이자카야를 열고 싶으면 이자카야 100곳을 둘러보면 실패하지 않을 것이라고 말합니다. 100곳을 둘러보고 잘하는 곳은 흉내를 내고 잘 못하는 곳은 반면교사로 삼으면 됩니다. 옛날이나 지금이나 변하지 않는 이 업계의 철칙입니다. 그 거리, 그 장소에 어떤 콘셉트의 가게가 어울리는지, 어떤 콘셉트가 번창하고 있는지, 어떤 가게가 필요한지 철저히 조사한 후 콘셉트를 정하게 됩니다."

물론 그러면 당초의 예측과 계획이 바뀌는 경우도 있다.

"실제로 가게를 낸 후 아니다 싶을 땐 바로 세부조정이 필요합니다. 이때는 스피드가 중요하기 때문에 상시 40종 정도의 아이템을 비축해 놓습니다. 비축 아이템은 가게 이름만 생각해 놓은 경우도 있고, 로고만 생각해 놓은 경우도 있습니다. 물론 라면이니 우동, 돈카츠 같은 메뉴까지 구체적으로 준비해 놓은 경우도 있습니다. 시장상황 분석을 통해 그 입지에 맞는 아이템이 있으면 바로 적용하고 조금 아니다 싶으면 약간의 조정을 합니다. 비축 아이템이 없으면 새로 만들어내야 하고요. 늘 이런 과정이 반복됩니다. 아무튼 가장 중요한 것은 입지입니다."

입지와 거기에 맞는 최적의 콘셉트. 마쓰무라가 입지와 콘셉트에 승인을 내리면 선택된 5명의 프로젝트 멤버가 점포 만들기에 들어간다. 메뉴, 인테리어 디자인을 결정하고 홍보계획도 세우고 나면 그 때부터 바로 구체화 작업에 돌입한다. 이때 가장 중요한 것은 '창의적 발상을 가로막는 금기사항이 있어서는 안 된다'는 것이다.

"저는 그 무렵 점포 만드는 작업을 실질적인 운영과정이나 유통부터 시작하면 시시해진다고 생각했습니다. 멋진 아이디어가 있고 이를 실행에 옮기고 싶어도 실질적 운영에 적합하지 않는다든지, 어떤 메뉴를 만들고 싶지만 유통 면에서 힘들 거라든지, 이런 식으로 문제점만 생각하면 순식간에 시시해지고 맙니다. 다이아몬드 다이닝은 그러한 발상을 걷어냈습니다. 운영과 유통은 전혀 생각하지 않아도 된다고 잘라 말했습니다. 그렇기 때문에 300 종류의 소주를 파는 가게도, 10 종류의 우수 브랜드 돼지고기를 파는 가게도, 70 종류의 벨기에 맥주를 파는 가게도 가능했던 겁니다. 비용이 문제가 된다거나 운영상에 부담이 된다거나 재고관리나 운반이 번거롭다는 이유로 포기해버리면 그런 가게는 영원히 안 되는 겁니다. 저는 역발상을 직원들에게 강조합니다. '만들고 나서 운영과 유통을 정비하면 된다'고 말이지요."

마쓰무라는 재능의 시너지효과가 회사에 화학반응을 일으킨다는 것을 이 '팀 판타지'를 통해 확인할 수 있었다. 팀 판타지는 제약 없는 종횡무진 발상으로 다이아몬드 다이닝의 직영점포는 물론 다이아몬드 다이닝과는 무관한 외부업체의 의뢰를 받아 레스토랑 개점 작업도 병행했다. 즉 팀 판타지는 우수한 컨설팅 능력을 바탕으로 자사 점포뿐만 아니라 타사의 의뢰에도 당당히 응했다.

예를 들어 도쿄 레스토랑 팩토리Tokyo Restaurants Factory 주식회사가 도쿄 다마치에 오픈한 '가미야류 하카타도죠神屋流 博多道場'라는 큐슈요리 전문 숯불꼬치구이 레스토랑은 가와우치를 리더로 하여 이노우에 마유카, 마사노 코토, 도다 아유코 등 여성 멤버들이 콘셉트를 완성시켰다.

팀 닌자에 대항하기 위해 결성된 팀 판타지는 다이아몬드 다이닝의 잠재력을 증명하고 2010년에 역할을 마쳤다. 마쓰무라는 말한다.

"마쓰무라 사장이 아니라 타회사의 사장이나 매니저의 의뢰, 요구사항에 응하면서 우리 회사의 기획에도 한층 폭이 넓어졌다고 생각합니다. 언젠가 또 진화된 새로운 팀 판타지를 결성하고 싶습니다. 외식업계가 회사를 떠나 손을 잡는 일도 반드시 필요하다고 생각하기 때문입니다."

마침내 100번째 점포를 열다

마쓰무라의 '100가지 브랜드 100개의 점포' 도전은 변함없이 계속되고 있었다. 그런데 이 꿈을 향해 나가던 중 사내에 알력 구도 형성이라는 예상치 못한 사태가 발생했다. 마쓰무라와 가와우치가 거리로 나가면 새로운 점포가 탄생했다. 일이 너무 많아지자 가와우치의 업무가 사내에서는 기피 대상이 되고 말았던 것이다. 새로운 콘셉트에 따른 신규매장 진출 준비는 방대하기도 하고 복잡해서 계속 점포 개발이 가속된다면 업무가 붕괴되고 말 것이라고 주장하는 직원들도 있었다. 가와우치가 당시 상황을 들려주었다.

"실제로 '가와우치가 골절되어 한동안 못 걸었으면 좋겠다'라는 말도 들었습니다. '가와우치 씨, 칼에 찔리지 않게 조심하세요, 사내 직원들한테' 같은 농담 아닌 농담이 들려오기도 했습니다."

그럴 때 마쓰무라는 가와우치의 방패가 되어 지켰다. 사장으로부터 격려의 말을 들은 가와우치는 사내 알력을 이겨내고 무서울 정도의 기세로 콘셉트 개발에 매달렸다. 2008년 11월에 오픈한 '그림책 나라의 앨리스'는 앨리스 시리즈의 제 3호점이다.

"사장님은 전부터 신주쿠의 최고 명당자리에 앨리스 콘셉트 가게를 내고 싶다고 말씀하시곤 했습니다. 모 대기업 외식업체가 철수한 자리가 있었고 사장님께서 생각한 자리라고 제안을 드리자 '가와우치 씨, 앨리스로 갑시다. 최고의 콘셉트가 있어요'라며 덩실거리며 흥분된 말투로 말했습니다."

마쓰무라는 고객들이 그림책 세계로 빠져들게 된다는 스토리를 거품까지 물어가며 설명하기 시작했다.

"실제로 사장님은 크리에이터의 한 사람으로서 점포 만드는 작업에 참가하고 있었습니다."

만족스런 앨리스 세계를 신주쿠에 만들어낸 마쓰무라는 지금까지 애써 피해왔던 테마로 점포를 만들고자 했다. 2008년에 들어와

‘100가지 브랜드 100개의 점포’ 달성을 위한 카운트다운이 시작될 무렵, 마쓰무라는 고향인 토사土佐 지역의 식재료와 경관을 살린 콘셉트로 10개의 점포를 만들기로 했다.

“가와우치 씨, 이름하여 ‘토사 10경十景 프로젝트’입니다. 점포부터 메뉴 개발, 식재료 유통까지 잘 부탁합니다.”

가와우치는 마쓰무라의 지시에는 바로 움직여야 했다. 가와우치는 다이아몬드 다이닝의 총책임 셰프인 나가사와와 함께 그날 바로 고치행 항공권을 준비하고 고치로 날아가 토사를 주제로 한 신규점포 만들기에 매진했다.

첫 번째 점포인 신바시의 ‘료마처럼竜馬が如く’ 두번째 점포 ‘토사 지로土佐ジロー’를 출점시켰으나 솔직히 성공이라고 할 수는 없었다. 그에 대한 반성을 바탕으로 롯폰기에 ‘와라야키야’라는 점포를 만들었다. 이 레스토랑의 차별점은 토사 요리의 완결판이라고 할 수 있는 ‘가다랑어 다타키’와 볏짚구이 퍼포먼스였다. 본고장인 고치현에도 없는 일본에서 최고라고 해도 될 정도의 거대한 볏짚구이장을 매장에 설치하고 볏짚에 불을 붙여 역동적으로 불기둥을 세우며 가다랑어를 구워내는 전통 조리법을 손님들에게 보여주는 것이었다.

“지금까지의 레스토랑들은 스토리와 콘셉트가 핵심이었습니다. 하지만 이번에는 다른 접근법을 시도했습니다. 고치현에는 일본에서 제일가는 식재료들이 있습니다. 또 그 식재료를 음미하기 위한 문화가 있습니다. 그것을 다이아몬드 다이닝의 레스토랑에서 보여주고 싶었던 겁니다.”

마쓰무라는 여태껏 그다지 언급한 적이 없었던 자신의 고향 고치를 향한 마음을 감추려고 하지 않았다. 이런 마음의 변화에 대해 마쓰무라는 이렇게 이야기한 적이 있다.

"고치 출신이라는 것을 숨겼던 시기도 있었습니다. 시골뜨기라고 놀림 받는 것이 싫었고 귀에 거슬리는 사투리도 창피했습니다. 하지만 이렇게 전속력으로 달리다 보면 역시 토사 출신의 피는 못 속인다는 것을 알게 됩니다. 앞뒤 따지지 않고 밀고나가는 것도 대범하고 낙천가라는 것도 태평양을 바라보며 쿠로시오 난류의 혜택을 받으며 자란 토사 사람 그 자체라는 것을. 그리고 매일 밤 롯폰기를 돌아다니며 술을 마시다 보면 가끔 가족과 저를 키워준 대자연이 그리워지기도 합니다. 맛있는 가다랑어 다타키가 먹고 싶어집니다. 고치산 식재료들은 모두 훌륭하지만 지산지소地産地消(지역에서 생산된 농산물은 지역에서 소비한다는 뜻)도 제대로 안 되고 있는 실정이었습니다. 생산자는 늘 힘들기만 합니다. 회사가 상장한 뒤 자금 문제에 더 이상 쫓기지 않게 되었을 때, 저도 조금은 고향에 은혜를 갚아야 하지 않을까라는 생각이 들었던 겁니다."

'와라야키야'는 개점과 동시에 큰 히트를 쳤다. 그때까지 룸으로 된 이자카야나 판타지 콘셉트 레스토랑을 주력사업으로 했던 다이아몬드 다이닝이 본격적으로 향토요리점을 전개할 수 있다는 것을 세상에 알린 순간이었다.

무엇보다 볏짚으로 구운 신선한 가다랑어를 향신료와 토사산 소금으로 간해서 먹는다는 새로운 미각 체험의 제안이 제대로 적중한 것이다. 마쓰무라는 식재료야말로 외식업에 있어서 생명과도 같다는 것을 새삼 깨달았다.

"토사의 식재료를 안정적으로 납품받고 농업, 수산업, 축산업 생산자들과의 안정된 거래를 유지하기 위해 '토사샤츄土佐社中'라는 식재료 도매회사를 설립했습니다. 중학교 선배로 고치 시내에서 식료품회사를 경영하는 미야모토 쇼지 씨와 합병회사를 만든 것이지요."

그리고 마쓰무라가 목표로 했던 '토사 10경' 중 마지막 작품인 레스토랑 '시만토가와四万十川'가 바로 100호점이 되었다. 마쓰무라는 고치현 서부에 흐르는 시만토가와처럼 점포 내에 시냇물이 흐르게 하는 이미지로 인테리어를 고안했다. 토사 사람들이 옛날부터 사랑해온 식재료와 풍부한 자연을 상징하는 맑은 강이었다.

"그 어떤 레스토랑에 흐르는 시냇물보다도 길게 만들어 달라고 주문했습니다."

어떤 어려움이 있어도 해내고 말겠다는 각오로 만들어진 점포가 100가지 브랜드 100개의 점포의 결승점이 되었다는 것은 우연이었다고 한다.

"저 자신에게 있어서 '시만토가와'는 고향에 대한 은혜를 갚는 상징적인 점포였습니다. 그래서 더 애착이 갔고 어떤 타협도 허락하지 않았습니다. 가와우치도 직원들도 어느덧 눈시울이 붉어졌습니다. 이곳이 100번째 점포라는 것은 기적이라고 생각했습니다. '시만토가와'의 개점일 밤에는 그런 우연과 운명에 감사드렸습니다."

96번째 점포부터 100번째 점포의 오픈은 '5점포 동시 리셉션'이라는 형태로 거행되었다. VIP 게스트와 미디어 관계자들을 셔틀버스에 태워 순회시킨다고 하는 기상천외한 기획을 세웠으며, 마쓰무라는 '파워레인저'의 레인저 레드로 변장하여 점포 앞 길거리에서 게릴라 이벤트를 열기도 했다. 많은 관중들은 레인저 레드가 그 점포를 경영하는 회사의 사장이라고는 상상조차 하지 못했으며 이벤트 쇼의 주역에게 환성과 함께 박수를 보냈다.

가와우치는 당시의 감동을 이렇게 표현했다.

"무엇보다 사장님의 변신이 가장 충격적이었습니다. 정열적인 분이긴 했지만 언제나 명품 양복을 입고 듬직한 모습만 보였던 사장님입니다. 그런 분이 파워레인저 레드로 완벽히 변신해 있었던 겁니다. 상대역과의 결투 장면에서 사장님은 긴장감이 최고조로 오른 듯했고 마치 인격도 변해버린 듯한 모습을 보여주었습니다. 자리에 모인 손님들을 최고로 즐겁게 해드리려고 했던 겁니다. 100개의 점포를 예정보다 1년이나 앞당겨 달성했다는 만족감인지, 그동안 쌓였던 스트레스에서 해방되자 어릴 때 디스코텍에서 놀던 시절의 장난끼가 발동한 것인지……. 그때까지 몸에 걸치고 있던 무거운 갑옷을 벗었다는 그런 강렬한 인상을 받았습니다."

파워레인저 레드의 의상을 입고 뛰어 다니던 마쓰무라는 거리에서 끓어오르는 열기를 느끼자 더욱 기뻐하며 어쩔 줄 몰라 했다.

"커다란 목표를 달성한 것 같은 우쭐한 마음은 물론 없습니다. 하지만 뭔가 껍질을 깨고 나온 듯한 실감은 있었습니다. 조금씩 부리로 껍질을 쪼아서 겨우 세상 밖 공기를 접하고 그 광활함에 전율하면서도 흥분하는 병아리와 같은 기분이랄까요?"

리셉션이 끝나고 직원들만의 파티가 심야부터 다시 시작되었다. 야쿠시지, 나가사와, 구와타니, 시게타 등 마쓰무라와 고락을 함께한 모든 직원들이 참석했다. 하지만 마쓰무라의 인사는 걱정과는 정반대였다. 격한 감동을 표현하기보다는 담담하게 이렇게 잘라 말했다.

"우리는 긴 여정에서 한 지점을 통과했을 뿐입니다."

직원들은 그의 조용한 음성을 들으며 주먹을 쥐었다. 누군가의 구령에 맞춘 것도 아니었는데 승리의 함성을 질렀다. 이 때 파킨슨병으로 어깨와 허리에 엄청난 통증이 있었지만 누구에게도 말하지 않았던 마쓰무라는 결코 이 병 때문에 사업을 포기하지는 않겠다며 혼자만의 투쟁에서도 승리할 것을 다짐했다.

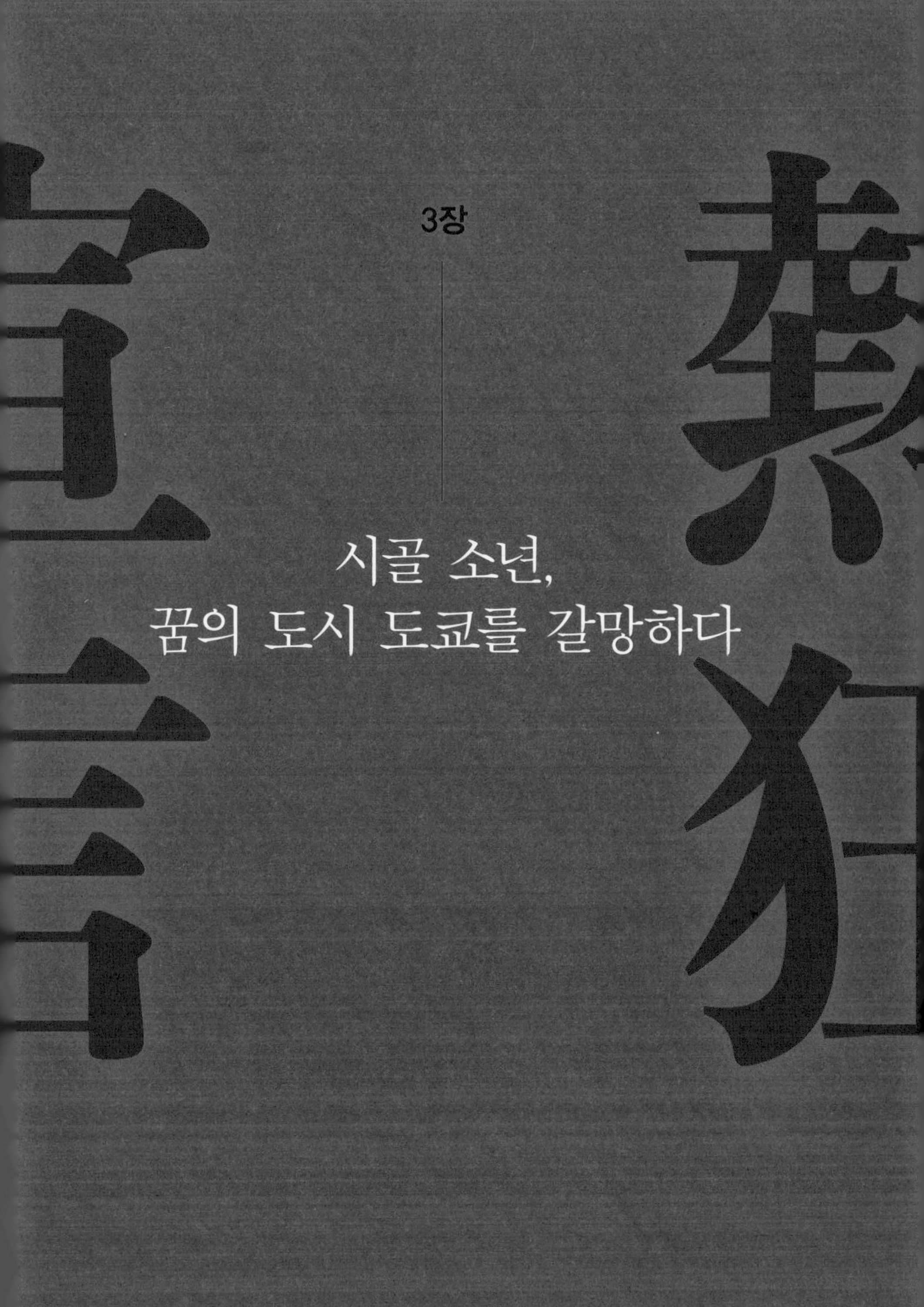

3장

시골 소년, 꿈의 도시 도쿄를 갈망하다

야구, 프로레슬링, 축구를 사랑한 소년

마쓰무라가 고치현에서 지냈던 소년시절을 그리워하게 된 것은 40대에 들어서면서부터였다. 그 이전에 그가 고향을 떠올릴 때는 즐거웠던 나날에 대한 추억보다 서글픈 생각이 더 컸다. 청소년이 된 마쓰무라가 자존심에 깊은 상처를 받고 가슴아파하던 날들의 기억. 마쓰무라에게 처음들은 고향의 이야기도 그런 에피소드였다.

"초등학교 5학년 때입니다. 저는 중학교 진학시험에 대비하기 위해 진학준비로 유명한 토사학원에 다니고 있었습니다. 교육열이 높았던 부모님이 권유하시기도 했고 언제나 반에서 1등을 놓치지 않는 수재였던 누나 치아키도 같은 학원에 다니고 있었습니다. 학원 수업료를 내는 날이었습니다. 어머니가 저에게 하얀 종이 한 장을 주셨습니다. 그것은 토사학원비 5000엔이라는 금액이 적힌 수표였는데 그 수표를 학원선생님께 드렸더니 '이건 돈이 아니잖아. 이러면 곤란해. 부모님께 말씀드려서 수표 말고 현금을 가져와라' 하시는 겁니다. 너무 창피해서 집에 돌아가자마자 '왜 이런 수표를 주셨어요. 학원 선생님이 바로 돌려보내셨다고요' 하고 어머니께 화를 냈습니다. 그러자 이번에는 어머니가 화를 내시며 '뭐가 창피하니? 수표도 엄연한 돈인데. 쓸데없는 소리하지 말고 가서 이걸로 내고 와라'하고 말씀하셨어요. 저는 다시 그 종이조각을 들고 학원에 가서 어머니께 들은 대로 선생님께 전했습니다."

당시 아직 10살에 불과했던 마쓰무라는 큰 상처를 받았고 그날부터 '돈'에 대한 생각을 키워나갔다.

"돈이 없다는 것에 대한 창피함에 몸을 떨었습니다. 그리고 그런 창피를 다시 당하지 않도록 하기 위해서는 돈이 필요하고 저는 그 돈을 가진 사람이 되고 싶다고 생각했던 겁니다."

소년시절의 마음의 상처. 빈곤에서 생겨난 금전에 대한 가치관과 야심. 마쓰무라는 이 경험이 사업을 일으키고 확대시켜나가는 원천이 되었다고 몇 번이나 말했다.

"제가 이 세상에서 가장 부끄럽게 생각하는 것 중 하나는 '초라하다' 혹은 '구두쇠'라는 말을 듣는 것입니다. 초라하다는 말을 듣느니 이 세상에서 사라지는 게 낫습니다. 그런 말을 듣지 않기 위해서 그리고 나 자신 뿐만 아니라 다른 사람들이나 세상을 위해 쓸 수 있는 돈도 벌고 싶었습니다. 이런 생각의 원점도 역시 그 때 그 수표 사건입니다."

나는 소년기의 마쓰무라를 알기 위해 여러 번 고치 지방을 방문하여 마쓰무라의 어머니와 친척들을 만나 그의 성장과정에 대해서 물었다. 그런데 마쓰무라의 어머니는 그 수표 사건만은 기억나지 않는다고 하는 것이다. 몸집이 작고 온화한 표정의 웃는 얼굴이 마쓰무라와 꼭 닮은 어머니는 지금도 아들의 그런 서글픈 기억이 어떻게 생겨났는지 모르겠다며 고개를 갸웃거렸다.

"저는 아들에게 수표를 준 기억이 없는데, 어쩌다 수표로 학원비를 내게 했는지 기억나지 않아요. 우리가 분명 소박한 생활을 했고 저도 남편도 끊임없이 일을 했지만 아이들 학원비를 못 낼 정도로 가난하지는 않았는데요."

어머니의 이야기를 곁에서 듣고 있던 마쓰무라의 매형은 아마도 마쓰무라 아버지의 의도가 아니었겠느냐고 했다.

"당시 처가는 잡화상점 같은 가게를 운영하고 있었는데 하루 12,000엔 정도의 현금 수입이 있었다고 합니다. 현금이 없을 리 없습니다. 아버님이 아들에게 장사를 가르치고 싶었던 것이 아닐까요? 우리는 수표 거래를 해서 장사를 하고 있는 집이라고. 게다가 아버님은 사람들을 웃기거나 놀래거나 하는 것을 좋아하는 분이라 아들을 놀래주려고 현금이 아니라 수표를 준 걸지도 모르지요. 아무튼 처남 아쓰히사가 이야기하는 빈곤한 생활과 수표라는 기억은 누나인 치아키를 포함하여 다른 가족들에게는 없습니다."

사람들을 웃기거나 놀래는 것을 좋아한다는 아버지의 피도 확실히 물려받은 마쓰무라는 수표 사건 이후로 '우리집은 가난하다'고 믿었던 시절이 있었다. 어쨌든 마쓰무라의 어머니는 이렇게 말하며 밝게 웃으셨다.

"그 수표 때문에 우리 아들이 돈이 얼마나 중요한지 알게 된 거죠. 돈을 정정당당하게 손에 넣고 싶다고 생각하고 열심히 일해서 회사를 만들고 크게 키운 거잖아요. 그 때 수표로 주기를 잘한 거네요."

그 이야기에 내가 웃자 마쓰무라의 어머니도 웃으면서 '당신도 웃으시구려'라며 거실 피아노 위에 놓인 남편의 사진을 보셨다. 마쓰무라 가족은 언제나 이렇게 명랑한 분위기에 쌓여 있었다. 그런 명랑함의 중심에는 마쓰무라 아쓰히사가 있었다.

"그럼 옛날 이야기를 길게 해도 되나요?"

마쓰무라의 본가 거실에서 녹차와 양갱을 대접받은 나는 노트와 펜을 꺼내며 이렇게 대답했다.

"네, 물론입니다. 그래서 제가 이곳 고치까지 온 것이니까요."

어머니는 인터뷰에서 마쓰무라가 어렸을 때의 기억을 찬찬히 더듬어 갔다.

1967년 3월 29일, 마쓰무라는 오사카부 토요나카시에서 태어났다.

"남편은 고등학교를 졸업하고 취직을 하기 위해 오사카로 갔습니다. 남편과 저는 선을 보고 결혼했는데 23살, 21살의 젊은 부부였지요. 남편의 어머니는 학교 선생님을 하고 계셨는데 같은 학교 선생님의 소개로 만났습니다. 결혼하고 오사카에서 살면서 치아키와 아쓰히사가 태어났는데 아쓰히사가 생후 2개월이 되기 전에 급하게 고치로 돌아가야 했습니다. 시어머니께서 암에 걸리셨는데 여생이 얼마

남지 않았다고 들었기 때문입니다."

신생아인 마쓰무라를 데리고 가족은 고치 시내의 이세자키쵸에 집을 임대하여 새로운 생활을 시작했다. 아버지 마사스미는 동생이 경영하는 청과물 가게의 유통망을 이용하여 고치-오사카를 왕복하면서 고치의 청과물을 오사카에 도매로 넘기고 오사카의 잡화를 가지고 돌아와 고치에서 파는 장사를 시작했다. 직접 트럭 핸들을 잡고 운전을 했다.

"우리 가족은 생활을 위해 시어머니 댁에서 일용품과 식료품을 파는 잡화점을 개업했습니다. 슈퍼마켓이나 편의점이 없었던 시대여서 다양한 물건을 파는 잡화점을 모두가 애용했는데 석유는 물론이고 초밥도, 설에 먹는 떡도 예약을 받았습니다. 설 전에는 남편과 함께 4시에 일어났는데 두부나 오뎅 같은 것을 업자가 매일 아침 잔뜩 가져다주었거든요. 커다란 냉장고 같은 선반이 있었는데 거기에 보관해 놓고 팔았지요."

마쓰무라의 어머니는 아침부터 밤까지 가게에서 떠나지 못하는 생활이 이어졌다. 아버지는 아침 일찍 시장에서 물건 구입과 운반을 마치고 나면 가게에는 거의 나오지 않았다. 마쓰무라가 두 살 때까지는 어머니가 곁에 두고 가게를 봤지만 마쓰무라가 커서 돌아다니게 되면서부터는 애를 먹었다.

"두 살 때부터 네 살 때쯤까지는 친정 어머니와 아버지께 맡겼어요. 불쌍했지만 어쩔 수 없었죠."

어머니는 토요일 밤에는 반드시 친정에 가서 일요일 내내 아들과 놀아주고 아들이 잠이 들면 다시 혼자만 집으로 돌아오는 생활을 2년 넘게 계속했다.

"주변에 저랑 비슷한 나이의 여자들을 보면 '엄마, 엄마' 하며 쫓아갔다고 합니다. 딸 치아키는 그 때 이미 초등학생이어서 제 곁에 있었지요. 치아키는 공부를 꾸준히 열심히 했는데 할머니가 선생님이셨으니 그 피를 물려받은 거겠죠."

유치원에 들어간 후 다시 가족이 있는 곳으로 돌아온 마쓰무라는 고치의 자연환경 속에서 뛰어 놀며 활발한 어린이로 성장했다. 근처에서 가재를 잡아서 집에 가지고 들어올 정도로 가만히 있지 못하는 성격이었다. 8살이 되어 근처에 있는 고치시립 히토츠바시 초등학교에 입학했다.

"통지표의 통신란에는 매학기마다 '차분하지 못하다'라고 적혀 있었어요. 누나와 달리 가만히 앉아 공부하는 건 힘들어했지만 3학년 때 소년야구부에 들어간 후로는 야구에 열중해서 졸업 때까지 계속했습니다. TV에서 고교야구를 보면 '나도 고시엔(고교야구 전국대회가 개최되는 야구장)에 갈 거야'라고 말하곤 했습니다."

야구를 시작해도 가족이나 친구들에 대한 배려와 친절은 변하지 않았다.

"당시 우리 아쓰히사를 괴롭히는 아이가 있었는데 아쓰히사는 때때로 고개를 푹 숙이고 풀이 죽어 들어오는 일이 있었습니다. 남편이 '아쓰히사, 남자는 힘이 최고다. 할 때는 해야지. 그 괴롭히는 녀석을 한 방 먹이기 전에는 돌아오지 마라'고 이야기한 적이 있어요. 그 후에 아쓰히사는 태어나서 처음으로 싸움을 했고 남편이 학교에 불려 갔어요. 하지만 남편은 아들을 혼내기는커녕 아빠와의 약속을 지킨 아들을 칭찬했지요."

마쓰무라의 소년 시절 사진을 몇 장 보여주시며 어머니는 아들을 보며 미소를 지었다.

"아쓰히사가 화내거나 소리치며 반항하거나 다른 사람에게 손을 대는 일은 한 번도 없었죠. 어릴 때도 그랬고 중학교, 고등학교에 들어가서도 그랬어요."

반항기도 감당 안 되는 사춘기도 없었다고 한다. 사진 속에서 대부분 마쓰무라는 누나와 함께 나란히 있었다.

"아쓰히사는 특히 누나를 많이 의지했어요. 제가 전혀 모르는 일도 누나는 알고 있었죠."

어머니는 마쓰무라의 친절함과 온화함은 여자들 틈에서 자랐기 때문일 것 같다고 했다.

"아들은 늘 일만 하는 저를 걱정해서 가게 일을 도와주곤 했어요. 다섯 살 차이나는 누나를 너무 좋아해서 어릴 때는 언제나 누나 뒤를 따라다녔죠. 누나 말을 고분고분 잘 들었고 학교에 들어가서는 공부 잘하는 누나를 자랑스러워하고 존경하기도 했던 것 같아요. 누나도 아쓰히사를 잘 보살펴주었는데 둘이 싸우는 걸 본 적도 없으니까요. 무슨 말이든 고분고분 잘 들었어요. 게다가 아쓰히사는 할머니한테 아주 귀염을 받았어요. 언제나 할머니에게 친절했거든요."

마쓰무라도 가족과 말다툼을 하거나 반항기 때 부모님을 곤란하게 만든 기억이 없다.

"저는 만사태평한 시골아이였어요."

친구들이나 직원들에 대한 마쓰무라의 친절과 배려는 말 그대로 타고난 것이었다. 야구를 하면서 고시엔 진출을 목표로 했던 마쓰무라는 당시 고시엔에 가장 가까운 사립고치중학교에 진학했다. 그런데 고치중학교에 들어가서는 갑자기 축구부에 들어간 것이다. 현실을 제대로 파악한 선택이었다며 마쓰무라는 웃었다.

"고시엔에 출전해 보는 게 꿈인 학생들이 전국 각지에서 스카웃되어 온 야구부의 인기는 대단해서 신입생까지 포함하면 보통 100명 이상의 부원들이 있었습니다. 이 상태로는 정규멤버로 뽑히는 것은 무리 같았고, 그래도 어쨌든 시합에는 나가고 싶었기 때문에 부원이 적은 축구부에 들어가기로 한 거지요."

그래도 금방 축구공을 자유자재로 다루게 된 마쓰무라는 축구에 몰두하게 되었고 축구에 빠져 사는 나날을 보냈다. 그리고 그는 프로레슬링을 좋아했다. 마쓰무라의 어머니는 TV 앞에 붙어서 프로레슬링 방송을 눈이 빠져라 보고 있던 아들의 모습이 떠오르면 지금도 웃음이 나온다.

"아쓰히사는 프로레슬링을 정말 좋아해서 심야에 레슬링 중계가 있으면 잠도 안 자고 봤기 때문에 아버지한테 잔소리를 듣곤 했어요. 그래서 제가 녹화해 두었다가 낮에 보라고 했지요."

공부는 그다지 열심히 안 했지만 반에서 7~8등 정도는 했다. 마쓰무라가 중3 때쯤, 고치시 중심부에서 8킬로미터 정도 떨어진 바닷가 근처에 있는 신축 집으로 이사를 했기 때문에 중학교는 15킬로미터, 고등학교는 8킬로미터의 거리를 매일 자전거로 등교했다.

"밤에는 가로등도 거의 없는 교외라서 비가 오는 날이나 추운 날, 밤늦게 귀가하는 날에는 정말 힘들었어요. 한번은 자전거가 펑크 나서 2시간 정도 자전거를 끌고 걸어서 귀가한 적도 있었습니다. 도시에서 태어난 사람들은 상상도 못할 세계지요."

드디어 고치를 떠나는 비행기에 타다

마쓰무라가 중학교를 졸업할 무렵 아버지는 오사카에 살 때 배웠던 기술로 메탈리콘(금속부식방지도금) 회사를 차렸다. 전에 살던 이세자키쵸에서 운영하던 잡화점은 문을 닫고 마쓰무라 일가는 도쓰카와쵸에 집을 사서 공장을 짓고 이사를 했다. 어머니는 말기 암을 극복하고 자택에서 잡화점을 운영하고 있던 시어머니를 도와드리면서 아버지의 공장일도 돕고 있었다.

"마쓰무라의 아버지는 보통은 굉장히 사교적이지만 보기에만 그랬던 겁니다. 돈을 받거나 청구하는 일, 지불한 사람들한테 하는 감사인사를 제대로 못해서 수금할 때는 제가 가는 경우가 많았어요. 남편은 회사 앞에 차를 세우고 그 안에서 기다리곤 했죠. 그런 것도 빨리 아들한테 시키고 싶어 했어요."

한편 마쓰무라는 그냥 올라갈 수 있는 고등학교로 진학하지 않고, 현 내에서는 최고의 진학률을 자랑하는 현립 고치오테마에 고등학교 진학시험을 보기로 했다. 고치오테마에 고등학교 진학을 목표로 하는 국립부속중학교 학생들만을 대상으로 하는 진학학원에 간신히 부탁하여 들어갔다.

"그때는 죽을 힘을 다해 공부했습니다. 누나는 고치오테마에 고등학교 축구부 매니저를 하고 있었고 아버지도 고치오테마에 고등학교 축구부 출신입니다. 그래서 합격했을 때는 정말 기뻤지요."

고치오테마에 고등학교에서도 축구부에 들어가 1학년 때부터 두각을 나타내기 시작해서 주전선수가 되었고, 2학년 중간쯤부터는 주장으로서 팀을 이끌었다.

"포지션은 요즘 말하는 수비형 미드필더였습니다. 고치현 대표가 되고 싶었지만 거기까지 가지는 못했습니다."

마쓰무라의 아버지는 아들의 시합이 있으면 응원하러 자주 갔었지만 시어머니의 잡화점을 도와드려야 했던 어머니는 한 번도 시합을 보러 간 적이 없었다. 주장이 된 마쓰무라는 팀을 이끄는 것이 얼마나 어려운 일인지 통감하며 리더십을 키워나갔다.

"자신의 플레이를 먼저 해야 할지 주장으로서 다른 팀원들과의 팀워크를 더 먼저 다져야 할지 고민을 많이 했습니다. 축구를 생각하면 가끔 후회가 남기도 합니다. 왜 그 때 직접 슛을 날리지 않았을까? 눈앞에 볼이 보이는 것 같아 지금도 분해서 온몸이 뜨거워지곤 합니다. 팀플레이를 철저히 지키면서도 직접 움직여야 하는 순간이 있습니다. 두 번 다시 그 때와 같은 후회를 하지는 않겠다는 각오는 지금도 제 가슴속에 새겨져 있습니다."

축구부 주장으로서 고등학교에서 인기가 높았던 마쓰무라는 발렌타인데이면 양손으로 다 안지 못할 정도로 초콜릿을 받기도 했다. 그러나 공부에는 관심이 없었다. 어머니도 이렇게 증언한다.

"아쓰히사한테는 공부가 안 맞았어요. 아니, 못한다기보다는 안 한 게 아닐까요? 중학교 때 성적은 꽤 상위권이었는데 고치오테마에 고등학교에 진학하고 나서는 중학교 때 같은 잔재주가 통하지 않았죠. 그래도 시험 때만은 좋은 점수를 받았어요. 시험 전 1주일 동안 벼락치기 공부는 진짜 열심히 했거든요. 공부는 언제나 작심삼일뿐이었죠. 그러고는 만날 축구만 했어요."

공부에 흥미를 잃었다는 것은 마쓰무라도 인정했다.

"고치오테마에 고등학교는 현재 고치현에서 최고의 진학률을 자랑합니다. 제가 다닐 때도 공립고등학교 중에서는 최고였습니다. 하지만 저는 공부와는 완전히 멀어지고 말았어요. 축구에 너무 열중했던 것도 있지만 공부에는 흥미가 없었어요. 각 반에서 수학 점수가 가장 낮은 5명은 '특별 교실'로 불려가서 공부를 했습니다. 저는 그 중에서도 최하위를 다투는 편이었는데 특별교실이 너무 재밌어서 수학 성적이 다시 오르기도 했습니다."

즐거웠던 고교시절은 자신의 인생에 있어서 보물이라고 마쓰무라는 말한다.

"시험 성적은 비참했지만 학교생활은 즐거웠고 일생을 그 고교 3년 안에서 살라고 한다면 저는 그럴 수 있을 것 같습니다. 제 인생에서 빛나고 즐거웠던 날들이었습니다."

마쓰무라가 살았던 도쓰카와쵸는 일출 명소인 가쓰라하마와 가까워서 12월 31일 그믐날 밤에는 친구들이 몰려와 같이 자고 다음 날 일출을 보기 위해 캄캄할 때부터 집을 나서곤 했다.

"그믐 날 밤에 집에 온 친구들과 밤새워 이야기를 나누고 모두 함께 새해 첫 일출을 보러 나갈 때의 즐거움에서 사람들과 모이는 걸 좋아하는 성향이 시작된 것 같습니다. 공부도 못하고 축구도 어중간한 정도밖에 안 되었지만 당시의 우정과 사랑은 그 무엇과도 바꿀 수 없는 추억입니다."

고등학교 졸업식 날, 마쓰무라를 좋아하는 후배 여학생한테 받은 꽃다발은 도저히 혼자 들지도 못할 정도여서 친구의 도움을 받아 집까지 겨우 들고 왔다. 교복 단추도 기념품으로 간직하고 싶어 하는 후배들에게 다 뜯겨서 하나도 남지 않았다.

"제 인생에서 여자들한테 가장 인기가 많았던 시기가 바로 고3때였습니다."

친절하고 온화한 성격으로 누구한테나 사랑을 받던 마쓰무라는 고등학교 졸업 후의 진로에 대해서 고민하던 중 도쿄로 나가고 싶다, 대학에 진학하고 싶다는 생각이 점점 강해졌다. 그 당시를 마쓰무라는 이렇게 회상했다.

"아버지는 공장을 세우고 사업을 확장하려고 애쓰셨습니다. 당연히 장남인 저를 후계자로 생각하고 계셨고 고3이 되자 '고향에 있는 이과계열 대학에 진학해서 과학을 더 공부하고 졸업하면 바로 가업을 도와라'라고 말씀하셨습니다. 하지만 즐거웠던 고교시절을 마치며 저는 꼭 새로운 세계를 보고 싶었습니다. 이대로 좁은 바닥인 고향에 남아 있게 된다면 아버지가 깔아놓은 궤도 위의 삶을 살게 될 거라는 생각에 숨이 막히는 듯했습니다."

잡지나 TV를 통해 보았던 화려한 세상에 대한 동경심도 있었다.

"제가 모르는 세계를 만져보지도 못하고 죽게 될지도 모른다는 생각이 들자 더 이상 제 마음을 억누를 수 없었습니다."

아버지의 사업은 조금씩 확장되었고 직원도 늘었다. 어머니는 아버지가 마쓰무라에게 '고등학교를 졸업하면 가업을 이어야 한다'고 말한 사실을 기억하고 있었다. 하지만 마쓰무라는 아버지에게 도쿄에 있는 대학에 진학하고 싶다고 말했다. 아버지는 무조건 반대했다.

"절대로 안 된다고 하셨습니다. 그래도 회사를 위한 지식을 쌓아오겠다고 아버지께 몇 번이나 말씀드려서 겨우 2년만이라면, 이공계 단과대학이라면 진학해도 좋다는 승낙을 얻어냈습니다."

마쓰무라는 끈기를 가지고 아버지의 기분을 맞춰가며 결국 뜻을 이룬 것이다. 어머니도 그런 마쓰무라의 모습에 감탄했다고 한다.

"저는 아쓰히사가 남자아이니까 도쿄에 가도 좋을 거라고 생각했었죠. 누나인 치아키가 고치대학을 나와서 학교선생님이 되었으니 남자는 바깥세상을 경험해보는 게 좋을 거 같았죠. 하지만 남편은 무조건 반대였어요. 아쓰히사는 아버지에게 반항하지 않고 정중히 할 이야기가 있다며 자신의 심정을 말씀드리고 끈기 있게 조르고 졸라서 도쿄행 허락을 받아낸 것이죠."

도쿄에 사는 숙모님 댁에서 하숙을 했다. 그는 치바현 나라시노에 있는 니혼대학 단기대학부 기계과에 입학하고 치바에서의 생활을 시작했다. 1985년 3월, 대학이 결정되고 도쿄로 출발하는 당일, 공항 로비는 마쓰무라를 배웅하러 나온 학교 친구들로 가득 찼다. 20명이나 되는 친구들이 헹가래를 쳐주며 성원해 주었고 마쓰무라는 그런 친구들의 배웅을 받으며 탑승구로 향했다.

"비행기가 이륙하고 비행기 위에서 고치현의 해안선을 바라보며 어쩌면 고치로 다시 돌아오는 일은 없을지도 모른다는 생각을 했습니다. 바다와 산으로 둘러싸인 이 고치현이 언젠가는 나에게 너무 좁게 느껴질 수 있다는 것을 그 때 예감했습니다."

어머니는 그런 아들의 마음을 짐작하고 있었다.

"처음에는 저도 아들이 아버지의 공장을 이어받았으면 좋겠다고 생각했었는데 대학에 가기로 결정되고부터는 자신이 원하는 걸 하면 된다고 남편에게도 얘기했죠. 나중에 후회하기보다는 자신이 하고 싶은 것을 하면 좋겠다고 생각했습니다. 하지만 남편은 포기하지 않고 아들이 집에 오기만 하면 가업을 이으라고 계속 이야기했죠."

결국 고향으로 돌아오지 않은 아들을 어머니는 지금 진심으로 자랑스럽게 여기고 있었다. 물론 나중에 아버지도 '잘된 거야'라며 아들의 사업 성공을 자기 일처럼 기뻐했다.

누나 치아키는 동생을 '다정한 인기남'이라고 평가했다.

"학교 다닐 때부터 항상 재밌고 사람들을 끌어들이는 매력이 있어서 주변에 많은 친구들이 있었어요. 책상에 붙어 앉아 하는 공부는 못했지만 원래 머리는 좋은 거 같아요. 고치오테마에 고등학교 입학 시험을 볼 때는 정말 열심히 공부했지요. 동생이 다정하다는 것을 보여주는 에피소드가 많은데 제가 가장 인상깊었던 일은 대학생이었을 때 잠깐 고향에 왔는데 당시 뇌경색으로 움직이지 못하던 할머니를 비디오 대여점에 모시고 가서 할머니를 업고 다녔던 것입니다. 다른 사람들이 보든 말든 신경 쓰지 않고 할머니를 기쁘게 해드리려 애썼던 아쓰히사는 정말 멋있었어요. 파킨슨병이라고 진단받았을 때 동생은 저에게 '이건 어쩌면 운명일지 모르겠어'라고 조용히 말했습니다. 그 때의 동생의 얼굴이 너무나 인상적이었어요. 지금은 '꿈을 이루다니 정말 대단해'라고 말해주고 싶어요."

어머니는 마쓰무라가 고등학생 때까지 머물던 방에 있던 물건들을 그대로 다 남겨두었다고 했다.

"이 집 2층에는 아들이 어릴 때 모았던 이상한 물건들이 아직 많이 있어요. 레코드라든지 영화 관련 책이라든지 프로레슬링 책이라든지……. 지금도 '제발 버리세요'라고 하는데 치울 수가 없더라고요."

마쓰무라는 때때로 그 방을 들여다보며 먼 옛날의 유년 시절을 돌이켜본다고 했다.

"잡동사니나 헌 책뿐인데 가끔 꺼내보면 보물을 뒤지고 있는 기분이 들어요."

2011년 2월에 남편을 잃고 나서는 마쓰무라가 오는 날만을 기다리게 되었다고 어머니는 말씀하셨다.

"아쓰히사가 중학생 때는 자주 어깨를 주물러주기도 하고 등을 쓰다듬어 주기도 했어요. 제가 열이 나면 머리맡에 와서 '어머니 괜찮아요? 괜찮아요?'라며 곁에서 떠나질 않았죠. 지금은 집에 오면 항상 저한테 용돈을 준다니까요. 20만 엔 정도 살짝 두고 가더라고요."

하지만 어머니는 아들한테 받은 돈을 소중히 모아두고 쓰지 않았다.

"제가 그 돈을 안 쓰니까 '어머니, 왜 안 쓰세요. 모아 놓기만 하면 이제 안 드릴 거예요'라며 입을 삐죽거리곤 하죠."

어머니는 건강이 괜찮은 편이지만 망막색소변성증으로 점점 시야가 좁아지고 있었다. 어두워지면 시력이 저하되어 밤에 다니기가 힘들어졌다고 한다.

"그래도 저는 80살이나 되었잖아요. 감사할 정도로 건강하지요. 아들한테 '나보다 네 건강에 신경 써라'라고 언제나 말한답니다."

파킨슨병이라는 걸 알게 되었을 때도 마쓰무라는 어머니에게는 말씀드리지 않았다. 걱정 끼쳐드리고 싶지 않은 마음이 컸기 때문이다. 그러나 어머니는 밤낮으로 매일 아들의 건강을 걱정하고 있었다.

"전화해서 몸이 어떠냐고 물어도 '괜찮아요. 저는 걱정하지 않으셔도 돼요. 어머니, 도쿄에 오지 않으셔도 돼요'라고 하지요. 조금도 저한테 기대려 하지 않아요. 일도 하고 싶지만 예전처럼은 못한다며 괴로워하는 것 같았어요."

어머니는 마쓰무라를 위해 매일 거르지 않고 하는 게 있다고 했다.

"매일 세 곳에서 손을 모아 기도합니다. 첫 번째는 우리집 2층에 모신 이시즈치 신사의 신령님입니다. 소금, 쌀, 생선하고 물 한 잔, 술한 잔을 올리지요. 저의 친정아버지가 절의 스님이었기 때문에 어릴 때부터 어떻게 하는지 잘 알고 있거든요. 그 다음은 불단에 제물과 물을 올리고 남편을 비롯해서 조상님들께 빕니다. 마지막으로 집에서 5분 정도 떨어진 곳에 있는 이 마을의 오카산쇼 신사에 가서 도리이 鳥居 기둥 문을 지나 계단을 올라가 참배합니다. 벌써 몇 년째 하루도 쉰 적이 없답니다."

바라는 것은 마쓰무라의 건강뿐이다.

"제가 '네 건강을 지켜달라고 신사에 가서 열심히 기도한다'고 말하면 아들은 '어머니, 그런 부탁하시면 안 돼요. 신사에 가서는 늘 감사드려야 해요'라고 하지요. '기도가 이루어지면 그 때 감사드릴 거야'라고 했지만 아들은 '신사에 가서는 부탁드리는 게 아니라 언제나 감사드리는 마음을 가져야 한다'고 하더라고요."

감사의 마음과 염려하는 마음. 마쓰무라와 가족들의 마음은 멀리 떨어져 있어도 강하게 이어져 있었다.

이탈리안 레스토랑에서 시작한 첫 번째 아르바이트

'100가지 브랜드 100개의 점포'를 달성하고 외식산업계의 태풍의 눈이 된 마쓰무라 아쓰히사는 어디서부터 시작한 것일까? 왜 외식산업을 시작해서 유일무이한 레스토랑을 만드는 것을 사명이라고 거침

없이 말하고는 억척스럽게 달성한 것일까?

마쓰무라에게 직접 물으니 그는 단호히 말했다.

"제 외식산업의 출발점, 그것은 사이제리야saizeriya입니다. 외식 세계에서 처음으로 존경하고 목표로 삼았던 분이 당시 사이제리야 사장님이었고 지금은 회장님으로 계신 쇼가키 야스히코 씨입니다."

사이제리야에서 시작한 레스토랑에 대한 동경심은 마쓰무라로 하여금 길고 굴곡진 길을 걷게 만든 것이다.

"정말 인생이란 어떤 일이 일어날지 알 수 없어요. 만약 제가 사이제리야를 만나지 않았다면 다이아몬드 다이닝도 100가지 브랜드 100개의 점포도 없었을 거라고 생각합니다."

마쓰무라가 말하는 굴곡진 길에서 벌어진 수많은 일들. 나는 인터뷰를 하면서 때로는 침묵해야 했고 때로는 탄성을 지르기도 했다.

"사이제리야에서 아르바이트를 할 무렵부터 다이아몬드 다이닝 설립까지 정말 격동의 시절이었습니다. 실패도 있었고 부끄러운 일도 많았지만 그 때마다 누구에게도 지지 않을 자신이 있었습니다."

마쓰무라는 시간을 거슬러 인생의 터닝포인트가 되었던 18살의 극적인 만남에 대해 이야기하기 시작했다.

"1985년에 고치오테마에 고등학교를 졸업한 저는 니혼대학 단기대학부 기계과에 입학했습니다. 여름방학이 시작될 무렵 학교에서 가까운 쓰다누마역 앞에 있던 사이제리야에서 아르바이트를 시작했어요. 왜 아르바이트를 했냐면 당시 사귀던 여자친구와 헤어지고 난 후 그녀를 잊지 못해서 그녀와 데이트를 했던 사이제리야에서 일하고 있으면 그녀를 다시 만날 수 있을지도 모른다고 생각했던 겁니다. 순진한 18살이었지요."

그 여자친구와는 미팅에서 만났다.

"대학생이 되면 미팅은 필수라는 생각에 열심히 미팅을 하며 돌아다녔습니다. 첫 번째 미팅을 쓰다누마에 있는 마루이 스포츠용품 매장에서 일하고 있던 신입 직원들과 했는데, 그녀와 커플이 되어 사귀게 되었어요."

아버지는 마쓰무라에게 2년간 대학에서 공장 경영에 필요한 지식을 쌓고 오라고 하셨다. 그리고 2년이 지나면 바로 고치로 돌아와 아버지 공장의 직원이 되어서 수련을 하기로 약속했었다. 물론 말로는 아버지 말씀대로 따랐지만 조금 더 이곳에 있고 싶다, 도쿄에서 일하고 싶다는 마음이 더 강했다.

"2년 후에 아버지께 어떻게 말씀드려야 귀향을 피할 수 있을까……. 막연하게 그런 생각도 하면서 어쨌든 새로 시작한 수도권에서의 생활을 즐기고자 한껏 들떠 있었습니다."

대학, 미팅, 여자친구, 데이트, 실연, 아르바이트. 마쓰무라는 고향에서는 겪어보지 못했던 새로운 자극들을 차례차례 체험했다.

"사이제리야에서 아르바이트를 시작한 지 몇 달 후, 그녀를 다시 만났습니다. 그녀를 다시 만나고 싶다는 불순한 동기로 아르바이트를 시작했던 저였지만 막상 그녀를 다시 만나도 그녀 따위는 생각도 안 날 만큼 일이 너무 재미있었어요. 사이제리야의 주방에서 요리를 만들고 매장에서 서빙을 하면서 '인생에 이런 즐거운 일이 있구나' 싶어 놀랐고 이렇게 즐거운 일을 하면서 돈도 벌 수 있다는 사실에 감격했습니다."

당시 마쓰무라가 아르바이트를 했던 사이제리야 쓰다누마점은 저녁 5시에 오픈해서 문을 닫는 밤 11시까지 대기자가 끊이지 않는 잘나가는 레스토랑이었다.

"당시에는 지금처럼 본격적인 이탈리안 레스토랑이 많지 않았습니다. 사이제리야에서 처음으로 이탈리안 요리를 먹어봤다는 손님도 많았어요. 물론 저 자신도 그랬으니까요."

사이제리야의 시작은 1967년. 치바현 이치가와시에 위치한 36석에 불과한 양식당이었다. 당시 아르바이트를 하고 있던 도쿄 이과대 4학년이었던 쇼가키가 이 가게를 물려받아 정통 이탈리안 요리를 싼 가격으로 먹을 수 있도록 하겠다며 1977년에 체인점 개설을 시작했다.

"당시에는 아직 마리아누상회라는 회사명이었습니다. 그 무렵에는 쇼가키 회장이 주방에 서서 프라이팬을 쥐고 직접 요리를 만들기도 했었습니다. 지하 1층에 있는 가게였는데 계단에서부터 1층까지 줄을 설 정도로 크게 번창하고 있었지요."

싸고 맛있는 이탈리안 요리에 손님들은 기뻐했고 누구나 만족했다.

"아르바이트를 하고 있는 저한테도 '맛있었어요', '가격이 싼데도 정통이네요', '또 올게요'라며 인사를 건넬 정도였습니다. 매일 폐점 시간까지 거의 모든 손님들한테 칭찬을 받아서 하늘에라도 오를 듯한 기분이었어요."

마쓰무라는 레스토랑이 이렇게 사람들을 기쁘게 할 수 있다는 것과 요리가 이 정도로 많은 사람들을 만족시킬 수 있다는 사실에 감동을 받았다.

"손님들한테 칭찬을 받는 것이 즐거워서 더욱 열심히 서빙을 하게 되고 단골손님이 추천 메뉴나 와인 종류를 묻거나 하면 고객들한테 신뢰를 받고 있다는 생각에 기뻤습니다. 그렇게 몇 개월이 지나자 이쪽 업계에서 살아가야겠다, 나의 천직은 외식업이라고 마음먹게 되었습니다."

그렇게 결심한 마쓰무라는 사이제리아에서 계속 일을 하게 되었다. 그러는 한편으로 완전히 손을 뗀 것도 있었다.

"실은 지우고 싶을 정도로 창피한 과거지만 연예인 양성학원에 다녔었어요. 당시에는 도쿄에 가면 잡지나 TV에서 보던 세상에 나도 나갈 수 있을 거라고 착각하고 있었던 거지요. 게다가 대사 연습을 하면 사투리를 고칠 수 있을 거라고 생각했어요. 아버지께는 그런 얘기를 드릴 수 없으니까 어머니께 부탁해서 입학금 10만 엔을 부쳐달라고 했죠. 하지만 금방 좌절하고 말았습니다. 사투리는 전혀 고쳐지지 않았고 레슨을 받을 때도 말투만 계속 지적을 받아서 위축될 뿐이었습니다. 연예인 양성학원에 다니던 다른 학생들은 모두 눈이 부실 정도로 빛이 나는 것 같았고 왜 제가 이런 데 오게 되었는지 의욕을 상실하고 결국 그만두게 되었죠. 입학금까지 대주신 어머니께 면목이 없어서 그만두었다는 말씀도 못드렸어요."

하지만 마쓰무라는 사이제리아라고 하는 희망이 있었다.

"외식업계에서 일해야겠다고 마음먹은 저는 어쨌든 사이제리아에서 일을 하고 싶었기 때문에 고향으로 돌아가지 않고 그대로 대학에 남기로 정하고 대학 졸업 무렵에 니혼대학 이공학부 정밀기계공학과 3학년으로 편입하기로 했습니다. 아버지께는 '조금 더 이공계열 공부를 계속하고 싶다'며 공손히 부탁을 했고 앞으로 2년만 더 하기로 승낙을 얻었습니다. 결국 사이제리아에서 4년간 아르바이트를 했습니다. 대학 수업료는 아버지께서 내주셨지만 생활비는 아르바이트 급여만으로 충당했습니다. 이공학부 3학년으로 편입했을 당시 매월 30만 엔 정도를 벌었으니까요. 아무튼 빨리 대학을 졸업해서 외식업 관련 일을 하고 싶었습니다."

아르바이트생이었던 마쓰무라가 지점의 매출 같은 것을 관리하지는 않았지만 경영철학이나 매출로 이어지는 아이디어 같은 외식업의 기초 지식은 이곳 사이제리아에서 배울 수 있었다.

"설거지에서 시작해서 샐러드 만들기, 그라탕과 도리아 준비 작업을 맡게 되었습니다. 그 다음으로 주방에도 들어갔지만 요리 센스는 별로여서 홀 서비스를 담당했습니다. 처음 시작했을 때 시급이 750엔이었던 것이 나중에는 아르바이트 시급으로는 최고인 1200엔까지 올랐습니다. 아르바이트였지만 점장을 맡게 되었고 카운터 관리까지 해서 하루 매출금을 은행의 야간금고에 입금하는 일까지 맡았습니다."

마쓰무라는 50석인 매장이 손님들로 넘쳐나는 것에 감격하며 사이제리아의 일을 '수업'이라고 여겼다. 그리고 누구보다 존경하는 '교수님'은 쇼가키 야스히코 회장이었다.

"쇼가키 회장이 내세운 사이제리아의 이념은 '사람들을 위해 바르고 즐겁게'라는 겁니다. 단순하지만 그 이상의 말은 없습니다. 외식업계에 종사하는 사람의 기본입니다."

다이아몬드 다이닝의 기업이념인 '고객의 기쁨'은 사이제리아에서 얻은 교훈을 그대로 이어받았던 것이다.

"고객들의 만족을 우선으로 하는 것은 당연한 것이며 그 이상의 기쁨을 느끼게 하고 싶었습니다. 고객들에게 최고의 서프라이즈를 만끽하게 하고 싶다는 마음가짐은 사이제리아에서 아르바이트를 하던 4년간 간직하고 있던 생각이었습니다."

마쓰무라는 사이제리아에서 경영철학뿐만 아니라 비용절감이라든지 헛된 지출을 막는 방법 같은 운영방식을 배울 수 있었다.

"예를 들면 커피머신에서 내린 커피가 시간이 지나면 산화되어 맛이 없어지는데 이 커피들을 따로 모아두었다가 커피젤리를 만드는 겁니다. 밥도 시간이 지나면 굳어지는데 이 밥은 된밥으로 만들어 화이트소스를 얹어 오븐에 구워서 도리아를 만듭니다. 낭비되는 게 전혀 없어요. 이것이 값을 내리는 비결로 이어진 겁니다."

사이제리아에서 보낸 시간은 이탈리아 요리를 먹어본 적도 없고 레스토랑 체인점의 존재조차 알지 못했던 마쓰무라에게 음식점 사장이라는 거대한 꿈을 품게 한 것이다.

"머릿속은 레스토랑을 경영하고 싶다, 쇼가키 회장님처럼 되고 싶다는 생각뿐이었습니다. 그리고 매일같이 칭찬해주셨던 손님들 덕분에 저에게 외식업, 접객업의 재능이 있다고 생각했습니다. 다행히도 명확한 꿈을 품은 저는 나만의 가게를 갖기 위한 로드맵을 그리기 시작했습니다."

도쿄를 향하는 비행기 안에서 느꼈던 고향을 떠나는 애잔함은 이 꿈과의 만남을 암시하고 있었던 것이라는 생각조차 들었다.

"도쿄에 남는 것이 목적이라면 유급도 마다하지 않았겠지만 레스토랑 경영자가 되겠다는 꿈을 향한 시계는 이미 움직이기 시작했기 때문에 졸업을 제때 하고 싶었어요. 결국 교수님 연구실을 찾아가 리포트 제출로 학점을 받을 수 있도록 교섭을 했습니다. 고객을 만족시키는 화술을 사용해서 말이죠."

교섭이 성공하여 무사히 졸업을 하게 된 마쓰무라가 선택한 곳은 한없이 사랑했던 사이제리아가 아니었다.

"사이제리아로부터 정직원으로 채용하겠다는 권유도 받았지만 장래 음식점을 경영하기 위해서는 다양한 세계를 알아둘 필요가 있다고 생각해서 닛타쿠엔터프라이즈에 입사하기로 했습니다. 사이제리아는 최소한의 비용으로 질 높은 상품을 제공하는 레스토랑이었습니다. 그래서 이번에는 정반대로 거금을 쏟아 붓는 고급 엔터테인먼트 서비스를 경험해보고자 했던 것입니다."

부모님께는 '도쿄에서 사회인이 되어 경영 공부를 한다'고만 말씀드렸다. 고향으로 돌아가 아버지 회사에 들어가기로 한 약속을 쉽게 파기해버린 아들에게 멀리 떨어져 계신 아버지는 아무런 말씀도 하지 않으셨다.

"그래도 아버지는 언젠가 제가 돌아와서 자신의 뒤를 이을 것이라고 믿고 계신 것 같았습니다."

디스코텍 '검정양복'에서
태닝샵 사장으로 변신하다

1989년 4월, 2년 후에 버블경제가 붕괴되기 시작하리라고는 누구도 예측하지 못했던 시절이었다. 거리는 더욱더 화려해져갔다. 신입직원인 마쓰무라가 배치된 곳은 롯폰기에서 가장 인기 있던 디스코텍 '마하라자MAHARAJA'와 쌍벽을 이루던 '에어리어AREA'였다.

"입구에는 7가지 색깔의 빛을 발하는 기둥이 세 개나 서 있어서 눈이 부실 정도로 화려했습니다. 제가 맡은 일은 흔히 말하는 '검정양복黒服(유흥업소에서 일하는 남자 직원의 속칭)'이었습니다. 기본적인 업무는 손님 안내, 겉옷이나 짐을 맡아주는 보관업무, 회계, 영업 중에는 웨이터, 개점 전 청소와 준비, 폐점 후 정리작업 등이었죠. 즉 뭐든 시키는 일은 다해야 했습니다. 그 외에도 선배가 명령하면 거리에서 여자들을 데려오기도 하고 그녀들의 안내도 맡았습니다. 당시 디스코텍 스태프들은 군대처럼 서열이 엄격해서 선배들의 말에는 무조건 복종해야 했습니다. 하지만 저는 그런 것이 너무나 싫었기 때문에 제 밑으로 후배가 생긴 후부터는 완력을 쓰지 않는 부드러운 관리체계를 철저히 지켜나갔습니다."

이 '에어리어'에서 마쓰무라는 연일 비일상적인 체험을 하게 된다. DJ가 최신 음악을 틀면 모두가 춤을 추고 값비싼 샴페인과 와인, 화려한 칵테일을 끊임없이 주문했다.

"도대체 돈이 얼마나 많은 걸까 탄식이 나올 정도로 펑펑 돈을 쓰는 손님들을 상대하고, 몸매가 확연히 드러나는 옷을 입고 춤을 추고 있는 여성들을 바라보며 이렇게 예쁜 사람들이 많다는 것에 놀라곤 했어요. 광란의 도가니였지만 대단히 자극적이었습니다."

그곳에는 유명 연예인이나 문화계 관계자들도 많이 왔기 때문에 VIP 대응에도 힘써야 했다.

"정말 유명한 분인데도 깍듯이 인사를 하는 분도 있지만 별로 알려진 얼굴이 아닌데도 거물급 대접을 받지 못하면 화를 내는 경우도 있었습니다. 진짜 놀랐던 것은 테디 베어를 동행하고 오는 인기 작가 분입니다. 샴페인을 주문했는데 본인과 여자친구, 그리고 테디 베어에게도 잔을 준비해서 따라드려야 합니다. 곰 인형에게 '환영합니다. 찾아주셔서 감사합니다'라고 인사를 했던 저는 손님이 주는 팁 1만 엔을 받았습니다. 지금 생각해보면 그런 모든 일들이 귀중한 접객 경험이 되었습니다. 이때 만들어진 인간관계 역시 나중에 저를 지탱해주는 힘이 되었고요."

그러나 더없는 영화를 누리던 디스코텍은 1991년 2월의 버블 붕괴로 급변하게 된다.

"버블 붕괴 뉴스가 흘러나오면서 손님들이 급감했습니다. 다른 나라인가 싶을 정도로 롯폰기의 밤 거리에 사람들 그림자가 사라졌습니다. 손님이 없는 디스코텍처럼 비참한 것은 없을 겁니다. 저는 손님들을 끌어모으기 위해서 이벤트를 기획하고 이를 하나씩 실행에 옮겼습니다."

'미팅의 밤', '섹시코드 나이트', '유카타(여름용 홑겹 기모노) 나이트',

'비키니 나이트' 등을 기획하여 방송국이나 잡지사에 광고를 내기도 하고 취재기사를 내게 해서 손님들을 모으는 데 주력했다.

"여성들은 100엔에 입장하게 하는 이벤트도 열었습니다. 공짜가 아니라 100엔을 낸다는 것이 화제가 되었습니다. 여성들이 많이 오게 되면 당연히 남자 손님들도 늘지요. 조금씩 손님들이 돌아왔고 '에어리어'의 이벤트는 롯폰기의 명물이 되었습니다. 언제나 화제가 되었기 때문에 방송국에서 '티T백 팬티 운동회를 해보지 않겠습니까'라는 제안을 해왔고 우리가 이를 받아들여 실시한 적도 있었어요."

서비스, 이벤트 기획력, 접객력, 인맥에서 탁월함을 보인 마쓰무라는 롯폰기에서 모르는 사람이 없는 '헤븐스 도어HEAVEN'S DOOR'라는 잡지에 특집으로 실렸는데 '검은 양복 사천왕' 중 한 명으로 소개되어 유명해지기도 했다.

"'에어리어'를 다시 부활시킨 후에는 '치판고CIPANGO'라는 디스코텍의 점장도 동시에 맡게 되었습니다. '치판고'는 멕시코의 모던 아트의 거장 세르지오 부스터만테Sergio Bustamante의 환상적인 인테리어를 자랑하는 곳입니다. 입사한 지 4~5년이 지나자 아르바이트 직원들을 포함하여 100명 정도를 거느리게 되었습니다. 소수의 팀이 아니라 많은 인원으로 구성된 조직에는 룰이나 규율이 필요합니다. 닛타쿠에서의 매니지먼트 경험은 나중에 회사를 세운 후에 큰 도움이 되었지요."

마쓰무라는 디스코텍에서 춤을 추던 한 여인을 처음 본 순간 사랑에 빠지게 되었다.

"처음 만났을 때 요시코는 20살, 저는 25살이었습니다. 제가 근무하고 있던 디스코텍 '아카사카 론도클럽'에서 요시코는 춤을 추고 있었습니다. 춤을 추는 그녀의 의상은 T백 팬티였습니다. 이 의상은 크게 유행하게 되었고 무대 위에 올라가 춤을 추는 붐이 일었습니다. 그녀야말로 이 붐의 창시자 같은 사람이었어요. 2년간 사귀다가 그녀가 22살이 되었을 때 결혼했습니다. 고향에 계신 가족들도 모두 축복해 주었습니다. 그녀에게는 나만의 레스토랑을 경영하는 게 꿈이라고 말했습니다."

1990년대 중반이 지나자 디스코텍 붐도 사양길에 접어들기 시작했고 회사는 디스코텍 경영에서 파친코(일본 도박게임)점 경영으로 비즈니스의 주축을 옮겨갔다. 마쓰무라는 더 이상 그곳에서 일할 의미가 없어졌다고 생각했다.

"1995년에 퇴사하고 독립을 위해 움직이기 시작했습니다."

그러나 레스토랑 경영이라는 꿈을 향한 길이 순탄치만은 않았다.

"점포 경영에 대한 자신이 있었기 때문에 닛타쿠를 그만두고 바로 금융기관으로 향했습니다. 가서 점포 개설에 대한 기획을 설명하면 필요 자금을 대출받을 수 있을 거라고 생각했습니다. 하지만 어떤 은행도 자금을 빌려주지 않았습니다. 28살의 무직 애송이를 거들떠보지도 않았던 겁니다. 그러고는 연대보증인은 있는지, 담보는 있는지를 물었고 아무것도 없는 저는 그저 맥없이 돌아올 수밖에 없었습니다. 세상이 그리 만만치 않다는 것을 깨닫게 되었죠."

마쓰무라는 경제적 기반을 마련하기 위하여 일단 다른 사업을 시작하기로 했다.

"장인어른한테 돈을 빌려서 당시 저도 자주 다니던 태닝샵을 시작하기로 했습니다. 충분히 승산이 있다고 생각했거든요."

태닝샵을 여러 곳 다녀봤던 마쓰무라는 태닝샵들의 '적당주의'에 염증을 느끼고 있었다.

"태닝샵에서 일하는 점원들 대부분은 접객이라는 것에 대한 의식이 없습니다. 인사도 안 하고 제대로 된 안내도 못했어요. 어느 샵에 가도 고객들에 대한 친절한 응대 서비스가 결여되어 있었습니다. 태닝머신이나 대여용 타월은 위생적인 면에서도 문제가 있었고, 요금표도 명확하지 않아서 불안하게 여겨질 때도 있었습니다. 즉 이런 것들을 모두 개선한다면 반드시 성공할 것이라고 생각했던 겁니다."

1995년 6월, 마쓰무라는 태닝샵 '머메이드' 이케부쿠로점을 오픈했다. 1550만 엔이라는 오픈 비용은 처가에서 마련해주었다. 12평 남짓한 이케부쿠로 점포에 손님들이 모여들었다.

"안내 접수 서비스 질을 높이고 기계나 타월을 위생적으로 관리했으며 프라이버시를 침해하지 않도록 개인 룸을 준비하고 음악도 손님들 취향대로 선택할 수 있도록 시설을 갖추자 바로 반응이 온 겁니다."

1호점이 대성공을 거둔 다음 해 1996년 3월 1일 유한회사 A&Y 뷰티서플라이를 설립했다. 회사명은 마쓰무라 아쓰히사와 부인 요시코의 이니셜을 따서 만들었다. 대표이사에 취임한 마쓰무라는 같은 해 2호점을 다시 이케부쿠로에 열었다. 1호점을 오픈한 지 2년 정도가 지난 1997년 여름에는 그토록 바라던 시부야에 지점을 내게 되었다. 때마침 '강구로(얼굴을 검정색에 가깝게 태닝하는 스타일)' 붐이 시작되어 12평 규모 지점의 한 달 매출이 900만 엔까지 오르기도 했다.

"부부끼리 운영하던 가게였기 때문에 매출이 급상승하면서 아내와 저는 온종일 일에 매달려야 했습니다. 두 사람 모두 하루도 쉬지 못하고 일을 했습니다. 저야 레스토랑을 차리겠다는 꿈이 있었기 때문에 한눈 팔지 않고 열심히 일할 수 있었지만 레스토랑 오너의 부인이 되는 것을 꿈꾸었던 아내는 이건 얘기가 다르다며 많이 화가 났을 겁니다. 정말로 아내가 고생을 많이 했죠."

현재 다이아몬드 다이닝에서 물류구매 업무를 맡고 있는 구보는 파친코점에서 태닝샵으로 옮겨 온 두 번째 직원이었는데 그는 그 당시부터 마쓰무라의 남다른 접객 서비스에 놀랐다며 그때를 회상했다.

"사장님은 태닝을 마치고 나온 손님에게 아주 큰소리로 '잘 탔네요!'라고 인사를 합니다. 너무 지나쳐서 창피할 정도로요. '손님은 태닝 효과를 확인하고 싶어 하지. 그런 기분을 맞춰드리는 것도 서비스니까'라며 신경을 쓰는 겁니다. 고객의 기분을 잘 맞추어서 반드시 '다시 올게요'라는 한 마디를 꺼내게 하는 겁니다."

태닝샵은 5년 동안 지점을 4곳까지 늘려나갔다.

"통장에는 지금껏 본 적이 없는 거액의 숫자가 찍혀 있었습니다."

2000년, 드디어 때가 되었다고 생각한 마쓰무라는 통장을 꽉 쥐고 다시 은행을 찾았다.

"레스토랑을 내고 싶습니다. 돈을 빌려주십시오."

33살의 태닝샵 경영자를 은행은 역시나 신용하지 않았다. 마쓰무라가 계획했던 뱀파이어 콘셉트의 레스토랑을 오픈하는 데 드는 비용은 대략 6700만 엔. 자기자본은 2800만 엔. 처가에서 1700만 엔을 빌리고 신용금고에서 보증협회가 보증하는 융자금 2000만 엔을 대출받았다. 남은 200만 엔은 맥주회사로부터 협찬금으로 조달했다.

"사업을 추진하기 위해 빚을 졌습니다. 빚을 갚아야 한다는 책임감이 보잘것없는 제 어깨를 무겁게 짓누르고 있었습니다."

그러나 그런 압박감을 뚫고 2001년 6월에 '뱀파이어 카페'를 오픈했고, 2002년에 다이아몬드 다이닝을 설립하는 등 꾸불꾸불 산길과 같은 길을 뚜벅뚜벅 걸어갔다.

"어떤 시기에도 평탄한 길 같은 것은 없었습니다. 아마도 죽을 때까지 이런 꾸불꾸불한 길을 걷게 될 거라는 생각이 듭니다."

지키지 못한 아버지와의 약속 그리고 새로운 약속

결코 꺾일 줄 모르는 결심으로 자신의 꿈을 키워가던 마쓰무라가 딱 한 번, 모든 것을 포기하려던 순간이 있었다.

"그건 아버지가 진 거액의 빚에 대한 변제의무를 제가 지게 되었을 때였습니다."

그 모든 것은 아버지가 뇌경색으로 쓰러져 반신불수가 되어 누워 지내게 된 2000년 3월부터 시작되었다.

"아버지가 쓰러진 것은 저희 첫째아이 미유가 태어나기 4일 전의 일이었습니다."

고치 시내에 있는 구급병원으로 이송된 아버지를 만날 수 있었던 것은 딸이 태어난 지 며칠 후의 일이었다. 1934년생으로 66세이신 아버지의 생명에는 지장이 없다고 했다.

"안심도 잠깐, 아버지는 장애가 남아서 결국 누워 지내는 삶을 살아야 한다고 했습니다. 게다가 아버지가 일을 못하게 된 직후 아버지가 운영하던 회사의 경영상태가 몹시 어렵다는 것이 드러났습니다."

아버지가 경영하던 유한회사 고치메타리콘은 18명의 직원을 둔 회사였다. 업무 수주를 늘리려던 아버지는 제1공장, 제2공장에 이어 1998년에 1000평 이상의 토지를 매입하여 제3공장을 건설하고 있었다. 2000년 제3공장의 준공을 앞두고 영업을 위해 뛰어 다니던 그때 뇌경색으로 쓰러진 것이다.

"나중에 알게 된 일이지만 아버지는 대출금을 갚기 위해 일에 매달렸고 그 스트레스로 인해 과음을 자주 하셨던 것 같습니다."

사업을 확대한 아버지는 이미 대출금 변제에 어려움을 겪고 있었다. 1995년 아버지의 막내 여동생이 고치시에 양복 봉제공장을 세웠는데 2년도 채 못가서 도산하게 되었고 연대보증을 섰던 형제들이 1억5000만 엔 이상의 부채를 져야 했다.

"아버지는 그 부채를 '내가 갚겠다'며 혼자 도맡았고 빚을 갚기 위해 무모할 수도 있는 사업 확장을 계획하셨던 겁니다."

빚을 갚기 위한 빚. 아버지는 제3공장을 건설하기 위해 은행에서

2억 엔을 빌렸다.

“아버지의 1인 회사였기 때문에 다른 사람에게 경영을 맡길 수가 없었습니다. 처형에게 부탁하여 회사의 경영 상태를 확인하고 저도 도와서 1년 정도는 영업을 계속 이어갔지만 결국은 자금 조달이 불가능해졌고 도산하는 수밖에 다른 방법이 없었습니다.”

반신불수가 된 아버지는 개인파산 절차를 밟았고 공장과 집, 토지를 잃었다. 하지만 사태는 이것으로 끝나지 않았다.

“전혀 몰랐는데 제3공장을 지을 때 빌린 합계 2억 엔의 연대보증인에 저도 포함되어 있었던 겁니다. 2억 엔의 차용계약서 연대보증인란에 적혀 있는 제 사인은 제가 한 것이 아닙니다. 물론 날인한 기억도 없습니다.”

사인과 날인은 제3자의 것이었다.

“아마도 아버지가 차용증을 쓸 때 연대보증인에 아들을 세운다고 해놓고 그 자리에 있던 누군가가 사인하고 도장을 찍었을 겁니다.”

연대보증을 선 기억이 없다, 위법 차용계약서라고 주장하는 마쓰무라에게 아버지가 쓴 차용계약서를 내세운 은행은 차용금의 지불을 요구했다. 그 금액은 집과 토지를 처분하여 지불한 5000만 엔을 뺀 1억5000만 엔이었다.

도쿄에서 회사를 설립하여 긴자에서 레스토랑을 경영하고 있다는 정보는 은행도 알고 있었고 은행 담당자는 차용금의 변제를 강력히 요구해 왔다.

“차용금 변제 요구를 받게 된 것은 1호점 ‘뱀파이어 카페’를 막 오픈했을 때였기 때문에 갚을 수 있는 돈이 1엔도 없었습니다."

갚을 수 없다는 마쓰무라에게 은행은 강경수단을 썼다. 우에노에 구입한 마쓰무라의 자택 맨션을 차압한 것이다.

"20년 상환으로 구입한 맨션입니다. 아내와 이제 막 태어난 딸이 있었기 때문에 망연자실했습니다."

하지만 더 심각한 사태가 마쓰무라를 기다리고 있었다.

"3호점이 될 '미궁의 나라 앨리스' 때문에 은행에서 대출을 받기로 되어 있었는데 그 대출금도 차압 대상이어서 거래 직전에 대출이 정지되고 말았던 겁니다."

마쓰무라는 은행을 상대로 재판을 하기로 결심했다.

"매일 막다른 골목에 있는 듯했습니다. 변호사를 구하고 처형에게 상담을 해 가면서 고치시를 왔다갔다 하며 재판을 시작했습니다."

공판이 진행되면서 연대보증인 사인이 위조였다는 것이 밝혀졌다.

"차용계약서가 체결된 날, 저는 해외에 나가서 일본에 없었습니다. 여권에 찍힌 도장을 통해 사실이 증명되었고 저의 승소가 거의 결정적이었습니다."

마쓰무라와 처형이 증인으로도 나섰던 4회 공판을 통해 사실이 드러나자 은행 측은 합의를 제의해왔다고 한다.

"재판에 져서 한 푼도 못 받게 되는 것보다는 조금이라도 회수하려는 속셈이었겠지요. 법원에서 정한 합의금은 500만 엔이었습니다."

마쓰무라는 합의에 응했다. 아버지가 벌린 일에 대한 책임을 조금이라도 지고 싶었기 때문이다.

"몸이 불편해진 아버지에게 들을 수는 없었지만 아버지가 여동생의 빚을 혼자 책임지려고 했던 것도, 거액의 빚을 내서 공장을 지으려고 했던 것도 언젠가 제가 고향으로 돌아가 아버지의 뒤를 이을 것이라고 믿고 있었기 때문이라고 생각합니다."

아들이 돌아올 것을 믿었던 아버지의 믿음에 응할 수 없었던 마쓰무라는 은행에서 500만 엔을 대출받아 합의금을 지불했다.

"아버지 회사의 도산부터 합의금을 지불하기까지 즉 2001년부터 2004년은 '뱀파이어 카페' 오픈부터 첫 번째 대형 점포였던 '대나무 소녀 이야기' 오픈 준비와 겹치는 시기입니다. 돈이라는 것이 얼마나 무서운 것인지 알게 된 저는 경영자로서 아버지의 전철을 밟지 않겠다고 마음에 새겼습니다. 그리고 동시에 이제부터는 어떤 일이 벌어져도 무섭지 않다, 최악의 경우라도 손에 쥐고 있던 것을 잃는 것뿐이라고 생각하게 되었죠."

아버지는 다시 일어서지 못하고 2011년 2월 17일 돌아가셨다. 몹시 추웠던 겨울 밤, 화장실에 갔다 와 침대에 쓰러진 아버지는 구급차로 병원에 모셔졌지만 이미 심장이 멎어 있었다. 뇌경색으로 쓰러진 후 11년이 지나 76년의 생을 마감하셨다. 마쓰무라는 아버지와의 이별을 맞이했던 그 때가 자신을 지탱해주는 힘이 되고 있다고 했다.

"정말 짧은 시간이었지만 아버지께 용서를 빌 수 있었습니다. 그 날 이후 아버지가 하늘에서 저를 돌봐주고 계신다는 것을 느끼고 있습니다."

장례식 당일, 도쿄에서 강연을 마치고 달려간 마쓰무라는 관에 누워계신 아버지의 잠든 듯한 얼굴을 보면서 이렇게 흐느끼며 말했다.

"아버지, 회사를 이어받겠다는 약속을 지키지 못해 죄송해요."

이마에 손을 얹자 너무나 차가워 눈물이 복받쳐 올라왔다.

"하지만 지켜봐 주세요. 반드시 아버지께 잘했다는 말을 들을 수 있도록 하겠습니다. 다이아몬드 다이닝을 자랑으로 여기실 만한 회사로 만들겠습니다. 몸이 말을 안 들어도 아무리 통증이 심해도 지지 않을 겁니다. 이번에야말로 아버지와의 약속을 반드시 지키겠습니다."

상복 주머니에서 꺼낸 하얀 손수건으로 눈물을 닦은 마쓰무라는 얼굴을 들어 자세를 바로 잡고는 조문객들 앞에 섰다.

"길게 이어진 조문객들 중에는 고치현 지사, 고치시장, 도리키조쿠鳥貴族의 오쿠라 사장 부부, TKS그룹의 가미사토 회장, 고고카레의 미야모리 사장, 그리고 엠그랜드푸드서비스의 이도 씨, 요네 씨, 이나켄, 야스다 선배의 얼굴도 보였습니다. 지금까지 한 번도 넥타이를 맨 모습을 본 적이 없었던 이도 씨와 이나켄이 상복에 검은 넥타이를 매고 나타났을 때 저도 모르게 눈물이 흘렀습니다."

고치 시내의 모든 꽃가게에 더 이상 꽃이 없을 정도로 성대했던 장례식도 어느덧 발인할 시간이 되었다. 마쓰무라는 장례식에 참석한 사람들에게 아버지와의 추억을 이야기했다.

"아버지는 제가 어릴 적에 자주 심야영화관에 데리고 가셨습니다. 그 중에서도 '롤러볼rollerball'이 인상 깊었습니다. 아버지는 TV보다 영화를 즐겨보라고 하셨습니다. TV는 답이 정해져 있지만 영화에는 답이 없다고 말씀하셨습니다. 그 때 아버지의 말씀이 영화를 좋아하는 저를 만들었다고 생각합니다. 결국 아버지의 회사는 이어받지 못했지만 뇌경색으로 11년 전에 쓰러진 이후로 어머니와 단 둘이 행복한 생활을 보내셨다는 것이 아들로서 그나마 위로가 됩니다. 어머니도 아버지도 행복하셨다는 생각이 듭니다. 그리고 지금까지 본 적도 없는 많은 꽃을 여러분들이 보내주셔서 성대하게 아버지를 보내드리게 되어 다행입니다. 바쁘신 가운데 이렇게 저희 아버지의 장례식에 참석해주셔서 깊은 감사의 말씀을 드립니다."

조문객들에게 감사의 인사말을 전하고 머리 숙여 인사를 한 마쓰무라는 마음속으로 아버지께도 마지막 인사들 드렸다.

4장

우리는 자신에게 열광해야 한다

목표달성 후 찾아온 예상치 못했던 위기

2010년 10월 27일에 100번째 브랜드와 100번째 점포를 달성한 마쓰무라의 호언장담을 더 이상 비웃는 사람은 없었다. 새로 여는 가게마다 콘셉트를 다르게 한다는 말도 안 되는 목표를 달성한 경영자는 무서울 게 없다며 실패는 성공의 과정일 뿐이라며 대담하고 당찬 얼굴로 웃고 있었다.

"혹시 실패한다고 해도 재산이 제로가 될 뿐이니까요. 죽는 것도 아니고 또 새로운 일을 시작하면 되는 거예요. 지금까지도 모든 게 다 성공했던 것은 아닙니다. 지점 몇 군데는 기획을 바꾸기도 하고 폐점한 곳도 있어요. 하지만 멈추지 않고 새로운 도전을 함으로써 실패는 지워져 갈 겁니다."

마치 골대를 향해 드리블하며 돌진하는 크리스티아누 호날두처럼 행동과 말로 자신의 포텐셜을 사람들에게 호소하는 마쓰무라. 그는 다음 목표를 묻자 '1000개의 점포를 만들어 매출을 1000억 엔까지 올리는 것'이라고 큰소리쳤다.

외식업계에 대한 단 한 조각의 소양도 갖고 있지 않았던 마쓰무라가 대학시절 사이제리아에서 보낸 시간들을 발판삼아 세운 회사는 레스토랑 점포를 100개 이상으로 늘려나갔고 이제는 1000점포를 향한 도약을 공언하고 나선 것이다. 누가 봐도 벤처기업 성공신화의 주인공이자 외식업계의 총아였다.

그러나 2010년 목표를 달성한 후 의기양양해 보였던 마쓰무라는 사실 이 시기부터 어디로 가야 할지 방향을 잃고 엄청난 불안에 시달리고 있었다. '이런 숫자로 성공이라고 할 수 없어. 우리가 목표로 하는 것은 그 이상일 테니까.'

"말한 것은 반드시 실행으로 옮기는 것有言實行을 신조로 삼고 있는 저는 무조건 어마어마한 숫자를 목표로 세우고 돌진하는 수밖에 없다고 생각하고 있었습니다. 하지만 외식업계라는 곳이 그렇게 만만치 않다는 것도 알고 있습니다. 얼굴은 웃고 있지만 내심 떨고 있었던 겁니다."

마쓰무라는 외식업계의 유능한 선배들의 회사가 거대한 벽에 부딪혀 축소되거나 그 중에는 소멸되어가는 경우도 직접 목격했다. 그가 느끼는 불안의 근원에 대해 마쓰무라는 이렇게 설명했다.

"100가지 브랜드 100개의 점포를 달성하고 나자 앞으로 나아갈 목표가 사라져버리고 마음만 조급해져서 제자리걸음을 하고 있었습니다. 경영자로서 저는 다이아몬드 다이닝의 개성을 어떻게 발전시켜 나가면 좋을지 고민하고 있었습니다. '1000점포 1000억 엔'을 목표로 내세우긴 했지만 저도 다이아몬드 다이닝도 길을 잃고 헤매고 있었던 겁니다."

외식업계에는 '매출 300억 엔 한계설'이라는 것이 있다. 아무리 잘 나가던 회사도 매출액이 300억 엔 가까이 도달하면 성장이 멈춘다는 것이다. 다양한 브랜드로 전국망 점포를 전개하여 주식시장에 상장까지 했던 다스코시스템 등이 대표적인 예이다.

"다이아몬드 다이닝도 100가지 브랜드와 100점포를 달성한 후 더욱 박차를 가해 점포를 늘려가던 중 매출 300억 엔이 시야에 들어오기 시작한 순간, 갑자기 성장세가 둔화되기 시작하더군요. 이 상황을 극복하지 못하면 스스로 한계설을 증명한 꼴이 되는 거죠. 그래서 '규카쿠牛角'로 일본 외식업계의 상식을 깬 니시야마 씨를 만나 가르침을 얻고자 했습니다. 니시야마 씨의 경영이념을 본보기로 삼아서라도 성공하고 싶었습니다."

2010년 11월, 니시야마는 공손한 말투이기는 했지만 마쓰무라의 경영방법을 '나와는 다르다'고 잘라 말하며 처음 만난 마쓰무라의 경영방침에 대하여 확실하게 선을 그었다.

"니시야마 씨는 외식업계 후배에게 마음을 담아 확실한 충고를 해주셨습니다. 다이아몬드 다이닝은 더욱 합리적 선택을 해야 한다고 강력하게 말씀해주셨어요. 왜 체인점을 내지 않느냐고. 상장기업은 주주들에게 어떻게 이익을 환원시키느냐가 사명이다, 자기가 원하는 것만 우선시해서는 안 된다. 다이아몬드 다이닝은 상장기업으로서의 책임을 다하고 더 합리화하는 것이 좋다. 그러기 위해서는 경영 컨설턴트 등을 고용하고 체인점 확장을 본격적으로 고려하는 것이 좋다고 거듭 강조하셨습니다."

니시야마의 조언은 너무나 지당한 이야기라 마쓰무라는 달리 대꾸할 말이 없었다.

"씩씩한 기세만으로 회사가 발전하는 것은 아니니까요. 천재 경영자인 니시야마 씨 앞에서 자신의 무력함을 그저 통감할 뿐이었습니다."

망설임, 불안에 시달리던 마쓰무라는 니시야마의 조언을 명심하면서 신규 사업 계획을 세우고자 새로이 마음을 다잡고 있었다. 니시야마의 조언대로 경영 컨설턴트와 계약을 맺고 마쓰무라와 이사들 그리고 컨설턴트가 합류하여 미팅을 가졌다.

마쓰무라의 진두지휘 하에 함께 전략을 짠 인물은 2010년 4월에 금융업계에서 다이아몬드 다이닝으로 옮겨 온 이사 겸 관리총괄 경영실장 히구치 야스히로였다. 히구치는 마쓰무라가 '다이아몬드 다이닝의 브레인'이라고 극찬하는 금융계의 스페셜리스트이다. 재무를 책임지게 된 히구치는 마쓰무라의 희망을 이루기 위해 어려운 현실을 하나씩 하나씩 타파해 나갔다. 마쓰무라는 상승기류를 타고 하늘로 올라갈 것만을 생각해온 자신과는 달리 금융맨으로서의 냉정한 시각을 가진 히구치의 의견을 진지하게 받아 들였다.

"그때 히구치가 없었다면 다이아몬 드다이닝은 300억 엔 한계설에 부딪혀 길을 잃고 헤매는 회사로 전락했을지도 모릅니다."

그 정도로 신뢰하고 있던 히구치가 다이아몬드 다이닝으로 옮기게 된 것은 마쓰무라에게 매력을 느꼈기 때문이다. 히구치는 다음과 같이 말했다.

"리먼 쇼크 등의 영향으로 금융업계에는 구조조정의 바람이 불고 있었기 때문에 금융업계에 얽매이지 않고 이직을 준비하고 있었습니다. 그러던 중 헤드헌팅 회사에서 경영기획 담당자를 찾고 있는 회사가 있다고 소개해준 곳이 다이아몬드 다이닝이었습니다. 다이아몬드 다이닝이 2007년 3월에 헤라클레스에 상장한 지 3년이 지났을 무렵이었습니다. 이직 준비를 할 당시 IT기업, 웨딩사업 회사 등 여러 회사를 소개받았었는데 그 중에서 가장 먼저 면접이 결정된 곳이 다이아몬드 다이닝이었습니다. 소비자 관점에서 회사에 기여할 수 있다는 점에서 가장 관련 깊은 곳이 외식업 회사라는 생각도 있었고, 체인점 확장이 아닌 개성 있는 브랜드로 100점포를 달성했다는 점에서 매우 매력적이라고 생각했습니다. 면접에서 만난 마쓰무라 사장님은 첫 마디가 '기본적으로 자네가 하고 싶은 대로 해도 좋네'였습니다. 이전에 다녔던 오너기업의 사장님은 하나부터 열까지 모든 것을 자신의 지시에 따르게 하는 타입이었기 때문에 다이아몬드 다이닝처럼 하고 싶은 대로 하라고 하는 회사도 있구나 싶었습니다. 바로 마쓰무라 사장님 밑에서 일해보고 싶다는 생각이 들었습니다."

불가능할 것만 같은 '1000점포 1000억 엔' 목표를 구현하기 위해 히구치는 자금조달에 주안점을 두고 움직이기 시작했다. 은행과의 교섭은 물론 주가를 올리기 위한 IR 활동도 적극적으로 실행했다.

"현장에서는 신규 점포를 내고자 하는 의지가 아주 강했기 때문에 신규 점포 확장을 위해서는 은행에서 얼마나 돈을 빌릴 수 있는지 그리고 얼마나 주가를 상승시켜 나갈 것인지에 주력했습니다. 이를 위해 마쓰무라 사장님께도 많은 일들을 주문했어요."

하지만 '100가지 브랜드 100개의 점포'를 달성한 지 5개월 후, 동일본 대지진이 발생했다. 새로운 사업계획 등 모든 것이 산산조각 나는 사태에 마쓰무라는 동분서주했다. 다이아몬드 다이닝이 존속할 수 있을지도 알 수 없는 위기상황이었다.

2011년 3월 11일 발생한 동일본 대지진은 도호쿠 지방에서 많은 인명을 빼앗고 몇몇 마을을 송두리째 삼켜버렸으며 일본 전체 경제에도 막대한 타격을 주었다. 당연히 다이아몬드 다이닝도 큰 타격을 입었다. 마쓰무라는 도호쿠 지방을 덮친 미증유의 재해를 TV 뉴스를 통해 지켜보면서 앞으로 일어날 사태를 상상해봤다. 지진 발생 후 거리에서 사람들이 사라졌다. 이어진 원자력발전소 사고 보도로 더욱 긴장감이 높아졌다. 전기 소비가 제한을 받게 되면서 평소와 같은 일상생활을 보내는 것조차 힘들어졌다.

"재난 피해자들과 해당 지역 사업주들이 받은 타격이나 손해와 비교할 수는 없지만 당시의 힘들었던 상황은 말로 다 표현할 수도 없습니다. 다른 기업들도 마찬가지였겠지만 특히 외식산업은 '하루벌이'를 해야 하는 구조입니다. 그리고 하루벌이를 하든 못하든 임대료와 재료비, 인건비 등이 들어가지요. 많은 음식점들은 마치 풍전등화와 같았습니다."

지진 발생 후 매출이 격감한 다이아몬드 다이닝의 자금 사정은 매우 위태로웠고 그대로 간다면 3개월 후에는 회사가 도산할 상황까지 이르렀다. 신규 점포, 사업 확대를 위해 뛰어다니던 히구치는 하루아침에 회사의 도산을 막기 위한 아슬아슬한 사투를 벌여야 했다. 마쓰무라는 매일 시시각각으로 악화되는 회사의 경영 상황을 히구치를 통해 보고받으며 자신이 쌓아올린 모든 것이 이렇게 쉽게 무너질 수 있다는 사실에 아연실색했다. 매출이 곤두박질하고 이대로 회사가 망하는 건 아닐까 하는 상황까지 몰린 마쓰무라는 결단을 내려야만 했다.

"히구치는 '이대로 가다가는 흑자 파산도 피할 수 없는 상황입니다. 이걸 막기 위해서는 채산이 맞지 않는 점포들을 철수시키는 계획을 세워 바로 실행에 옮겨야 합니다'며 결단을 재촉했습니다."

히구치의 긴박한 목소리에 마쓰무라는 사태가 매우 심각하다는 것을 알 수 있었다. 하지만 순순히 고개를 끄덕일 수는 없었다.

"저는 어떻게든 가게 문을 닫지 않고 경비 삭감이나 업종 변경을 통해 영업을 계속할 수는 없는지 히구치에게 물었습니다. 다이아몬드 다이닝은 업종 변경에 다양한 경험이 있으니까요. 이럴 때야말로 우리의 능력을 발휘할 기회라고 히구치를 설득했습니다."

마쓰무라의 의견을 존중하고 그 뜻은 이해하면서도 히구치는 생각을 바꾸지 않았다. '무리입니다'라고 머리를 흔드는 히구치를 보며 마쓰무라는 시간을 달라고 말할 수밖에 없었다. 마쓰무라는 단지 회사의 상승 기세를 계속 이어가고 싶어서 그랬던 것이 아니었다.

"파킨슨병 때문이었습니다. 병에 대한 진단을 받은 지 5년째가 되어가고 있었어요. 의사가 '치료를 시작하면 5년간은 약의 효과를 기대할 수 있지만 그 이후로는 증상이 악화될 수 있다'고 한 말이 언제나 머릿속을 떠나지 않았습니다. 사실 그 무렵에는 이미 몸에 불규칙적인 떨림과 경직 증세가 나타나기 시작했고 그렇기 때문에 더욱 시간이 없다는 생각이 들었습니다."

마쓰무라의 병명에 대해 알지 못했던 히구치는 마쓰무라의 심각한 표정을 통해 많은 것을 간파하고 있었다. 그는 채산이 맞지 않는 점포들의 철수를 제안한 순간을 씁쓸한 마음과 함께 기억하고 있었다.

"회사가 살아남기 위해서는 채산성이 낮은 점포들을 정리하는 수밖에 없는 상황이었습니다. 그것도 빨리 시작하지 않으면 걷잡을 수 없는 상태가 됩니다. 회사를 다시 살려 한 번 더 싸워 나가기 위해서 지금은 퇴각하는 수밖에 없다고 말씀드렸습니다. 언제나 바로 결단을 내리고 '자네에게 맡기겠네'라고 말씀하시던 사장님이 그 때만큼은 시간이 필요하다며 입을 다물어버리셨습니다. 사장님의 충격적인 표정을 보며 저도 가슴이 아팠습니다. 사장님의 건강상태가 좋지 않다는 것을 알고 있었기 때문에 즉시 판단을 내리지 못하는 것은 그런 이유가 아닐까 하는 추측도 하고 있었습니다."

그러나 며칠 후, 마쓰무라는 결단을 내렸다.

"히구치의 제안을 듣고 잠도 자지 않고 고민했습니다. 직접 매출이 많이 떨어진 점포들의 수치를 확인하기도 하고 언제까지 버틸 수 있을지 계산해보기도 했습니다. 하지만 이 모든 것은 히구치의 말이 맞다는 것을 증명해줄 뿐이었습니다."

마쓰무라의 지시 아래, 도저히 채산이 맞지 않는 점포들을 철수하고 또한 각 부서에서 인원을 모집하여 점포의 임대료를 낮추기 위한 교섭 프로젝트팀을 구성하기로 했다.

"이익이 나지 않거나 부족한 점포들의 경우, 점포를 임대해준 건물주들을 만나 임대료를 낮추거나 아니면 일정 기간 동안 보증금에서 임대료를 차감해줄 것을 부탁드렸습니다. 다행히도 건물주들은 임대료를 3개월 혹은 6개월간 보증금에서 차감하거나 2개월간 지불을 유예해 주시기도 했습니다."

다이아몬드 다이닝은 이 난국을 가까스로 극복할 수 있었다. 히구치는 점포의 문을 닫는다는 것은 마쓰무라에게 있어서 몸의 일부분이 잘려나가는 것과 같은 고통이라는 사실을 깨닫게 되었다.

"100가지 브랜드 100개의 점포를 달성하기까지 폐점한 점포라고는 임대차계약을 갱신하지 못했던 두세 점포뿐이었습니다. 사장님은 오픈한 점포가 적자가 나지 않도록 한다, 철수하지 않는다는 것을 우리 회사의 주요 방침으로 삼고 있었던 겁니다. 그런데 지진이 발생한 후에는 딱 1년 만에 그 전까지 문을 닫은 점포의 5배에 해당하는 10개 점포가 폐업했고 지금까지 비교적 실적이 견실했던 자회사로 8개 점포를 양도하였습니다. 자연재해가 초래한 비상사태였기 때문에 어쩔 수 없었던 상황이었고 다른 외식업계 기업들도 마찬가지의 고통을 겪고 있었어요. 아마 그 동안의 성과를 스스로 무너뜨리는 긴박한 상황 속에서 뼈를 깍는 듯한 고통을 느꼈을 겁니다."

지진 발생 후에는 극단적인 디플레이션 상태가 만연하여 이자카야(선술집)에서 3000~4000엔을 지불하는 소비조차 사라져버렸다. 마쓰무라 역시 그와 같은 현실에서 도망갈 수는 없었다. 채산이 맞지 않는 점포를 폐점시키고 자금 변통을 위해 동분서주하는 나날들이 마쓰무라는 안타까웠다.

"그 후 문을 닫을 수밖에 없는 점포가 절반 가까이나 되었습니다. 비상사태였기 때문에 지금 생각하면 당연할 일이었습니다. 당시 채산이 맞지 않는 점포들을 철수하지 않았다면 회사까지 도산하고 말았을 겁니다. 하지만 저는 그런 위기상황에서 명확한 방향성을 제시하지 못했습니다. 최소한의 성장도 이끌어내지 못했습니다. 경영자로서는 그야말로 방향성을 상실하고 말았던 겁니다."

히구치는 주주들과 사원들을 위해 뼈를 깎는 개혁에 나섰던 마쓰무라에게 '이것은 결코 후퇴가 아닙니다'라고 거듭해서 이야기했다.

"'지진만 없었다면…' 하고 생각한 적도 있습니다. 점포가 문을 닫으면 직원들을 계속 고용할 수도 없고 창업부터 다이아몬드 다이닝이 쌓아왔던 종업원들과의 연대감도 이전과 같을 수는 없었습니다. 하지만 회사는 시대와 함께 존재하는 겁니다. 마쓰무라 사장님께는 몸이 늘어질 대로 늘어진 채로는 점프할 수 없으니 한 번 더 점프하기 위해서는 몸을 움츠려서 다시 점프하자고 말씀드렸습니다. 이러한 생각을 받아들이신 후 보여준 빠른 행동에서 사장님의 각오가 얼마나 컸었는지 엿볼 수 있었습니다."

50가지 브랜드×20개 점포, 새로운 비전을 만들다

지진으로 인한 영향은 몇 년간 계속되었다. 다이아몬드 다이닝은 2011년부터 2013년까지 22개의 점포를 닫아야 했고 최대 109개까지 늘었던 점포 수는 75개로 줄어들었다. 마쓰무라는 이때가 다이아몬드 다이닝의 터닝포인트였다고 생각한다.

"향후 다이아몬드 다이닝이 50년, 100년 동안 계속 이어져나가려면 이 시련이 큰 의미가 있을 것입니다. 사업의 위험성을 늘 대비해야 하고, 역풍을 극복하기 위한 담력과 도약을 위한 움츠림이 필요하다는 사실을 배운 시기였습니다."

지진이라고 하는 자연재해에 휘둘려 길을 잃고 헤매던 마쓰무라는 그럼에도 불구하고 다음 시대를 구축하기 위한 길을 개척하는 노력을 멈추지 않았다. 지진으로 인한 외식산업의 고난을 극복하기 위한 각오를 되새긴 마쓰무라는 채산성이 떨어지는 점포들을 철수시키면서 동시에 '100가지 브랜드 100개의 점포' 이후의 새로운 비전을 다시 만들어가고 있었다.

"이러한 위기에 처했을 때 저를 지탱해준 것은 같은 외식업계 동료들과의 연대감, 그리고 직원들의 포기하지 않는 모습이었습니다. 점포 수가 줄어드는 것은 괴로운 일이었지만 상장기업으로서의 사명을 다해야 한다고 생각했습니다. 곤두박질치면서도 다시 한 번 다이아몬드 다이닝만이 만들 수 있는 레스토랑과 서비스를 만들어내고 앞으로도 적극적인 M&A를 시도해야 한다고 결심했습니다."

2011년 6월에는 M&A를 통해 오랫동안 갈망해왔던 주식회사 바구스BAGUS를 자회사로 만들었고, 11월에는 미국에 설립한 자회사를 통해 하와이에 있는 일식 레스토랑 '쇼쿠도SHOKUDO' 경영권을 취득하여 그토록 바라던 해외진출도 이루어냈다.

격동의 한 가운데에서 병에 대한 근심도 싹 날아간 듯했다.

"증상이 어떻게 진행되든 강한 의지만 가지고 있다면 무엇이든 해낼 수 있다고 하는 믿음을 얻게 되었습니다."

마쓰무라와 임원들, 그리고 히구치는 외부 컨설턴트의 의견을 수렴하며 회의 횟수를 늘려 주 1회로 정례화 했다.

"회사를 2배, 3배로 키워나가기 위해서는 니시야마 씨가 이야기했던 체인점 사업도 실현시키고 싶었습니다. 하지만 다이아몬드 다이닝의 정체성을 결코 잃고 싶지 않았습니다. 그러기 위해서는 어떤 브랜드를 체인화하면 좋을지 잠을 자면서 꿈에서도 생각하는 날들이 이어졌습니다."

여기서 고안해낸 것이 '50가지 브랜드×20개 점포'였다.

"하나의 브랜드로 20개 점포를 전개한다면 효율적으로 진행시킬 수 있습니다. 그 정도 규모라면 카니벌라이제이션cannibalization(자기시장잠식-자사 브랜드끼리의 경쟁으로 인한 동업자 죽이기)도 발생하지 않을 것이며 브랜드, 지명도도 확립시킬 수 있습니다. 20점포씩 만들어 1000점포를 만들기 위해서는 50가지 브랜드가 필요합니다. 따라서 '50가지 브랜드×20개점포'라는 비전이 만들어진 겁니다."

하지만 예전 같은 기동력, 일체감은 좀처럼 회복되지 않았다. 지진 발생 후에 새로운 다이아몬드 다이닝을 만들겠다며 혈기왕성했던 마쓰무라는 프로젝트를 진행하면서 다시 한 번 돌아보게 되었다.

"50브랜드 20점포로 계산하면 분명히 1000점포가 됩니다. 하지만 그것이 정말로 각 점포의 콘셉트를 중시해왔던 다이아몬드 다이닝이 추구하는 모습인가에 대한 의구심이 들었던 겁니다. 바야흐로 방황의 제2막이 시작된 것입니다. 한번 결정한 일은 절대로 바꾸지 않는 제가 휘청휘청 흔들리고 있었습니다."

외식업계에서도 다이아몬드 다이닝이 체인점을 통해 필사적으로 1000점포 달성을 목표로 하고 있다거나 다이아몬드 다이닝이 초심을 버렸다는 말이 들려왔다. 하지만 그런 생각을 가장 많이 했던 것은 마쓰무라 자신이었다. '곱셈'으로 1000점포를 달성하겠다는 안이한 생각에 커다란 위화감을 느끼고 있었던 것이다.

"문득 '이건 내가 지향하는 다이아몬드 다이닝이 아니야'라는 생각까지 들었습니다."

마쓰무라는 그런 자신의 마음 속 소리에 귀를 기울이고 궤도를 수정했다. 마쓰무라의 심복인 야쿠시지, 히구치, 가와우치 역시 마쓰무라가 제시한 수정안에 두말없이 찬성했다.

"몇 번이고 회의를 거듭하면서 컨설턴트의 조언도 수렴하고, 다이아몬드 다이닝이라고 하는 회사의 진짜 모습을 생각할 때, 눈앞에 떠오른 것이 있었습니다."

그것은 '와라야키야わらやき屋'와 '큐슈네추야九州熱中屋'라고 하는 2개

의 대표 주자를 내세워 자금과 인력을 모두 투입하고 브랜드를 집약시키는 것이었다. 고향인 고치현의 식재료와 요리, 불을 사용한 '가쓰오와라야키(가다랑어 볏짚구이)'를 연출하여 고객들을 매료시키는 '와라야키야'와 이자카야의 달인이며 사내 벤처를 통해 사장이 된 야마모토 유타가 만든 궁극의 이자카야 '큐슈네추야'. 마쓰무라는 이 두 브랜드를 핵으로 점포를 늘려나가는 장기계획을 세웠던 것이다.

2013년 1월, 전직원총회에서 마지막으로 단상에 등장한 마쓰무라는 사원들을 열정적으로 고무하며 끊임없이 사기를 북돋아주었다.

"나는 다이아몬드 다이닝에 새로운 변화를 주기 위해 우리가 목표로 하는 그곳에 우뚝 서기 위해 우리 자신에게 '열광'할 것을 선언한다. 열광하지 못하는 자는 다이아몬드 다이닝에서 나가도 좋다!"

그리고 이 '열광선언문'을 거대한 스크린에 띄웠다. 다이아몬드 다이닝 그룹은 엔터테인먼트를 추구하고 기업의 모든 이해관계자들의 기대를 초월하기 위해 열광하자고 선언한 것이다. 사원들은 환성을 지르며 모두 이 문구를 있는 힘껏 복창했다.

짙은 안개 속에 싸인 항로에서 벗어나 점점 옅어져가는 안개 저편으로 연안의 풍경과 등대의 불빛이 보인다. 마쓰무라의 가슴 속에 안도감이 돌아왔다.

"물론 안정된 것은 아니지만 수익성이 회복되고 변곡점을 지나는 가운데 현장에서 내린 결단입니다. 회사는 살아 움직이는 것이기에 언제나 변화가 필요합니다. 적재적소의 조직을 운영하기 위해서 어떻게 하면 좋을지 시시때때로 체제를 바꾸어가는 것. 그것이 다이아몬드 다이닝의 방식이었습니다."

마쓰무라는 가까스로 방황의 시대를 빠져나왔다는 생각에 숨을 돌렸다. 히구치는 망설이면서도 다이아몬드 다이닝의 본질을 제대로 보고 결단을 내린 마쓰무라의 경영 능력에 대해 생각해봤다.

"예를 들어 스크랩 앤 빌드scrap and build(노후화하고 비효율적인 설비를 폐기하고 새로운 생산시설로 대체하여 생산설비의 효율화 등을 실현하는 것) 시기에는 수비에 능한 사람을 부서의 관리자에 앉힙니다. 새로운 사업을 벌려나가는 시기에는 제로에서부터 무언가 만들어내는 것에 능한 사람을 관리자에 앉힙니다. 마쓰무라 사장님은 이런 일을 결단할 때 빠른 판단과 실행속도 면에서 정말 탁월합니다."

채산성이 떨어지는 점포가 사라지고 수익성이 회복됨으로써 활기를 띠게 된 사내에는 다른 회사에서는 할 수 없는 일을 하고자 하는 긍지가 넘쳐났다. '와라야키야'와 '큐슈네추야' 등 이길 수 있는 브랜드에 집중하여 신규점포 오픈도 가능하게 되면서 지진 발생으로 겪게 된 암흑기의 기억을 지워나갔다.

마쓰무라의 기세는 여기서 끝이 아니었다. 자회사로 만든 바구스를 다이아몬드 다이닝의 제2의 축으로 삼고 자금과 인재를 투입했다. 당구장, 다트, 노래방, 인터넷카페 등을 전개하며 어뮤즈먼트 사업을 벌여온 바구스는 압도적인 브랜드 파워로 고정 팬들을 거느리고 있어서 장치산업으로서 안정된 이익을 얻을 수 있기 때문이다. 무엇보다 마쓰무라가 바구스의 성공을 믿을 수 있었던 것은 인재들 때문이었다. 사장인 야구치 켄이치, 임원인 하야시 타카히로와 이케다 코헤,

사업부장 모모세 마유, 그리고 '1967' 지배인 사사키 료는 마쓰무라가 인정하는 '외식업계의 영웅'들이다.

2013년부터 착수한 물류정비, 비용감소, 매출원가절감 및 맥주회사 일원화(아사히맥주 한 곳에 집약)를 통해 수익력을 강화시켰다. 또한 DD마일리지(다이아몬드 다이닝만의 예약 포인트 서비스) 홍보를 강화함으로써 회원이 급증했다. 경영이라고 하는 큰 줄기를 전력으로 견인해 나가면서 부분적인 일까지 놓치지 않는 섬세하면서도 절묘한 타이밍으로 대응해나갔다. 하지만 마쓰무라는 100퍼센트 자신했던 것은 아니라고 했다.

"'와라야키야'와 '큐슈네추야'의 연속 오픈, '시노다しの田'와 '1967'의 개점은 과감한 선행 투자였기 때문에 결과가 어떻게 나올지 장담할 수 없었습니다. 실제로 손익에서 마이너스를 보게 되는 충격도 당연히 있었지만 지금 시작하면 2, 3년 후에는 결실을 맺을 것이라는 확신을 가지고 도전했던 겁니다."

마쓰무라의 곁에서 수지타산을 맞추어 왔던 히구치는 그런 감각이야말로 마쓰무라의 진가라고 했다.

"회계 담당자로서 말하자면, 사업계획의 큰 흐름을 바꾸는 능력이나 향후 계속할 사업의 비전을 제시하는 부분에 있어 마쓰무라 사장님은 천부적인 재능을 타고났습니다. 직감으로 판단하고 있는 것인지 미래를 예측하고 결정을 내리는 것인지 알 수 없지만 이것이야말로 마쓰무라 사장님의 탁월함이라고 생각합니다."

그러나 여기에 만족하지 못하는 것이 마쓰무라다.

"제가 생각하는 다이아몬드 다이닝의 정체성은 이런 것이 아닙니다. 회사의 체력을 회복한 지금부터가 이길 수 있는 브랜드를 개발할 적기인 동시에 다이아몬드 다이닝의 정체성에 윤을 내고 키워나갈 시기인 것입니다. 이를 달성하는 것이 저에게 주어진 임무입니다."

파킨슨병으로 인해 제대로 움직이지 못하는 몸을 불안하게 여기며 침울해 있던 날들은 완전히 과거의 일이 되었다.

"무엇을 하든 몸에 이상이 없던 때보다 넘어야 할 장애물이 높아졌습니다. 이를 태연히 넘어서는 것이 멋있겠다 싶었거든요."

방황의 시기를 극복한 마쓰무라가 올려다보는 하늘은 한없이 파랗기만 했다.

25년 만에 고향의 축제에 다시 서다

2014년 8월 10일. 난고쿠토사南國土佐 고치高知의 요사코이 축제는 첫날을 맞이하고 있었다. 태풍 11호가 접근해 온 고치에는 전날부터 내린 폭우로 인해 여름의 시작을 알리는 요사코이 축제 전야제가 중지되었다. 고치현에 상륙한 태풍으로 인해 모두가 기다려온 축제는 개최 이래 처음으로 중지가 검토되고 있었다. 고치시에는 8월 4일에도 호우가 덮쳐 축제회장 중 하나인 만만상점가는 침수되는 피해를 입었다.

그러나 이 축제를 위해 1년에 걸쳐 연습에 연습을 거듭해 온 194팀, 19,000여 명의 무용수들은 기도하며 마음속으로 외쳤다. '태풍이여, 부디 그냥 지나가주세요. 토사를 찾아올 작열하는 여름의 축제를 빼앗지 말아 주세요.'

작년 여름 끝 무렵부터 이 날을 손꼽아 기다려온 사람들의 염원이 통하기라도 한 듯 태풍은 속도를 높여 지나가버렸다. 바람이 멎고 비가 그친 고치 시내에서 제61회 요사코이 축제의 화려한 막이 올랐다.

전날의 항공편 운항이 중지되어 8월 10일 오전에 하네다공항에서 고치료마공항으로 향하는 비행기를 기다리던 마쓰무라는 나에게 이렇게 말했다.

"고마쓰 씨, 괜찮습니다. 비도 바람도 멎었습니다. 요사코이 축제를 기다리고 있던 고치 시민들의 열기가 태풍을 날려버릴 겁니다. 요사코이는 올해로 61회를 맞이하지만 한 번도 중지된 적이 없습니다. 토사 사람들의 정열을 받아줄 장대한 축제이니까요."

마쓰무라의 말이 믿음직스러웠던 나는 비행기가 난기류에 흔들릴 때에도 전혀 신경 쓰지 않았다. 비행기 창문을 통해 맑게 갠 하늘이 보였고 고치료마공항에 착륙할 무렵에는 이미 비가 멈추고 구름 사이로 여름 햇살이 비치고 있었다. 마중나온 차에 탄 마쓰무라는 동행한 선배 야스다 히사시와 친구 마이클 도미오카와 함께 다이아몬드 다이닝 요사코이 팀이 대기하고 있던 지점으로 향했다.

사장이 도착하자 100명의 무용수와 그들을 지원하는 현장 스태프들이 열광하기 시작했다. 무용수들과 똑같은 반팔 티로 갈아입고 얼굴에 페인팅을 하고 화려한 선두 행사차량地方車(지가타샤)에 올라탄 마쓰무라는 어릴 때부터 늘 보아왔던 축제에 자신의 팀을 이끌고 참가하게 된 감개무량함을 이렇게 말했다.

"고등학교 3학년, 제 나이 17살 때 맞이한 여름방학이었습니다. 남몰래 이곳 고치를 떠날 결심을 하고 있던 저는 마을 팀의 일원으로서 나루코(소리를 내는 전통 타악기의 일종)를 손에 들고 춤추고 있었습니다. 숨이 콱콱 막히는 더위 속에서 흘린 땀과 헐떡이던 숨이 마치 어제 일처럼 떠오릅니다. 다이아몬드 다이닝을 만들었던 날부터 언젠가 사원들과 함께 이 축제에 참가하고 싶었습니다. 그 바람이 오늘 드디어 현실이 되었습니다."

마쓰무라는 요사코이 축제가 토사 사람들의 자랑이라는 것을 새삼 깨달았다. 요사코이 축제가 시작된 것은 1945년. 전후의 황폐한 생활이 계속되는 가운데 불황을 떨쳐버리고 마을에 활기를 되찾기 위해 고치상공회의소가 중심이 되어 발족됐다. 시내에 9곳의 경연장과 7곳의 무도장에서 약 17,000여 명이 춤을 추고 총 100만 명의 사람이 모이는 시코쿠의 3대 축제 중 하나이다.

지금은 도쿠시마현의 아와오도리阿波踊り와 어깨를 나란히 하는 요사코이 축제는 도쿠시마현에 대한 고치현 사람들의 라이벌 의식의 상징이기도 하다. 전통을 지키면서도 끊임없이 새로운 것을 도입하여 개성적인 춤과 의상, 음악을 선보이는 토사 사람들의 기질이 축제 현장 곳곳에서 느껴졌다.

요사코이 축제의 룰은 네 가지가 있다. 나루코(전통악기)를 들고 전진할 것, 요사코이 나루코 춤을 악곡에 포함시킬 것, 무용수들을 선도하는 행사용 차량을 선두에 세울 것, 한 팀의 최대 인원은 100명까지로 할 것. 이것만 지킨다면 어떤 아이디어를 응용해도 된다.

연습에 연습을 거듭한 사람들은 색색의 의상을 입고 나와 나루코를 흔들어대며 춤을 추면서 거리를 가득 메우고 앞으로 계속 전진한다. 드디어 축제가 시작되고 마쓰무라는 선두 행사차량의 위에 올라타서는 '하이브리드 YOSAKOI'라고 이름 붙인 자기 팀을 향해 '가자!'며 소리쳤다. 팝 음악과 댄스, 그리고 화려한 색깔의 의상, LED 조명이 휘황찬란한 선두의 행사차량을 보며 관객들은 갈채와 환성을 보냈다.

행사차량 위에서 무용수들의 흥을 돋우고 있는 마쓰무라는 1년 전 여름 고향에 들렀을 때 오랜만에 축제에 참가했는데 그 때 이 요사코이 축제에 참가할 것을 결심했다고 한다. 2013년 8월, 마쓰무라는 중학교 선배이며 고치의 식재료를 취급하는 식품회사를 공동경영하고 있는 미야모토 쇼지에게 축제가 끝나갈 무렵 이렇게 말했다.

"쇼지 선배, 내년에 다이아몬드 다이닝도 요사코이 축제에 참가하겠습니다. 우리 팀의 리더를 맡아주세요."

이 말을 들은 미야모토는 음-하고 신음소리를 내며 반대했다. 미야모토가 당시를 회고했다.

"마쓰무라한테 다이아몬드 다이닝이 팀을 짜서 요사코이 축제에 참가할 계획이라는 말을 들었을 때 안 하는 게 좋을 거라고 말해주었습니다. 이 지역 팀들도 준비가 만만치 않아서 의상, 음악, 안무를 만드는 데 거의 1년이 걸립니다. 처음 참가하는 경우, 그것도 도쿄에서 참가하는 팀이 쉽게 나설 일이 아닙니다. 게다가 마쓰무라는 '입장'이라는 게 있으니까요. 마쓰무라 아쓰히사는 고치의 별입니다. 도쿄에서 사업을 시작해서 상장회사 사장님이 된 우리들의 스타 마쓰무라가 변변찮은 팀을 보내서 허접한 요사코이 춤이라도 추게 된다면 그거야 말로 웃음거리가 될 거고 무슨 말을 듣게 될지 모르니까요."

마쓰무라에게 다시 생각하는 게 어떠냐고 몇 번이나 이야기했지만 마쓰무라는 끝까지 이렇게 말했다.

"쇼지 선배, 안심하세요. 고치 사람들 모두가 깜짝 놀랄만한 최고의 팀을 결성해서 보여줄 테니까요."

미야모토는 마쓰무라의 진심에 꺾이고 말았다.

"저는 그 말을 듣고 알겠다고 답할 수밖에 없었습니다. 지금까지 마쓰무라가 안심하라고까지 한 일이 번복되거나 제대로 된 결과가 나오지 않았던 적은 한 번도 없었으니까요."

미야모토의 판단대로 요사코이 축제에 참가하는 마쓰무라의 각오는 확고했다.

"선배에게 부탁했을 때는 아직 구체적인 계획이 없었지만 요사코이 축제에 다이아몬드 다이닝의 이름을 새겨넣겠다는 결심은 굳힌 상태였습니다. 100가지 브랜드로 100개의 점포를 이미 열었지만 지진으로 인해 큰 피해도 입었고 2013년은 경영자로서 방황했던 시기였습니다. 하지만 그렇기 때문에 더욱 스스로의 자긍심을 고향인 고치에서 되찾고 싶다는 마음이 있었습니다. 그리고 저를 키워준 고향에 조금이라도 은혜를 갚고 싶었습니다."

18살에 떠났던 고치에 대한 애틋함은 25년이 지나 더 이상 누를 수 없을 정도로 커져만 갔다. 마쓰무라는 고향에 대한 향수, 넘치는 애틋함을 여러 번 언급한 적이 있다.

"고치는 시골이에요. 중학생이 되었을 때는 이런 시골에서 늙을 수는 없다, 무조건 도시로 나가기로 결심했던 저는 이곳에서 태어난 것을 불행하게 여겼고 원망스럽기까지 했습니다. '왜 우리 부모님은 도쿄사람이 아니었을까'라고. 도쿄에서 태어났다면 사투리도 안 썼을 것이고 어릴 때부터 멋진 것들에 둘러싸여서 온 세상의 정보를 다 얻을 수 있었을 것이라고 생각했습니다. 하지만 도쿄에서 몸이 가루가 되도록 일에만 빠져 살다보니 문득 언제나 고향을 그리워하는 제 자신을 발견하게 되었습니다."

해산물이 풍부한 쿠로시오 해류가 흐르는 태평양, 굽이굽이 이어진 산과 숲의 녹음, 옛 성을 중심으로 조성되어 어디든 걸어서 갈 수 있는 도시 형태, 형형색색의 식재료가 즐비한 고치의 명물 '일요시장', 오비야마치의 히로메시장에서 맛볼 수 있는 가다랑어의 소금다타키구이. 마쓰무라의 세포 하나하나에 이 모든 것들의 기억이 남아 있었다.

"고향에 대한 마음이 확연히 자리 잡게 되었을 때, 정말 맛있는 고향의 식재료를 우리 레스토랑에서 요리해서 고객들에게 대접하고 싶다는 생각을 하게 되었고 그래서 쇼지 선배와 함께 '토사샤츄'를 만들었습니다. 그것이 바로 고치 사람들에게는 익숙한 '가다랑어 볏짚구이 소금다타키'라고 하는 메뉴를 메인으로 내세운 토사요리점 '와라야키야'의 출발이었습니다. 즉 고향의 리얼함을 그대로 전하는 사람이 되고 싶다고 진심으로 생각했습니다. 고향이 싫어서 떠나온 제가 언젠가 고향 고치와 지금 살고 있는 도쿄를 이어주는 가교가 되고 싶다고 생각하게 된 것입니다."

마쓰무라는 토사에 전해 내려오는 혼이 자신을 외식업계로 이끌었을지도 모른다고 생각했다.

"고치에서는 고객을 접대하는 연회를 '오갸쿠'라고 합니다. 이 오갸쿠에는 '마셔라, 먹어라, 노래하라, 춤추라'라고 하는 문화가 있습니다. 저 자신도 모르는 사이에 제가 만들어온 가게들에는 토사의 연회 정신이 깃들어 있던 것입니다."

40대가 되자 마쓰무라는 마음속에서 고향을 봉인하려 했던 자신의 어리석음을 깨닫게 되었다.

"제가 태어나고 자란 곳에 뚜껑이라도 덮고 마치 잊어버리기라도 한 듯 행동하다니 이렇게 어리석은 일이 어디 있겠습니까? 그래서 고향 분들과 직접 이어지기 위한 방법으로서 또 도쿄에서 고치현 출신이 이렇게 활약하고 있다는 것을 알리기 위한 수단으로서 요사코이 축제에 참가해야겠다는 결론을 내린 것입니다."

이렇게 고향을 생각하고 고향을 잘 알고 있는 마쓰무라는 왜 고향에는 점포를 오픈하지 않는 것일까? 이상하게도 고치현은 물론 시코쿠에도 다이아몬드 다이닝의 점포가 한 곳도 없다.

"다이아몬드 다이닝이 점포를 내서 성공하게 되면 다른 점포들은 틀림없이 망하게 될 것입니다. 또 반대로 실패하게 되면 '봐라, 마쓰무라. 너무 잘난 척하지 마라'며 비난을 받게 될 겁니다. 성공을 해도 실패를 해도 좋을 게 없습니다. 그래서 원하는 사람들은 많지만 고향인 고치에서는 점포를 낼 생각이 없습니다. 토사 브랜드의 전도사로서 도쿄와 다른 지방들, 그리고 세계 각지에 우리 고치현의 먹을거리를 전파하고 제가 사랑하는, 먹고 마시고 노래하고 춤추는 토사의 문화를 전하고 싶습니다. 제 입으로 말하기에는 좀 팔불출 같지만 진심으로 그렇게 생각하고 있습니다."

전통과 대중문화의 컬래버레이션으로 차별화하다

마쓰무라의 고향에 대한 마음을 담은 요사코이 축제 참가. 이 모든 진행은 마쓰무라가 존경하는 고향 선배 미야모토와 요사코이에서 만난 프로듀서의 손에 맡기기로 했다.

"2013년 요사코이 축제에 지인인 호리에 타카후미 씨가 왔었습니다. 마지막 날, 함께 선두 행사차량에 올라타고 축제의 클라이맥스를 체험했는데 호리에 씨와 동행했던 오다 요시오라는 친구 분에게 다이아몬드 다이닝 요사코이 팀의 프로듀서를 맡기기로 했습니다."

호리에의 권유로 요사코이 축제에 참가했던 오다는 마쓰무라의 의뢰를 흔쾌히 받아들였다. 마쓰무라와 함께라면 '재밌는 일을 할 수 있을 것'이라고 직감했기 때문이다.

링크업LiNK-UP 주식회사의 대표이사를 맡고 있는 오다는 마쓰무라와 만나 요사코이 축제의 프로듀서가 되기까지의 기억을 웃으며 이야기해주었다.

"2013년 요사코이 축제가 끝나고 다음 날 마쓰무라와 호리에와 함께 골프 약속이 있었습니다. 하지만 축제가 끝나고 그 다음날 아침까지 술을 마신 마쓰무라와 호리에가 나타나질 않았습니다. 점심때쯤이 되어서야 겨우 나타나 3명이서 라운드를 돌았는데 아직도 취해 있던 마쓰무라와 호리에는 꼴이 말이 아니었어요. 라운드를 마치고 사우나에 갔을 때, 그런 마쓰무라를 보며 '이 사람 너무 웃긴데'라는 생각이 들었어요. 몸을 씻고 있는데 뒤에서 텀벙거리는 큰 소리가 들렸어요. 돌아보니 마쓰무라가 넓은 탕에 들어가 수영을 하고 있는 겁니다. 상장회사 사장에다 40대 중반이나 된 사람이 탕에 들어가 왔다 갔다 수영을 하다니요. 그 후로 도쿄에 돌아와서도 자주 만나게 되었고 '뭐, 재밌는 일 없을까'라는 이야기를 나누던 중에 마쓰무라가 '요사코이 축제의 프로듀서를 맡아주겠어?'라고 했던 겁니다."

음식점 경영에서 PR업, 기업 컨설턴트, 이벤트 기획 등 멀티 능력을 지닌 오다는 마쓰무라의 부탁을 들어주었다.

"그런데 '요사코이 축제에서 어떤 걸 하고 싶은 거죠? 어떤 팀을 만들면 되나요?'라고 묻자 마쓰무라는 '기를 확 죽여세요'라는 겁니다. 구경하는 사람들도, 참가한 다른 팀들도 다 기가 죽을 정도로 만들어서, 참가금지가 될 정도 해달라는 거예요. 열정적인 고치 사람들의

기를 죽이려면 어떻게 하면 좋을까 생각하며 다이아몬드 다이닝의 팀을 만들어 나갔습니다."

오다는 만난 적도 없는 마쓰다 세바스찬에게 다이아몬드 다이닝 요사코이 팀의 비주얼 크리에이터가 되어줄 것을 의뢰했다. 마쓰다 세바스찬은 '하라주쿠 카와이' 문화를 주도하였으며 캬리 파뮤파뮤 きゃりーぱみゅぱみゅ(화려하고 독특한 패션을 선보이며 스타가 된 가수)의 미술 감독을 맡아 세계적으로도 주목받고 있는 당대 최고의 아티스트였다.

"마쓰다 세바스찬 씨가 관심을 보이자 마쓰무라와 다이아몬드 다이닝 요사코이 프로젝트 멤버들에게 '리얼 하라주쿠 문화로 가자!'고 말해버렸지요. 그러나 바로 '아무래도 스케줄이 안 맞아서 안 되겠습니다'라는 연락이 왔고요. 저는 '벌써 마쓰무라 사장님께도 말씀드렸는데 제발 맡아주십시오'라며 사정했습니다."

오다는 파죽지세와 같은 기세로 몰아붙였다. 미술 감독에 마쓰다 세바스찬을 앉히더니 오리지널 악곡 제작에는 세계적인 인기를 자랑하는 DJ RAM RIDER를, 그리고 안무&메인 댄서에는 초대 캬리키즈 댄서(캬리 파뮤파뮤의 백댄서)인 TEMPURA KIDZ를 초빙했다.

다이아몬드 다이닝 사내에서는 비서실장인 나가오가 요사코이 축제 프로젝트의 리더를 맡았다. 그는 댄서로 선발된 20명의 사원을 이끌고 트레이닝을 시작한 인사총무부의 오이카와 함께 요사코이 축제 팀을 위해 전력을 쏟아 부었다. 고치에서는 미야모토가 진두지휘하며 선두 행사차량과 의상 제작, 고치쪽 댄서 50명의 트레이닝으로 분주했다.

요사코이 축제 전날, 폭우가 내리는 가운데 고치 시내 체육관에 모인 다이아몬드 다이닝 요사코이 팀은 마지막 연습에 몰두해 있었다. 고향 고치의 댄서들도, 다이아몬드 다이닝의 직원 댄서들도 하나가 되어 마지막 마무리 작업에 열중했다. 필사의 표정으로 임하고 있는 댄서들에게 안무 지도를 맡은 인스트럭터들의 깐깐한 주문이 이어졌다.

"대열을 맞추라고! 멈추고 움직이고 더 강약을 넣어서 리듬을 타라고! 힘내!"

체력의 한계가 다가왔지만 아무도 쉬자고 하는 사람이 없었다. 최종 연습은 심야까지 이어졌다. 무서울 정도로 몰입하여 최종 리허설에 임하고 있는 댄서들의 이야기를 현장 책임자로부터 전해들은 마쓰무라는 입을 꽉 다물고는 아이폰에 메시지를 써 내려갔다.

'마지막 트레이닝까지 정말 수고가 많습니다. 다이아몬드 다이닝 요사코이 팀으로서 고치의 뜨거운 여름과 기백을 체험하며 그 열정을 세계로 발신시켜 나갑시다!'

마쓰무라는 요사코이 축제에 출전할 것을 결정한 후 이 프로젝트를 위해 들어가는 어떤 비용에도 안 된다고 말하지 않았다.

"오다 씨에게 처음에는 예산을 2000만 엔 정도로 생각해 달라고 부탁드렸었지만 선두 행사차량에 설치한 LED 조명만 해도 500만 엔이 들었다고 했고 결국 당초 계획한 예산의 2배까지 늘어났습니다."

새로운 목표로
압박감을 즐기는 승부사

2014년 7월 3일, 고치현청에서 고치현 부지사가 참석한 가운데 다이아몬드 다이닝의 요사코이 축제 참가와 관련한 기자회견이 열렸다.

'하이브리드 YOSAKOI'라고 이름붙인 다이아몬드 다이닝 팀에 대해 소개되었고 기자들의 질문에 대답한 마쓰무라는 첫 출전에 대한 기분을 멋지게 표현했다.

"다이아몬드 다이닝은 요사코이 축제에 처음으로 참가하게 되었습니다. 야구로 말하자면 고시엔甲子園(고교야구가 열리는 구장)에 첫 출전하는 고교야구 선수라고 할 수 있겠지요. 하지만 우리는 처음부터 메이저리거의 자세로 임할 것입니다. 그것도 '뉴욕 양키스'로 말입니다."

기자들은 고치현의 홍보대사이며 자기 자신이 '토사 브랜드' 그 자체라고 자부하는 마쓰무라의 과장되면서도 불손한 선언에 술렁거렸다. 기자회견에 동석한 나에게 마쓰무라가 말했다.

"우리가 축제에 참가함으로써 이 축제와 고치를 널리 홍보하는 기회가 될 겁니다. 더 많은 분들이 고치를 알게 되고 좋아하게 될 겁니다. 그 분들이 또 누군가에게 이야기해주면 고치의 매력이 점점 더 전파되겠지요. 이거야 말로 고치에서 자라고 고치를 사랑하는 저의 사명입니다."

마쓰무라의 이 말을 들은 오다는 이렇게 소리 높여 이야기했다.

"많은 사람이 알지 못했던 요사코이를 미래로 향한 축제로 만들어가겠습니다. 전통과 현대를 융합한 '하이브리드 YOSAKOI'의 탄생입니다. 하라주쿠계 대중문화와 요사코이를 컬래버레이션collaboration하여 지금까지 보지 못했던 세계관을 보여드리겠습니다."

저녁 TV뉴스에는 마쓰무라의 코멘트가 반복적으로 흘러나왔다. 이제 후퇴란 있을 수 없다. 고치현 내에서 구독률 98%를 자랑하는 고치신문 8월 8일자 전면을 다이아몬드 다이닝이 장식했다. 지면으로 요사코이 축제 첫 출전을 대대적으로 선언한 것이다.

8월 11일, 축제 이틀째. 거리는 형형색색의 의상들로 메워졌고 댄서들은 생동감 넘치게 움직이기 시작했다. 각자의 곡에 맞추어 소맷자락을 나부끼며 춤을 추는 모두의 얼굴이 일제히 환한 웃음으로 빛났다. 전통 방식을 중시하는 일본 무용을 기본으로 기모노를 입고 춤을 추는 팀, 일사불란한 창작댄스를 피력하는 대상 후보 팀, 힙합과 삼바 리듬에 맞춘 팀 등 각 팀의 취향은 다양했다.

선두 행사차량에 설치한 핑크색의 코끼리와 일렉트로닉한 음악이 다이아몬드 다이닝 요사코이팀의 신호탄이었다. 피에로를 이미지화한 물방울무늬의 의상을 걸치고 컬러풀한 타이즈에 스니커를 신고 춤을 추는 선두 주자는 TEMPURA KIDZ였다. 절도 있는 팝 음악에 맞춘 댄스가 보컬로이드VOCALOID(야마하가 만든 데스크톱 뮤직 제작을 위한 음성합성엔진)의 보컬에 딱 맞아떨어지자 여기저기서 환성이 터져나왔다. 선두 행사차량 위에서는 '하이브리드 YOSAKOI'라고 쓴 거대한 부채가 휘날렸다.

오비야마치 길에서 시작하여 194개 팀이 한창 나루코를 흔들며 나아가고 있을 때, 마쓰무라는 록 아티스트의 라이브무대처럼 흰 연기가 치솟는 차량 위에서 끊임없이 점프를 하고 있었다. 약의 효과가 떨어진 듯 몸은 뜻대로 움직이지 않았지만 마쓰무라는 드디어 축제의 당사자가 되었다는 기쁨에 가만히 있을 수 없었던 것이다. 호리에도 야스다도 마이클 토모오카도 겉으로 티를 내지는 않았지만 마쓰무라의 몸 상태를 신경 써가면서 요사코이 축제를 온몸으로 즐겼고 관객들의 성원에 손을 들어 답례했다.

마쓰무라 곁에서 마이크를 쥐고 있던 미야모토는 하얀 무명으로 된 축제용 전통의상을 입고 댄서들을 향해 환호성을 지르며 흥을 북돋아주고 있었다. 북소리와 함께 축제는 클라이맥스를 향해 달려가고 있었다. 땀으로 범벅이 된 마쓰무라는 감개무량한 표정을 짓고 있었다. 마쓰무라는 선두차량 계단 위에서 점프하여 스태프들 속으로 뛰어 들었다. 모두 함께 끌어안고 기뻐하는 마쓰무라와 오다, 그리고 스태프들.

무아지경 속에서 이틀을 지낸 마쓰무라는 손을 들어 피스 사인을 보내며 소리쳤다.

"최고의 여름입니다."

곁에 있던 오다의 어깨를 감싸며 자기도 모르게 말이 나왔다.

"내년에는 더 업그레이드 해서 대상을 노려야겠네요."

밀착 취재를 하던 고치 방송국의 리포터가 마쓰무라에게 물었다.

"마쓰무라 사장님에게 요사코이란?"

"여름의 사랑입니다."

그리고 마쓰무라는 나에게 이렇게 말했다.

"이 이틀 동안 살아 있다는 느낌이 들었습니다. 제대로 움직이지 않는 육체로도 고교 시절과 전혀 다르지 않은 기백과 격한 감동이 그대로 전해졌습니다."

힘주어 이렇게 말한 마쓰무라의 눈동자가 살며시 젖어 있었다.

다이아몬드 다이닝 요사코이 팀의 퍼포먼스는 관중들로부터 '요사코이의 진화형이 나타났다'라는 절찬과 함께 대단한 인기를 끌었다. 요사코이 축제 참가를 통해 처음으로 고치현을 방문하게 된 직원들은 감상을 묻는 방송국 리포터에게 '우리 사장님도 뜨거운 분이지만 고치 분들도 뜨겁네요'라며 감동을 전했다. 마쓰무라는 축제가 끝난 후에도 흥분을 가라앉히지 못하고 들떠 있는 직원들을 한참 동안 바라보고 있었다.

축제에 참가했던 194개 팀 모두 심사 결과를 기다리고 있었다. 심사에 뽑힌 팀에게는 대상을 비롯하여 6개의 상이 수여된다. 저녁 무렵부터 각 상이 발표되었고 다이아몬드 다이닝 요사코이 팀은 심사위원 특별상을 받았다. 첫 출전팀으로서는 전례 없는 쾌거였다.

날이 샐 때까지 이어진 수상 기념 파티에서 마쓰무라는 다시 선언했다.

"여러분 정말 수고 많았습니다. 내년에도 출전합니다! 잘해 봅시다!"

2015년 4월 1일, 다이아몬드 다이닝은 제62회 요사코이 축제 참가를 표명하고 웹사이트를 통해 고치쪽 댄서 70명 모집을 시작했다. 마쓰무라는 최신 대중문화를 반영하여 엔터테인먼트가 넘치는 세계관을 연출할 것이라고 밝히고 당연히 전년도를 뛰어넘는 퍼포먼스가 될 것이라고 자신했다. 발표 직후, 사장실을 방문한 나에게 마쓰무라는 이렇게 속삭였다.

"2014년의 요사코이 축제에서 첫 출전인데도 불구하고 심사위원 특별상을 받았기 때문에 올해는 목표치가 올라갈 겁니다. 상을 못 받는다는 것은 있을 수 없는 일이고 작년과 똑같은 상으로는 뛸 듯이 기뻐할 수는 없겠죠. 목표가 더 높아지는 이 느낌, 스스로에게 심적 압박감을 주는 이 느낌이 저는 정말 좋습니다."

마쓰무라는 하나의 목표달성에 만족하지 않는다. 결승점의 테이프를 끊으면 곧바로 다음 승부를 찾아 뛰기 시작한다. 승부를 향한 길이 험하면 험할수록 결승점에 도착했을 때의 기쁨도 크다. 마쓰무라의 원동력 중 하나는 바로 이러한 압박감이다. 그것도 보통 사람은 견디지 못할 정도의 중압감을 좋아한다.

"저는 언제나 말합니다. 다시 태어난다면 절대로 외식업계에는 발을 들이지 않겠다, 레스토랑 경영 같은 것은 절대 하지 않을 거라고. 먹을 것, 마실 것을 안전하게 그리고 맛있게 만드는 것은 당연한 일이고 여기에 가능한 한 싼 가격으로 즐거운 분위기와 철저한 서비스를 제공한다는 것은 정말 정신이 아득해질 만큼 어마어마한 일이라고요."

이렇게 말하며 사장실 소파에 놓여 있는 커다란 곰 인형을 '이얏!' 소리와 함께 엎어치기 한판으로 내던져 버렸다.

"하지만 제가 생각해도 이상한 일이지만 그렇게 말하면서도 실제로는 이 험난한 세계에서 일본의 최고가 되겠다는 엄청난 압박감의 포로가 되는 겁니다."

내던진 곰 인형을 일으켜 끌어안고는 마쓰무라는 즐거운 듯 큰 소리로 웃고 있었다.

5장

일본을 움직이는 장사의 신

파킨슨병은 나를 오히려 강하게 만드는 힘이다

미나토구에 있는 호사로운 타워맨션. 도어맨과 접객 매니저에게 방문처를 말하고 고층 로비라운지로 올라가는 엘리베이터를 탔다. 마쓰무라 아쓰히사는 24시간 사람들로 붐비는 거리의 요란한 소음들을 완벽히 차단시킨 견고한 빌딩에서 혼자 살고 있었다.

마쓰무라를 만나 취재를 시작한 지 3년이 지난 지금 인터뷰 시간은 총 100시간을 넘어섰다. 취재 때마다 격동의 날들에 대한 기억을 더듬던 마쓰무라는 아무리 시간을 들여도 다 표현하지 못할 거라며 끊임없이 일에 대한 즐거움과 사람들과의 인연, 고향에 대한 그리움들을 풀어놓았다.

레스토랑이라고 하는 식사 공간과 제공되는 요리, 사람들에 의해 창출되는 서비스라고 하는 마법에 이끌렸던 한 사람의 청년. 그는 벤처 정신으로 창업한 회사를 거센 파도와 같은 기세로 몰아붙여 상장기업으로 만든 성공신화의 주인공이다. 샐러리맨에서 독립한 신참내기 사장에게 닥친 역경들, 경영자로서의 야심과 사명감……. 여기에 얽힌 일화들을 설레면서도 놀란 마음으로 경청한 나는 에너지 그 자체라고 할 수 있는 마쓰무라의 모습을 그려내기 위해 많은 시간을 들여왔다.

마침내 길었던 취재가 끝나갈 무렵, 마쓰무라가 언급한 시만토가와四万十川(고치현의 서부를 흐르는 강으로 시코쿠에서 가장 긴 강)과 같은 큰 강줄기의 흐름뿐만 아니라 바위에 부딪혀 햇살 속으로 사라지는 물보라까지도 그의 언어로 표현해주기를 바랐다.

파킨슨병은 이 순간에도 진행되고 있다. 그러나 경영자인 마쓰무라는 비통할 정도로 열심히 선두에 서서 달리고 있었다. 고치현에 은총을 베푼 태평양처럼 동요하지 않는, 그 누구에게도 보여준 적이 없는 마음의 상처를 찾아내어 한 조각 한 조각을 기록하는 것이 마쓰무라라는 인물을 표현하는 데 가장 중요한 것이 아닐까 생각했다.

엘리베이터의 문이 열리고 비서인 호리 아키코와 쓰치다 아유코가 나를 맞이해주었다. 성실하면서도 다정한 얼굴로 맞이하는 두 사람을 보며 나는 결심했다. 안쪽 라운지에 놓여 있는 하얀 가죽 소파에 앉아 기다리고 있는 마쓰무라에게 지금까지 한 번도 시도하지 않았던 인터뷰를 하겠다고.

인사를 나눈 마쓰무라는 여느 때처럼 평온하고 침착한 모습이었지만 디스키네시아dyskinesia(운동장애)로 인해 신체의 떨림이 멈추지 않았다. 경직된 가슴과 목이 성대를 압박하여 그의 목소리는 곤충의 날개 소리처럼이나 작았다. 그런 마쓰무라에게 말했다.

"마쓰무라 씨, 오늘은 책을 완성하기 위해서 반드시 알아야 하는 것들에 대해 묻겠습니다. 대답하기 괴로운 것도, 실례가 되는 것도 묻겠습니다. 용서하세요."

마쓰무라는 눈썹을 살짝 움직이고 오른손을 들어 나의 사죄를 부정했다.

"그런 인터뷰를 기다리고 있었습니다. 고마쓰 씨, 저는 더 이상 두려울 게 아무것도 없답니다."

비서가 뜨거운 얼그레이 한 잔을 내 노트 옆에 가져다주었다. 나는 그 차를 한 입 마시고 인터뷰를 시작했다. 나는 마쓰무라에게 지금 자신과 어떻게 마주서고 있는지 묻고 싶었다. 병을 앓게 되면 생명과 인생에 대해 생각하는 시간들이 일상이 될 것이다. '자신에게 주어진 시간에 대해 생각해본 적이 있습니까?' 이 질문에 마쓰무라는 살짝 눈을 가늘게 떴다.

"이 병을 앓기 전에는 전혀 없었습니다. 일어나서 밤늦게까지 필사적으로 일을 하고 나면 당연한 듯 다음 날 아침이 온다고 믿고 있었습니다. 하지만 약년성 파킨슨병이라는 진단을 받고 병의 증상들이 진행되면서 제가 가진 시간은 무한한 것이 아니라는 사실을 알게 되었습니다. 물론 지금은 몇 년을 더 살게 될지, 제 수명은 몇 살까지인지 생각하곤 합니다. 주로 생각은 밤에 합니다. 밤새 잠들지 못하고 맞이하게 된 새벽에도."

그럴 때 두려움이 몰려오는 걸까. 10년 후, 1년 후, 반 년 후, 1개월 후, 그리고 내일의 자신이 무사하기를 바라게 만든 파킨슨병은 그에게 두려움의 대상일까?

"파킨슨병을 진단받고 5년이 지나 증상이 나타나기 시작했을 무렵에는 두려웠습니다. 하지만 지금은 전혀 두렵지 않습니다. 인간은 누구나 병에 걸린다는 것, 그리고 누구나 죽음을 향해 달려가고 있다는 것을 실감할 뿐입니다. 다만……. 초조한 마음은 있습니다. 회사를 위해, 업계를 위해, 사원들을 위해, 아이들을 위해, 그리고 물론 저 자신을 위해서도 하고 싶은 일, 이루고 싶은 일이 많이 있거든요. 그럴 시간이 부족하진 않을까 하는 초조함입니다. 병 때문에 이동하기가 쉽지 않습니다. 건강했을 때는 몇 시간이면 갈 수 있는 거리가 지금은 하루가 걸릴 때도 있습니다. 소중한 시간을 이 병한테 빼앗기고 있는 것이 현실이기 때문에 마음이 급해지는 겁니다."

마쓰무라의 생활에서 파킨슨병이 차지하고 있는 비율은 얼마나 될까?

"일상생활이라고 하는 의미에서는 90%일까요. 매일 조금씩 다르긴 하지만, 몸이 제대로 움직이지 않을 때는 일어나서 옷을 차려입고 회사에 출근하기까지 반나절이 걸릴 때도 있습니다. 그럴 때는 분한 마음뿐입니다. 움직임이 제한되거나 불규칙적인 움직임 때문에 혹은 경직된 몸에 고통이 따르는 날도 많아서 시간이 허비되거든요."

파킨슨병 때문에 일상생활에 있어서는 꽤 많은 지장이 생겼다고 마쓰무라는 말한다.

"힘들어요. 서는 것도, 걷는 것도, 앉는 것도 힘들 때가 있습니다. 그리고 목소리가 안 나와서 대화하기조차 어려운 날도 있습니다. 지금은 이런 경우를 위해서 회사 스태프인 아키가 언제나 함께하고 있습니다. 그리고 굳어져 통증을 유발하는 근육과 힘줄의 스트레칭, 신체기능 퇴화를 최소화하기 위한 근육트레이닝을 위해 전문 트레이너인 오바야시 카즈키가 항상 같이 다닙니다."

검정 양복을 입고 있는 아키와 오바야시 두 사람은 체격이 좋아서 마쓰무라 뒤에 서 있는 모습이 마치 보디가드처럼 보인다고 말하자 마쓰무라가 웃었다.

"가끔 엑스 재팬X JAPAN의 요시키 씨와 만날 때가 있는데 요시키 씨한테는 진짜 보디가드가 붙어 있습니다. 마이크를 차고 동선을 확보하면서 몰려드는 팬들로부터 요시키 씨를 보호하는 사람들이지요. 우리 두 사람도 보디가드처럼 보였다니 좋은데요!"

마쓰무라는 파킨슨병으로 인한 고통조차도 웃음으로 날려버리는 정신력의 소유자였다.

"롯폰기의 밤거리에는 아직도 몰려다니시나요?"

나의 질문에 마쓰무라는 크게 웃었다.

"물론입니다. 시간이 허락하는 한 순찰하고 있습니다."

이렇게 말하며 가게 이름들을 대기 시작했다.

"롯폰기 4번가에 있는 이자카야 '미트맨MEAT MAN'을 운영하는 베이식스의 이와사와 사장은 '롯폰기는 사랑과 욕망과 유혹, 그리고 배반의 거리'라고 말합니다. 그런 롯폰기 중에서도 특히 제가 좋아하는 곳은 스노우치 미호코 사장이 운영하는 '허니Honey'와 다키자와 안나 사장이 운영하는 '반카라BAN×KARA'입니다. '허니'에는 이나켄, 곤도 씨, 요네 씨, 이도 씨와 저 이렇게 5명이 술 1병을 공동으로 키핑하고 있습니다. 러시안 룰렛처럼 보관해 놓은 술병을 비우게 되면 그 자리에 있던 사람이 새 술을 주문해서 다시 키핑하는 식으로 말입니다. 이걸 본 외식업계의 젊은 사장들은 이 보틀 킵 팀의 일원이 되고 싶다고 하더군요. '허니'나 '반카라' 이외에도 와타나베 하루나 사장의 '에이치 바H Bar' 등 여성 사장들이 열심히 꾸려나가고 있는 멋진 점포들에 자주 가고 있습니다."

친구들과 몰려다니며 술을 마시는 즐거움은 지금이나 예전이나 변함이 없다. 그리고 이 즐거움 속에서 마쓰무라는 회사와 직원들에 대해서 생각한다.

"몸의 움직임이 점점 더 부자연스러워지는 것은 파킨슨병의 진행 때문이라고 인정할 수밖에 없지만, 그러나 두뇌는 완전 별개입니다. 오히려 사고력은 더 또렷해지고 제 오감 역시 더 예민해졌습니다."

마쓰무라의 표정이 환하게 빛나고 있었다.

"건강했을 때는 없었던 엄청난 집중력을 발휘할 수 있게 되었습니다. 저도 놀랄 정도랍니다. 업무나 직원들에 대해 생각할 때는 의지, 감정, 감각, 직감 등 모든 것이 또렷해집니다. 정해진 시간 내에 일을 정리하는 능력이 엄청나게 빨라지고 있습니다. 통찰력, 분석력, 결단력도 병을 앓기 전과는 비교되지 않을 정도로 날카로워졌습니다. 그래서 물리적인 이동에는 시간을 많이 빼앗기지만 책상 앞에서는 건강했을 때에 뒤지지 않습니다. 아니 오히려 더 충실해졌습니다. 직원들의 힘과 동료들의 힘을 빌려야 하지만 더 큰 일에 도전한다는 것에 대한 기쁨도 느낄 수 있습니다."

파킨슨병이 마쓰무라의 능력을 한층 강화해주는 기회가 되고 있다는 것이다. 인체가 가진 무한의 가능성을 마쓰무라는 온몸으로 느끼고 있는 듯했다.

"네, 사람이란 정말 대단한 겁니다. 1호점을 오픈했을 때부터 지금과 같은 힘이 있었다면 우리 회사는 현재보다 10배나 커져 있을지도 몰라요."

언제나 현상을 냉철하게 받아들이고 일에 매진하는 마쓰무라지만 원인불명의 병에 걸린 것을 어떻게 받아들이고 있을까? 30대 후반부터 10년간 일에 대한 의욕으로 불타고 있던 마쓰무라이기에 더욱 심각했을 것이다.

"처음에는 병에 대한 것으로 머리가 꽉 차 있었지만 지금은 심각하게 생각하지 않습니다. 그리고 제가 약년성 파킨슨병을 앓게 된 것도 반드시 어떤 의미가 있을 것이라 생각하고 있습니다. 그 의미가 무엇인지는 아직은 알 수 없지만요."

하지만 마쓰무라는 단호히 말한다.

"운명이라고 이해하고 있습니다."

운명이라는 한마디 말로 이 병으로 인한 고통을 납득했다는 것일까.

"받아들이기까지는 10년 가까이 걸렸지만 지금은 진심으로 그렇게 생각하고 있습니다."

여기에는 극적인 심경의 변화가 있었다. 마쓰무라는 마음의 변화를 신중히 이야기하기 시작했다.

"30대 중반이 지나 어깨와 허리에 통증을 느꼈을 때, 단순한 피로라고 생각하고 마사지나 지압 치료만 받았습니다. 불규칙적인 생활을 바로잡고 느긋하게 휴가를 보내면 나을 테니까 언젠가 시간을 내야지 하고 생각했어요. 아직 미덥지 못한 다이아몬드 다이닝을 위해서는 피곤하다거나 쉬고 싶다는 말을 할 때가 아니라고 스스로 채찍질을 하며 일에 몰두했던 겁니다. 헤엄치기를 멈추면 죽는 가다랑어처럼요. 그렇게 가장 활기찬 시기에 신체 이상이 찾아오고 그 원인이 파킨슨병이라는 것을 알게 되었습니다. 처음에는 인터넷을 통해 치료에 대한 정보를 닥치는 대로 모으면서 이건 분명 오진일 것이다, 그저 비슷한 증세를 보일 뿐 금방 나을 것이라며 필사적으로 병을 거부하고 멀리하던 시기도 있었습니다. 하지만 분명히 파킨슨병은 진행되고 있었습니다. 병원에 다니면서 의사의 처방대로 약을 먹었고 그래도 몸이 떨리기 시작하면서 이제 더 이상 도망칠 수 없다는 것을 깨닫게 되자 이번에는 큰 병을 앓은 적도 없고 건강했던 내가 왜 이런 난치병에 걸려야 하는지, 이렇게 열심히 일하고 있는데 왜 그만둬야 하는지, 왜, 왜, 왜, 왜라는 생각이 들었고 상대할 이 없는 분노에 좌절했습니다."

분노의 대상조차 없는 마쓰무라는 어떻게 마음을 정리했을까?

"간단하지는 않았습니다. 지구상에 70억이나 되는 인구가 있고 일본만 해도 1억 3천만 명의 사람들이 있는데 왜 내가 이런 병에 걸린 걸까, 라는 생각만 들었습니다. 열심히 살아온 내가 왜 병에 걸려야 하는지, 뭔가 벌을 받을만한 나쁜 짓이라도 한 것인지, 계속해서 그런 생각밖에 들지 않았습니다. 결국에는 역시 이런 부조리한 것은 절대 받아들일 수 없다며 분노했고…… 그러고는 좌절했습니다."

자신에게 찾아온 현실을 저주하는 것 말고는 달리 마음을 진정시킬 수 있는 방법이 없었던 것이다.

"저주했습니다. 그리고 밤이 되어 잠자리에 들 때마다 '제발 꿈이기를!' 빌었습니다. 하지만 아무리 여러 밤이 지나도 '꿈'이 되지는 않았습니다. 도망치고 분노해도 아무것도 바뀌지 않았습니다. 바뀌지 않는다, 피할 수 없다는 것을 매일 마음에 새기면서 이 고통에서 빠져나가기 위해서는 어떻게 하면 좋을지 겨우 생각하게 되었습니다."

마쓰무라가 도출해낸 답은 건강할 때와 아무것도 바뀌지 않았다.

"일입니다. 저에게는 목표가 있습니다. 고통으로부터 벗어나기 위해서는 일을 해서 목표를 향해 돌진하는 것뿐이라고 생각하고 눈앞에 쌓인 산더미 같은 업무에 매달렸습니다. 다행히도 저에게는 회사가 있고 제가 장담했던 커다란 목표가 있었습니다. 그 목표를 향해서 전력질주 하자며 전직원들에게 호소하며 지시를 내렸던 저이기에 병에 걸렸든 아니든 일에 몰두할 수밖에 없었습니다. 그러자 심각한 생각만 했던 시간이 아까웠고 머릿속에서 소용돌이치고 있던 슬픔과 원망이 사라졌습니다. 온 마음과 몸으로 도전하고자 하는 일이 있다는 것 자체가 저에게는 행운이었던 겁니다."

병마에 굴복하기를 거부한 또 다른 마쓰무라의 일에 대한 열정이 결국 마쓰무라를 구했던 것이다.

"2, 3년 전까지는 파킨슨병에 부르르 떠는 약한 모습의 나, 그런 약한 모습의 자신을 비웃는 쾌활한 나, 이렇게 두 사람이 있었던 것 같습니다. 파킨슨병이라고 진단을 받은 후에도 분 단위로 시간을 쪼개어 일을 하면서 약한 모습의 자신을 비웃는 또 다른 자신이 훨씬 '나답다'는 생각을 하게 되었습니다. 울면서 안에 틀어박혀 있는 마쓰무라는 어릴 때도 본 적이 없습니다. 그리고 무엇보다 힘이 되었던 것은 제가 내세운 무리한 목표에도 싫은 표정 하나 짓지 않고 훌륭히 따라오는 직원들의 모습이었습니다. 그들의 노력에 보답하지 못한다면 무슨 사장이겠느냐라는 생각이 들면 힘이 솟구치며 분발할 수 있었습니다."

이윽고 마쓰무라의 머릿속에 '운명'이라고 하는 단어가 나타났다.

"경영은 현실을 직시해야 합니다. 리얼 월드에서의 싸움인 거죠. 몽상이나 현실도피 같은 것은 있을 수 없습니다. 주식을 상장시키고 100개의 브랜드로 100개의 점포를 열고 주주들과 고객들, 사원들을 위해 다음 목표까지 내세운 내가, 자신이 차린 생업을 망치는 짓을 한다는 것은 꼴불견이고 창피한 일이었습니다. 이런 생각이 들자 30대에 파킨슨병을 앓게 된 인생 역시 나의 인생이라고 있는 그대로 받아들일 수 있었습니다. 그 벽을 넘어서자 다음에는 파킨슨병에 걸린 것에도 의미가 있다는 생각이 들었습니다. 약년성 파킨슨병이라고 하는 병을 앓고 있는 제가 무엇을 할 수 있을까 생각해보니 20대 후반 독립했을 때와 마찬가지로 자신의 가능성에 도전해보고 싶다는 생각이 들었습니다. 저는 대단한 운명론자는 아니지만 초자연적인 힘에 의해 사람에게 닥치는 운명이라든지 이미 정해진 사람의 운이라는 것을 믿기도 합니다. 이 병에 의한 고통, 괴로움을 통해서만 얻을 수 있는 무언가가 있을지도 모릅니다. 그리고 다이아몬드 다이닝의 사장 마쓰무라가 아니라 파킨슨병에 걸린 마쓰무라에게 주어진 미션이 반드시 있을 것입니다. 아니, 있습니다."

그래서 마쓰무라는 마음먹었다고 한다.

"저는 무조건 오래 살 겁니다. 살아 있는 시간을 느끼며 그 시간이 시시각각으로 흘러가고 있다는 것에 대한 긴장감을 잊지 않을 것입니다. 결코 허무하게 죽지 않을 겁니다. 지금은 이 병을 극복한 세계 최초의 인간이 되기 위해 마음을 굳게 다지고 있습니다."

파킨슨병의 증세는 언제나 마쓰무라를 따라다녔다. 하지만 그는 조금도 이 병에 동요되지 않았다. 사람들 앞에 나서서 이야기하고 웃고 움직이던 몸이 소파에 쓰러져도, 앉아 있던 의자에서 미끄러져 바닥에 주저앉아도 그것이 마쓰무라 아쓰히사라고 담담하게 받아들이고 지나갔다.

파킨슨병 환자라고 하는 입장에서도 신세계를 개척해 나가는 마쓰무라는 그의 조용한 열광에 놀라 숨을 죽이고 듣고 있는 나의 얼굴을 가만히 바라보고 있었다. 나는 얼그레이 차 한 잔을 다 마신 후 다시 질문을 시작했다. 다이아몬 드다이닝의 CEO로서가 아니라 본연의 모습으로서의 마쓰무라 아쓰히사를 알기 위한 질문을 이어나갔다.

우선 마쓰무라에게 있어서 가장 중요한 것은 무엇인지 물어보았다.

"아이들입니다. 딸 미유와 아들 나쓰미입니다."

그 대답은 상상할 수 있었다. 딸과 아들이 핸드폰 메신저를 통해 보내주는 그림과 문자들을 보여주며 신나서 이야기하는 마쓰무라를 자주 보았기 때문이다.

"'자식바보'의 모습을 제대로 드러내는 것 같아 정말 쑥스럽지만 제 자식이라고는 생각할 수 없을 정도의 재능을 보면 정말 뛸듯이 기쁘거든요. 미유는 뉴욕에서 고등학교를 다니고 있습니다. 그림에 재능이 있어서 장래에는 예술을 전공할지도 모릅니다. 나쓰미는 도쿄 미나토구의 게임왕이에요. 게임 세계에서는 나름 유명한 중학생인데 성인 게이머들도 못 당한다니까요."

마쓰무라는 그런 보물 같은 아이들과 떨어져 살고 있다. 2009년에 부인 요시코 씨와 이혼한 것이다.

"지금까지의 인생에서 가장 슬펐던 일은 이혼입니다. 결혼생활을 하다 보면 부부에게는 많은 일이 생기지만 저에게는 이혼이라고 하는 선택지만큼은 없었어요. 결혼하면 백년해로하는 거라고 믿고 있었고 아이들과도 떨어져 살고 싶지 않았습니다. 하지만 한 쪽의 마음이 떠나면 아무리 원해도 결혼생활을 계속 유지할 수 없게 되지요. 아내의 굳은 의지를 알게 되었고 저도 이혼에 응했습니다."

독신으로 돌아온 마쓰무라에게는 연애도 더 이상 금기 대상이 아니었다.

"우선 다이어트를 했습니다. 이혼했을 무렵에는 엄청나게 살이 쪄 있어서 여자들이 쳐다보지도 않았어요. 쌀밥을 보리밥으로 바꾸고 다이어트를 시작해서 점점 살이 빠지니까 여자들이 저를 봐주기 시작했지요."

마쓰무라는 언제나 진지했다.

"제가 좋아하게 된 사람을 친구들이나 직원들, 우리 가게 종업원들에게도 소개했어요. 비서인 호리 씨에게는 저의 연애담이라든가 실연, 이별을 가장 먼저 보고했습니다."

그라비아 아이돌(일본의 남성잡지, 사진집 모델로 활동하면서 섹시함을 어필하는 여성 아이돌이나 연예인의 총칭)이나 여배우와의 연애는 주간지의 주요 기삿거리가 되었고 호기심의 대상이 되기도 했다.

자신의 연애 스토리가 세상을 떠들썩하게 만든다는 것에 놀란 마쓰무라는 사람을 좋아하는 에너지가 자신을 살아 움직이게 만드는 강한 자극이 된다는 것을 체험하면서 연애란 좋은 것이라고 절실히 느끼게 되었다.

열린 마음으로 모든 것을 받아들이다

경영자로서 매와 같은 매서운 눈을 가지고 숫자를 쫓는 철저한 리얼리스트 마쓰무라의 본질은 그가 만들어낸 점포들을 통해서도 알 수 있듯이 환상과 몽상을 좋아하는 사람이다.

"리얼리스트가 아니라면 경영은 무리입니다. 다이아몬드 다이닝의 점포를 늘려나가면서 알게 되었죠. 하지만 어릴 때부터 동화를 좋아했고 그 세계를 동경해온 저는 지금도 그 꿈을 잃지 않았습니다. 특히 초현실주의라든가 초능력, 심령술 같은 것에도 흥미가 있습니다. 저에게는 그런 능력이 전혀 없기 때문에 가끔 유명한 선생님들께 상담도 받아가며 놀라기도 하고 야단법석을 떨기도 합니다."

마쓰무라는 주변에서 일어나는 일들에 대하여 귀천을 두지 않는다. 자신을 둘러싼 모든 일들을 잘 익은 과일처럼 여겨서 손을 뻗어 아무 망설임 없이 입으로 가져간다. 그러고는 그 식감과 미각을 언어로 표현하고 향기로운 이미지, 독특한 스토리로 바꿔 나갔다. 마쓰무라가 가지고 있는 점포들에 대한 수많은 아이디어와 콘셉트는 왕성한 호기심과 사람과 사람 사이에 일어나는 일들에 대한 흥미에서 나온 것들이다.

"영화와 책도 좋아해서 연간 수백 작품을 보거나 읽고 있는데 제가 모르는 세상과 시대 속에서 실제로는 만날 수 없는 등장인물이 되어서 그 인물의 감정에 취해보고 싶기 때문입니다. 가장 좋아하는 영화는 멜 깁슨 주연의 '브레이브 하트'입니다. 잉글랜드 왕의 지배하에 있던 스코틀랜드의 자유를 되찾기 위해 싸우는 전사 윌리엄 월레스를 중심으로 한 스펙터클 영화인데 몇 번을 봐도 피가 끓고 힘이 납니다. 영화와 책은 다른 인생을 몇 십 번이나 경험시켜주는 타임머신 같은 존재입니다. 이상한 능력이라고 부정하지 말고 직접 경험해본다면 신선한 충격을 받게 될 겁니다."

벤처에서 상장기업의 CEO가 된 마쓰무라에게는 경영자로서의 엄격함이 있다. 자본주의 경제에 있어서 냉철할 정도로 이익을 추구해야 한다는 것도 잘 알고 있다.

"그래서 뼈를 깎는 고통을 참아가며 며칠 밤을 잠도 자지 않고 일하는 날도 있었습니다. 이에 대한 자부심도 있습니다."

하지만 이렇게 이야기하는 마쓰무라지만 고향에서 바닷가와 야산을 뛰어다니던 시절의 순수했던 마음을 결코 잊지 않았다. 상반된 두 이미지를 아주 자연스럽게 마음속에 채울 수 있는 사람. 그것이 마쓰무라였다.

인터뷰를 마치고 마쓰무라의 자택을 뒤로 한 나는 시바 료타로의 '료마가 간다(고치현 출신으로 일본 역사상 가장 존경받는 청년 인물로 꼽히는 메이지 혁명의 개혁가 사카모토 료마의 일대기를 그린 장편소설)'의 1절을 떠올렸다. 마스다 에쓰추가 사카모토 료마에 대하여 이야기하는 부분이다.

> 현명함은 어리석음과도 닮아 있다고 한다. 날카로움을 드러내며 걷는 남자는 재주 있는 인물로 보이나 2류일 뿐이다. 1류인 사람들은 조금은 바보처럼 보인다. 조금이 아니라 평범한 사람의 눈에는 아주 바보 얼간이처럼 보이기도 한다. 그러면서도 접하는 사람에게 어딘가 강한 인상을 남긴다. 토사에서는 마을 향사(옛날 농촌에 토착한 무사)의 아들이라고 들었는데 저런 사람은 초슈(長州)에는 없다.
>
> — '료마가 간다' 1권 중에서

마쓰무라의 진짜 모습 또한 여러 증언을 통해 전체적인 모습부터 섬세한 표정까지 드러났다. 하지만 그의 인생에 대한 도전을 알게 되면 또 다른 표정들도 많이 접할 수 있을 것이다. 해가 지기 전 거리의 하늘을 올려다보며 나는 이 취재가 언젠가 끝나게 될 것이라는 게 너무나 아쉽게 여겨졌다.

2015년 봄. 초여름을 느끼게 할 정도로 햇빛이 눈부셨던 어느 날 밤이었다. 한 통의 전화가 울렸다.

"안녕하세요. 마쓰무라입니다."

아이폰에서 울려나오는 마쓰무라의 목소리는 맑게 갠 그날의 하늘처럼 맑아서 그의 마음 역시 활짝 개어 있다는 것을 알 수 있었다.

"오늘 니시야마 씨가 별장에 초대해 주셔서 갔다가 방금 전 돌아왔습니다."

사도佐島 별장에 크루저를 소유하고 있는 니시야마는 휴일에는 그곳에서 자주 시간을 보내곤 한다. 그라비아 잡지에서 그 별장을 본 적이 있는 나는 마쓰무라가 그곳에서 잠깐이지만 안식의 시간을 보냈으리라 상상할 수 있었다.

"푹 쉬셨어요?"

"네, 그럼요."

마쓰무라는 어린 아이처럼 신이난 목소리로 아름다운 별장의 모습을 이야기하기 시작했다.

"바다를 정면으로 바라보는 다이닝 테이블, 유리벽을 통해 후지산도 바라볼 수 있는 자쿠지 욕실, 기분 좋은 바닷바람이 부는 아웃도어 다이닝 앞에는 풀장이 있습니다. 벽돌에 하얀 페인트를 칠한 벽도, 천연목을 사용한 바닥도, 니시야마 씨가 엄선한 가구들도, 방마다 다른 조명도, 앤틱 소품들도 모든 것이 최고의 감각이었습니다."

마쓰무라는 이 별장에서 '니시야마 팀'이라고 불리는 지인들과 하루를 보내며 커다란 소파에 드러누워 반짝반짝 빛나는 파도 위를 지나는 바람을 느끼고 있었다고 한다.

"오늘 하루 정말로 편히 쉴 수 있었습니다. 사실은 니시야마 씨가 해주신 말씀을 들려드리고 싶어서 전화한 겁니다."

나는 수줍어하는 듯한 마쓰무라의 이야기를 기다렸다.

"오늘 별장에서 나올 때 일입니다. 니시야마 씨가 현관에서 제가 신발 신는 것을 도와주셨습니다. 그리고 저를 들어 안아서 차까지 옮겨다 주셨어요. 이건 뭐 너무나 송구스러울 뿐이었죠. 외식업계에서는 신이라고 불리는 분입니다. 그런 분이 저를 돌봐주시다니."

마쓰무라의 목소리가 조금 떨리는 듯했다.

"니시야마 씨가 방을 나서기 전에 모여 있던 지인들에게 이렇게 말씀하시는 겁니다. '여러분, 모두 알고 있을 거라 생각하지만 니시야마 팀은 사실 마쓰무라 팀이에요. 모든 것은 마쓰무라를 중심으로 돌아가지. 내가 아니라고. 모두가 마쓰무라를 좋아하게 되었고 그래서 마음을 모을 수 있게 된 거지. 나도 그렇다네. 나는 마쓰무라를 만나 인생이 바뀌었어. 마쓰무라, 고맙네.'"

침묵이 흘렀다.

"그 말을 듣고 가슴이 뜨거워졌습니다."

나는 쉽게 말을 꺼낼 수 없었다.

"니시야마 씨는 저에게 있어서 유일무이한 형님입니다. 제 인생에서 형님이라고 부르는 것은 니시야마 씨뿐입니다. 그런 분이 저로 인해 인생이 바뀌었다고 하시니……. 오늘은 이 세상에 태어나서, 지금까지 살아서 정말로 다행이라고 생각했습니다. 그리고 끝까지 살아남겠다고 다시금 다짐을 했습니다."

마쓰무라는 니시야마에게 파킨슨병이라고 알리지 않았다.

"한 번도 파킨슨병에 대해 말씀드리지 않았습니다. 아프다든가 괴롭다든가 그런 말은 해본 적이 없습니다. 하지만 네 주위에 있는 친구들은 제가 아무 말도 안 해도 모든 것을 알고 지켜보며 도와주고 있습니다. 이런 저를 자기 가족처럼 여기고 파킨슨병으로 꺼져가는 저를 받쳐주고 있습니다. 이런 행복한 사람은 또 없을 겁니다."

마쓰무라는 마지막에 이렇게 말하고 조용히 전화를 끊었다.

"이런 자랑은 아무한테도 할 수 없어서 연락드렸어요. 들어주셔서 감사합니다. 죄송합니다."

그날 밤 마쓰무라의 감격을 되새기며 좀처럼 잠들지 못했다. 그리고 다음 날 새벽, 마쓰무라에게 이런 메일을 보냈다.

'마쓰무라 씨의 모든 것을 문장에 담기 위해서는 마쓰무라 씨 자신의 언어뿐만 아니라 친구분들의 증언이 필요합니다. 마쓰무라 씨에 대한 인상, 체온, 체취 등 이런 것들을 솔직하게 이야기해줄 분들의 증언을 듣고 싶네요. 그 분들로부터 금기사항 없이 마쓰무라 씨에 대한 마음을 전부 듣고 싶습니다. 부디 마쓰무라 씨의 소중한 분들에

대한 인터뷰와 집필을 허락해 주십시오.'

놀랍게도 바로 답장이 왔다.

'물론입니다. 저의 소중한 친구이며 존경하는 선배, 후배님들의 이야기를 꼭 들어주세요. 분명히 저에게는 일생동안 절대 이야기하지 않은 것도 고마쓰 씨에게는 이야기해줄 거라고 생각합니다. 무슨 말을 하든, 어떻게 쓰시든 괜찮습니다.'

'누구의 이야기를 들으면 좋을까요? 죄송하지만 모든 분들의 이야기를 다 들을 수는 없는 일이라서요.'

그렇게 묻자 마쓰무라는 사랑하는 친구들 중에서 5명을 뽑아 이름을 적어주었다.

나는 노트에 마쓰무라의 맹우盟友 5명의 이름을 썼다. 그리고 사전을 찾아 거기에 쓰여 있는 뜻을 함께 덧붙였다.

맹우盟友 : 굳게 맹세한 친구. 동지.

니시야마 토모요시

곤도 타카미

이나모토 켄이치

요네야마 히사시

야스다 히사시

마쓰무라의 맹우들에 대한 인터뷰는 이렇게 해서 시작되었다.

나의 친구 마쓰무라 1 :
겸허함과 헝그리 정신

내가 방문한 곳은 니시아자부에 있는 다이닝이노베이션의 본사였다. 사장실에서 물을 마시고 있던 니시야마는 체크무늬 셔츠에 빈티지 데님을 입고 있었다. 커다란 창문에서 들어오는 햇살이 검게 그을린 니시야마의 얼굴을 비추고 있었다. 마쓰무라에 대한 이야기를 듣고 싶다는 나에게 니시야마는 편안한 얼굴로 하얀 치아를 보였다.

니시야마 토모요시西山知義. 1966년생. '규카쿠牛角', '샤브샤브 온야사이溫野菜', '도마도마土間土間' 등의 사업을 펼치고 있는 레인즈인터내셔널REINS international inc.의 창업자. 2000년 자스닥JASDAQ 상장, 2004년 ampm, 세이죠이시이成城石井를 자회사로 만듦. 2012년 주식회사 다이닝 이노베이션을 설립하여 대표이사에 취임. '야키토리야 스미레YAKITORI-YA SMILE', '킨탄KINTAN' 등을 통해 선풍적 인기를 끌었고 동시에 미국, 영국, 동남아시아 등으로 적극적인 확장을 도모하고 있다.

"마쓰무라는 정말 매력적인 남자예요. 아무튼 붙임성이 좋아서 한 살 연상인 저한테 정말 잘해줍니다. 마쓰무라 덕분에 인생이 바뀌어 버렸다니까요."

업계의 중심에 서 있으면서도 거리를 두고 있던 외식업계. 그러나 마쓰무라와 만나면서 급속히 친해졌고 깊은 관계를 유지하고 있다.

마쓰무라의 매력은 도대체 무엇일까? 니시야마에게 묻자 그는 바로 대답해주었다.

“친근한 붙임성이겠죠. 그리고 다른 사람을 철저할 정도로 배려하는 마음이죠.”

니시야마가 마쓰무라와 만난 것은 다이아몬드 다이닝이 100번째 점포를 달성한 2010년 11월이다. 니시야마는 당시의 일을 떠올리며 다음과 같이 이야기했다.

“아자부주방에 있는 와인바 ‘캐스트78’의 오너인 다카오카 아키코의 소개로 마쓰무라를 제 골프장에 초대했습니다.”

마쓰무라에게 있어서 니시야마는 어떻게든 만나기만을 고대하던 인물이다. 니시야마도 다카오카로부터 마쓰무라가 무척 만나고 싶어 한다는 것을 듣고 어렵게 날짜를 잡았다고 한다.

“가능하면 같은 업계 사람들과는 만나고 싶지 않았지만 다카오카가 몇 번이나 부탁을 해서요.”

니시야마가 소유하고 있는 골프 코스. 이곳에서 니시야마와 같은 조에서 라운딩을 한 마쓰무라는 긴장감으로 목이 바짝바짝 마를 정도였다. 첫 티샷은 왼쪽으로 크게 빗나가더니 덤불 속으로 빠져버렸다. 시작부터 실수투성이였지만 밝은 표정으로 크게 ‘죄송합니다!’라고 외치고는 웃으며 뛰어다니는 마쓰무라에 대해 니시야마는 호감을 가졌다고 한다. 점심도 건너뛰고 휴식 없이 끝까지 라운딩을 마쳤다. 니시야마는 사람들이 많은 레스토랑을 피해서 마쓰무라와 함께 VIP 응접실로 향했다. 폭신한 소파에 앉아 늦은 점심을 함께 들면서 마쓰무라는 긴장한 나머지 굳어버린 성대에서 겨우 목소리를 짜내며 이렇게 말했다.

"니시야마 씨, 초면에 실례라는 것은 알고 있지만 외식업계 경영자로서의 말씀을 듣고 싶습니다."

긴장한 마쓰무라의 표정을 니시야마는 지금도 기억하고 있었다.

"실은 머리 숙여 부탁하는 마쓰무라에게 무슨 얘기를 하면 좋을지 고민했죠. 성품도 좋고 성장 의욕도 강하다는 걸 알았기 때문에 그런 그에게 어떤 이야기를 해주면 좋을지 뭘 전해주어야 할지 잠시 생각했습니다. 저는 아끼는 후배들에게는 지금까지 제가 경험한 것들 중에서 가장 성공 확률이 높은 수단이나 방법을 들려주려고 합니다. 하지만 마쓰무라가 밀어붙여 달성한 다이아몬드 다이닝의 '100브랜드 100점포'라는 방법은 내 방식과는 너무 다르거든요. 리스크가 너무 큽니다. 나라면 절대 안 하죠. 브랜드는 줄여가는 편이 좋고, 그 편이 제대로 갈고 닦을 수 있다고 봅니다. 마쓰무라의 방식은 제 방식과는 완전 반대였어요. 그래서 전혀 다른 노선을 가고 있는 사람한테 뭐라고 해야 할지 고민했던 거죠."

니시야마는 그런 생각을 하며 마쓰무라의 얼굴을 보았다. 허리를 쭉 펴고 똑바로 자신을 바라보고 있는 모습에 마음이 약해졌다.

"그의 얼굴과 눈을 보면서, 아, 이 사람한테는 내가 전해줄 수 있는 걸 제대로 말해주자, 라고 바로 마음을 고쳐먹었어요."

니시야마는 마쓰무라에게 폼을 잡거나 멋있게 보이려 하지도 않고 외식산업 경영자로서의 철학과 경영 방법을 있는 그대로 이야기해주었다.

"저는 처음부터 이렇게 말했습니다. '마쓰무라 씨, 나와는 상반된 길을 걷고 있지만 그건 그걸로 좋다고 생각합니다. 사업 내용은 사장의 취향 문제니까요. 다만 상장이라고 하는 것은 돈을 투자한 주주들에게 최대한의 수익을 올리겠다고 선언하는 것이기 때문에 자기 하고 싶은 것만 우선시해서는 안 된다고 생각해요. 가능한 한 수익을 쫓는 것이 상장기업의 약속이니까요. 그런 의미에서 다이아몬드 다이닝은 더욱더 합리적 경영을 해야 한다고 생각합니다'."

집중하여 귀를 기울이고 있는 마쓰무라에게 니시야마는 진심어린 충고를 한 것이다. 마쓰무라를 위한 '특별수업'의 전모를 니시야마는 나에게도 차분히 설명해주었다.

"한 가지 브랜드로 100개의 점포를 출점시킨다면 철저히 다듬어 나갈 수 있습니다. 아, 다듬는다는 것은 손님들에게도 점포의 입장에서도 이득이 된다고 생각하는 것을 세세한 부분까지 철저히 하는 것을 말합니다. 이것을 저는 다듬는다고 표현하죠."

한 가지 브랜드라면 인건비를 포함한 여러 비용을 줄일 수 있다.

"그리고 실적이 좋은 입지에 대한 분석이 가능해지면 비슷한 조건을 늘려가는 것만으로도 경상이익이 올라가게 되죠. 그런데 100가지 브랜드로 100개의 점포를 낸다면 이런 분석이 불가능합니다. 지금 경영하는 브랜드가 이익을 내고 있다면 같은 것을 반복함으로써 이후로도 확실히 이익을 낼 수 있지만 매번 새로운 것을 하게 된다면 우연히 잘 될 수도 있지만 안 될 수도 있죠. 불안정하고 어떤 의미에서는 도박과도 같은 거죠. 물론 한 가지 브랜드가 아니라 다섯 가지 정도의 브랜드라면 그건 괜찮을 거라고 생각합니다. 고객의 니즈에 부응하기 위해서라도. 하지만 그것도 우선 하나에 집중해서 어느 정도의 수준까지 간 다음에 하는 편이 확률이 높겠지요."

니시야마의 말에 의하면 외식업으로 수익을 내는 방법은 간단하다. 1점포당 최대의 매출을 올리기 위해 노력하는 것, 원가율·인건비율·본사 비용을 절감하는 것이다. 즉 100개의 점포에서 100가지 브랜드로 사업을 영위한다면 본사의 비용은 상승하고 수익성은 악화된다.

"우리 점포에서는 고객의 종류를 네 그룹으로 분류해서 1년 52주간 어떻게 움직이는지 파악합니다. 매출을 많이 올릴 수 있는 시기에 더 많은 매출을 올리는 것을 목표로 삼는 거죠. 52주 동안 매주 테마를 정합니다. 예를 들어 여름방학 때는 가족동반 손님이 증가하므로 방학이 시작하기 직전에 가족들이 좋아하는 상품을 준비하고 가족이 즐겨보는 대중매체에 광고를 내고 직원들의 접대 멘트까지 준비합니다. 52주간 세부 계획을 짜는 거죠. 메뉴도 예를 들어 고기를 먹을 때 가족 단위 손님들은 어떤 전채음식을 좋아하는지, 여자끼리 온 손님, 연인들은 어떤지 세분화해서 준비합니다. 고기, 샐러드, 디저트에 이르기까지 모두 네 분류의 고객층에 맞추어 준비함으로써 모든 고객들이 좋아할 만한 최상의 메뉴와 조합을 찾아내는 겁니다. 또한 가장 인기 있고 원가율이 낮은 것을 전면에 내세워서 주문하는 고객들이 그 메뉴를 선택하도록 설계하지요."

이것이 니시야마가 '규카쿠牛角'에서 실시한 전략이었다. 니시야마는 첫 대면의 긴장감에 싸여 있는 마쓰무라의 마음을 간파하고 있었다.

"브랜드 종류를 늘리면 떠맡게 될 리스크가 커집니다. 아주 엄청난 일을 하고 있는 거지. 그러다 결국 모든 것을 다 파악하지 못하게 되는 거죠. 마쓰무라는 '100브랜드 100점포'를 달성했다는 사실에 취해 있겠지만 앞으로 어떻게 해야 할지 고민했던 겁니다. 다음 비전에 대해서 약간은 망설이고 있었던 것이죠."

마쓰무라의 고민을 알아챈 니시야마이기에 날카로운 시선을 던지며 마쓰무라에게 구체적인 조언을 잊지 않았다.

"당시 마쓰무라에게 컨설턴트회사의 도움을 받는 것도 제안했습니다. 외식업계 경영자들은 수치관리나 경영전략 같은 면에서 약하거든요. 어느 정도 수익을 냈다면 기본 구조부터 다시 견고하게 만들어갈 필요가 있죠. 그 시스템을 만들어줄 인재가 필요하다고 생각한 겁니다. 마쓰무라 사장은 굉장히 감각이 뛰어나서 다양한 브랜드를 창조해내고 있고 부하직원들도 우수해서 비교적 입지가 좋은 곳에 가게를 오픈시키고 있죠. 하지만 언젠가 업태에 따라서는 경영난이 발생하게 될 거고 이를 해결할 방법이 필요하게 되죠. 예를 들어 '규카쿠'라면 한 점포가 어려워질 때 다른 점포가 잘되는 이유를 보면 실패 이유가 명확해집니다. 그 점을 개선하든지 아무래도 입지 때문에 안 될 것 같으면 폐점하는 수순을 밟지요. 하지만 다이아몬드 다이닝과 같이 여러 브랜드를 전개시킨다면 어디가 왜 실적이 저조한지 제대로 진단할 수 없게 되지요. 유난히 잘되는 브랜드, 점포 확장이 가능한 브랜드가 분명 몇 개쯤 있을 테니까 컨설턴트의 힘을 빌려서 이 점을 파고드는 편이 좋지 않겠냐고 이야기해 주었습니다."

니시야마는 몇 번이나 머리를 깊이 끄덕이는 마쓰무라의 얼굴을 잊을 수 없다고 했다.

"외식업은 1억이든 100억이든 자금조달, 인재채용 같은 게 굉장이 어려워요. 이걸 극복하기 위해서는 고생도 많이 해야 하고. 하지만 주식상장을 하게 되면 다소 자금도 들어오고 강연 의뢰를 받기도 하고 파티에 초대되어 대단한 사람이 된 것 같은 느낌이 들기도 하죠. 그러다 보면 자신이 누군지 잊어버리게 됩니다. 좋은 평가를 받는다는 것은 고객들의 만족에 힘입어 한 점포 한 점포가 수익을 내고 있기 때문인데 그것을 잊은 채 자신의 유명세만 생각하는 겁니다. 자기 자신을 제대로 보지 못하면 언젠가 우당탕 소리를 내며 무너지고 맙니다. 부끄러운 사장이 되는 거죠. 저는 마쓰무라가 그런 사장이 되게 놔둘 수 없다고 생각했어요."

결국 처음 만난 그날 골프를 마치고 시내에 있는 고급 초밥집으로 자리를 옮겨 이야기를 나누고 이어서 '캐스트78'까지 들르면서 마쓰무라의 질문 공세에 시달려야 했다. 나중에 마쓰무라는 니시야마와 만난 그날을 이렇게 기억했다.

"그때는 망치로 머리를 얻어맞은 듯한 충격을 받았습니다. 제 주변에는 보통 사람들과 다른 일을 벌이는 저에게 재밌다, 잘한다고 말해주는 사람들뿐이었거든요. 하지만 저는 아프지만 정말 필요한 말을 해줄 사람을 찾고 있었던 겁니다. 경영자란 어떤 존재인지, 그 핵심을 정확히 짚어주신 니시야마 사장님을 만나고 나서 제 삶이 바뀌었습니다."

이 이야기를 니시야마에게 전하자 그는 소리를 내며 웃었다.

"그런 솔직함과 순수함에 넘어갔다니까요."

처음 만난 날, 조용히 이야기를 듣는 마쓰무라를 보면서 니시야마는 마쓰무라를 믿어보자고 생각했다.

"말해도 변하지 않는다면 말할 의미가 없죠. 정말 마음에 남을 이야기를 해주고 싶었죠. 말해도 이해하지 못한다면 적정한 선에서 교제를 하면 되지만 마쓰무라의 눈동자를 보면서 이 사람과는 그렇게 되지 않을 것이라는 확신이 있었습니다."

니시야마의 예감대로 두 사람은 그저 그런 일반적인 교제에 그치지 않았다.

마쓰무라가 말하는 니시야마의 대단함은 자신의 성공 노하우를 후배나 경쟁상대에게도 쉽게 알려주고 공유한다는 것이다. 니시야마는 그에 대해 당연하다는 듯 아무렇지도 않게 말한다.

"노하우를 알려줘서 좋아진 사람들이 늘어난다는 것은 결국 이 업계의 성장인 거죠. 저는 그게 가장 중요하다고 생각합니다. 다른 사람들한테 알려주었다고 해서 나의 비즈니스가 마이너스가 될 거라고 생각했다면 말했을 리가 없지요. 노하우나 스킬을 알려줘서 그 덕분에 나타난 라이벌한테 진다면 그건 자기 노력이 부족했기 때문일 거고, 자기가 더 경영을 잘하면 되는 거지요. 하지만 제가 말하는 것을 제대로 이해하고 실행에 옮기는 사람은 실제로는 얼마 안 됩니다. 쉽지 않은 이야기이니까요."

마쓰무라는 자신이 동경하는 니시야마를 자기 친구들이나 후배들에게도 소개했다.

"그때까지는 저는 가능하면 동종업계 사람들과는 어울리지 않으려고 했었어요. 같은 무대에 있으면 알력도 있을 거고 상하관계를 따지는 것도 귀찮고. 겐토샤(출판사)의 겐조 씨, GMO(인터넷 관련업)의 구마가이 씨, 에프플레인(각종 비즈니스 지원업)의 히라노 씨, 넥시즈Nexyz(지주회사)의 곤도 씨처럼 전혀 다른 세계 사람들하고만 어울려서 식사를 하거나 놀러 다녔던 거죠. 그런데 그날, 마쓰무라를 만난 후로 제 주변에 외식업계 후배들이 모이기 시작했는데 이 사람들도 정말 좋은 사람들이어서 어느 날 보니까 제 주변에 있는 대부분의 사람들이 같은 외식업계 사람들이더라고요. 마쓰무라는 그들한테도 도움이 될 테니까 내 이야기를 들려주고 싶었던 거겠죠. 처음에는 귀찮았는데 만나 이야기를 하다 보니 다들 너무 좋아하고 저도 즐겁더라고요. '알려준다'고 하는 새로운 즐거움을 마쓰무라 덕에 알게 되었다고 할까요. 내로라하는 사장들이 '말씀을 듣고 싶다'며 나한테 오니까 나도 존재가치가 있구나 하는 생각도 들게 되었습니다."

마쓰무라는 진짜 라이벌이라고 인정하는 에이피 컴퍼니Ap company의 요네야마 히사시 사장조차도 니시야마에게 소개해주었다. 그것도 니시야마와 처음 만나 골프를 쳤던 날 밤 '이런 행복을 나만 느낀다면 벌을 받지'라며 요네야마를 불렀던 것이다.

"절묘한 타이밍에 쓰카다노죠塚田農場(이자카야)의 요네야마가 나타나서 다이아몬드 다이닝의 시가총액을 떡하니 눌러버렸죠. 좋은 의미에서 경쟁심도 생겼을 겁니다. 마쓰무라는 요네야마를 좋아하면서도 뒤쳐지는 것 같아 초조하기도 했을 겁니다. 그런데도 '요네야마도 꼭 니시야마 사장님의 이야기를 들어야 한다'며 나한테 데리고 온 거죠. 이런 게 마쓰무라의 대단한 점입니다. 정말 겸허하다니까요."

니시야마는 이야기를 이어갔다.

"겸허함의 근원은 헝그리정신이죠. 헝그리정신이라고 하는 것은 현실의 자신과 목표치와의 차이. 야구의 이치로 선수도 그렇지만 우수한 선수는 아무리 성과를 올려도 절대로 기고만장하지 않아요. 본인이 겸허하지 않으면 다른 사람들의 의견을 듣지 못하게 되고 여러 면에서 배우지 못하게 되니까요. 자신을 낮은 곳에 두고 전체를 둘러볼 것인지 자기가 위에 서 있다고 착각해서 자기 발밑만 볼 것인지 결정해야 합니다. 어느 시점을 취할 것인지에 대한 문제라고 생각합니다. 마쓰무라는 누구보다도 겸허하고 그래서 누구보다도 '헝그리'하고 넓은 시야를 가지고 있습니다."

마쓰무라가 니시야마 씨를 피를 나눈 형처럼 여기고 있다고 전해주자 그의 얼굴에 웃음이 가득했다.

"저도 마찬가지입니다. 마쓰무라가 없는 인생은 이제 생각할 수도 없어요. 그와 함께 있으면 즐겁고 일에 대한 이야기를 해도 노는 이야기를 해도 마음이 통하고 서로 자극을 받고 있습니다."

마쓰무라와의 만남은 니시야마에게 있어서 커다란 전환점이 되었다. 니시야마는 '마쓰무라에게는 사람과 사람을 만나게 해서 화학반

웅이 일어나게 하는 힘'이 있다고 했다.

"마쓰무라는 아무튼 특별하잖아요. 두뇌 회전도 빠르고 지식인이고 그러면서도 타고난 엉뚱함이 있어서 '아니, 지금 너 뭔 소리하는 거냐'며 면박 주는 맛이 있다고 할까요. 게다가 서비스 정신이 대단하죠. 언제나 다른 사람들을 위해 전력을 다하는 마쓰무라의 모습은 신선하면서도 매력적입니다. 저를 위해서 1년에 한 번 성대한 생일파티를 열어주는데 그렇게까지 해주는 것에 대한 감사의 마음은 절대 사라지지 않을 겁니다. 일생동안 은혜를 갚아나가야 할 것 같은 마음이 들 정도지요. 그리고 저를 다른 많은 선배들과는 확연히 다르게 대해 줍니다. 집사람은 마쓰무라의 광팬입니다. 만날 때마다 '마쓰무라 씨, 우리 남편한테 그렇게 잘 해주셔서 정말로 고마워요'라며 감격하고 있지요."

만난 지 몇 개월 만에 사적으로도 자주 식사를 하게 된 마쓰무라는 니시야마에게 있어서 세상에서 가장 마음 편히 이야기할 수 있는 상대가 되었고 함께하면 가장 즐거운 존재가 되었다.

"마쓰무라의 밝은 모습이 제 마음을 위로해줍니다."

마쓰무라는 병을 앓고 있으면서도 사람들을 즐겁게 해주기 위해서 마이크를 잡고 무대에 섰다.

"저 에너지는 어디에서 나오는 걸까 싶어요. 레드레인저 분장을 하고, 사와다 겐지沢田研二(가수)와 히카루 겐지光GENJI(옛 남자 아이돌 그룹) 흉내를 내고, 그 다음에는 엘비스 프레슬리 분장을 하고 그 다음에는 빨간 셔츠에 빨간 팬티를 입고 8.6초 바주카8.6秒バズ—カ—(개그

맨 콤비) 흉내를 내고, 멤버들까지 모아서 세카이노 오와리(록밴드)까지 연출하더라고요. 첫 번째 파티 때는 '사장이나 되서 뭐하는 거야!'라고 생각했었는데 회사 사업계획을 짜듯 매년 새로운 캐릭터를 발표하는 것을 즐기고 있더군요. 마쓰무라한테는 꽤 중요한 일들 중 하나인 겁니다."

이제 두 사람은 자신들의 성장과정과 과거의 좌절, 콤플렉스까지 공유하는 사이가 되었다. 마쓰무라는 학원 수업료를 수표로 냈다가 학원 선생님한테 '이런 건 돈이 아니다'며 돌려받았던 이야기를 했고 니시야마도 힘들었던 경험을 이야기했다.

"어릴 때 아버지 회사가 도산해서 집을 날리고 어머니가 슬퍼하던 모습을 보며 컸죠. 경영자 중에는 그런 콤플렉스가 있는 사람들이 많습니다. 돈이란 것은 자기 자신을 위해서 필요한 것 같지만 실은 그런 것만은 아니죠. 누군가에게 인정받고 싶다거나 가족을 지킨다거나 후배들을 위해 한 턱 낸다거나 그러기 위해 필요한 겁니다. 가난을 겪으면 돈이 중요하다는 것을 알게 되죠. 그래서 돈을 버는 방법에 있어서도 더 진지해집니다."

돈이 없을 때의 괴로움을 겪었고 이것이 동기가 되어 기업을 일으킨 니시야마는 사원들을 두게 되면서 가족에 대한 것도 생각했다. 사업을 이끌어 나가면서 느끼는 두려움과 희망, 그 두 가지를 다 느끼고 있다고 한다.

마쓰무라는 업무적인 이야기든 사적인 이야기든 개의치 않고 들어주는 니시야마가 고마웠다고 했다.

"설교하지도 놀리지도 않아요. 이야기를 듣고 상담도 해주셨어요. 저는 니시야마 씨를 마음으로부터 존경하고 있지만 조심스러워하진 않습니다. 온몸으로 맞딱드린다고 할까요. 니시야마 씨한테는 그런 걸 받아주는 도량이 있으니까요."

니시야마 역시 마찬가지였다.

"평생 변하지 않을 거라는 생각이 듭니다. 진심으로 그렇게 생각해요. 하고 싶은 말을 할 수 있고 칭찬도 하고 혼을 내기도 합니다. 서로 부끄럽게 여기는 것도 없고 마쓰무라를 위해서라면 뭐든 할 수 있으니까요. 다만 걱정인 것은 마쓰무라의 건강뿐입니다."

마쓰무라는 파킨슨병을 니시야마에게 말하지 않았다. 니시야마에게 쓸데없는 걱정을 끼치고 싶지 않았기 때문이다.

"제가 마쓰무라한테 화를 낸 적이 있습니다. 왜 나한테 이야기하지 않느냐고. 괴로운 것도 힘든 것도 나한테만은 무슨 이야기든 하라고 말이죠."

니시야마가 목숨을 걸어서라도 마쓰무라의 병을 고치겠다고 한 말은 진심이었다. 니시야마는 본격적으로 파킨슨병의 치료 정보를 수집해서 그때그때 마쓰무라에게 전했다.

"일도 성공하고 많은 사람들을 만나고 가장 왕성하고 즐거워야 할 시기에 그런 병을 앓게 되다니……. 말로 표현할 수 없을 정도로 괴로울 거라고 생각합니다. 그런데도 주변 사람들에게 걱정이나 피해를 끼치지 않으려고 노력하고 있죠. 이제는 자기 자신한테 온 시간을 써야 하지 않을까 생각이 들 정도로 자기 일은 뒤로 미루고 있어요. 고객들을 생각하고 언제나 동료들을 배려하는 그이기에 어떻게 해서든 병을 고쳐주고 싶어요."

니시야마는 마쓰무라를 보고 있으면 스티브 잡스의 말이 떠오른다고 했다.

"췌장암으로 56살에 세상을 뜬 그는 '매일 오늘이 최후의 날이라고 생각하며 산다'는 말을 했는데 좋은 의미에서 이 말처럼 강한 의지를 나타내는 말은 없는 것 같아요. 서두르다가 소중한 것들을 생략하게 된다면 의미가 없지만 제대로 쌓아올린 다음에 서두르는 거라면 그 나름대로 괜찮은 거라는 생각이 듭니다. 마쓰무라는 지금 서두르고 있습니다. 그 모습에서 저도 힘을 얻는 것 같습니다."

니시야마에게 마쓰무라라고 하는 사랑하는 후배에게 마지막으로 메시지를 남겨 달라고 했다.

"사업의 방향성도 현격히 좋아지고 있다고 봅니다. 투자가들이 반응하고 있는 것도 그 때문이겠죠. 더 다듬어서 키워나가면 좋을 거라는 생각이 들고 마쓰무라가 지금 병마와 싸우고 있는데도 이만큼 회사의 상황이 좋다고 하는 것은 조직이 굉장히 탄탄하다는 것이겠죠. 마쓰무라는 정말 멋진 회사를 만들었다고 생각합니다."

나의 친구 마쓰무라 2 : 적을 만들지 않는 동업자 정신

언제나 조용하게 말하던 마쓰무라가 흥분된 어조로 이야기한 적이 있다.

"고마쓰 씨, 일본인한테 있어서 자획字劃은 정말 중요한 겁니다. 운명을 좌우하기도 한다네요."

"그런가요?"

"자획을 봐주는 선생님을 알고 있습니다. 다음에 소개해드릴게요."

"네, 꼭이요."

"그런데 이 선생님이 보신 것 중에서 완벽한 자획을 가진 남자가 있었습니다."

"누군데요?"

"주식회사 넥시즈의 사장 곤도 타카미 씨입니다. 획수가 완벽해서 더 이상 좋은 자획이 없다네요. 고마쓰 씨, 저는 곤도 타카미 씨의 광팬이기도 한데 그 분은 넥시즈의 사장으로 끝날 사람이 아니에요. 반드시 나라를 움직일 인물이라고요. 만나고 싶지 않으세요?"

"네 만나고 싶어요."

곤도 타카미近藤太香巳. 1967생. 주식회사 넥시즈Nexyz 대표이사. 19살에 50만 엔을 자본금으로 회사를 창업했고, 34살에 나스닥 재팬 NASDAQ(현재 JASDAQ)에 주식상장, 37살에 2004년 당시 최연소 사장으로서 도쿄증권거래소 1부에 상장하게 된다. 프로모션&마케팅을 구사한 비즈니스 모델로 10개 그룹사까지 성장했으며 LED조명 렌탈사업, 전자잡지 출판사업 등 모두 일본 최고의 규모를 자랑한다. 일본 벤처어워드JAPAN VENTURE AWARD 2006 최고위 경제산업대신상 수상.

이렇게 해서 마쓰무라는 곤도 씨를 나에게 소개해주었고 나는 바로 곤도 씨를 취재할 수 있는 기회를 얻게 되었다. 곤도 씨의 드라마틱한 지난 세월과 일에 대한 열정이 얼마나 놀랍고 감동적인지 말하자 마쓰무라는 자랑스러운 듯이 말했다.

"그렇죠? 곤도 씨는 저와 같은 나이인데 저를 가장 가슴 뛰게 만드는 벤처기업인이고 스타입니다. 저처럼 보잘것없는 사람에게는 마치 구름 위에 있는 존재였습니다."

2004년. 경제산업성이 개최한 드림게이트프로젝트에 곤도는 강사로 등단했다. 마쓰무라는 강연을 들으러 간 한 사람의 수강생에 불과했다. 강사마다 따로 부스가 마련되어 있어서 순서대로 각 부스를 돌며 이야기를 듣는 것인데 마쓰무라는 아직 이야기해본 적도 없는 곤도만을 주시하고 있었다.

마쓰무라는 당시 이렇게 생각하고 있었다고 했다.

"수 만 엔의 참가비를 내고 이 드림게이트프로젝트에 참가한 것은 이 사람을 만나기 위해서였습니다. 절대로 이 사람을 눈앞에서 놓치지 말아야겠다고 생각했었죠."

마쓰무라의 책을 위한 인터뷰라고 하자 곤도는 분 단위로 짜인 스케줄을 조정해서 시부야구 사쿠라가오카쵸에 있는 본사 응접실에서 나를 기다리고 있었다. 빛을 발하는 것 같은 웃는 얼굴과 환한 목소리는 만나는 이들의 마음까지 생기 있게 만들었다.

마쓰무라가 말한 드림게이트프로젝트의 기억을 전해주자 곤도는 감개무량한 듯 미소를 지었다.

"그건 몰랐네요. 정말 영광스런 일입니다."

마쓰무라는 같은 나이의 곤도를 엄밀히 말하면 학년이 하나 밑인 곤도를 아직도 '곤도 씨'라고 부른다.

"하긴 저는 맛짱(마쓰무라의 애칭)이라고 부르는데 마쓰무라는 곤도 씨라고 부르네요. 방금 그 얘기를 듣고 보니 애초에 강사와 수강생이라고 하는 관계로 만났기 때문인가?"

드림게이트프로젝트 이후 몇 년이 지나서 서로 아는 친구의 소개로 알게 된 두 사람은 그다지 많은 시간을 보내지 않고도 서로를 절친한 사이로 생각하고 있었다.

"제가 마쓰무라의 팬이 되고 나서 정말로 친해진 것은 7, 8년 전부터였을 겁니다. 우리는 업계가 서로 달라서 사시사철 일 얘기를 하는 것도 아니지만 지금 가장 친한 친구를 한 사람 대라고 하면 무조건 마쓰무라입니다."

가까이서 마쓰무라를 보게 되면서 그의 팬이 된 사람은 자기뿐만이 아니라고 했다.

"'100브랜드 100점포'를 달성한 파티에서 주변을 둘러보고 아주 이상한 기분이 들었습니다. 제가 있는 IT업계보다도 음식업계는 아날로

그적인 정서가 강하다는 것을 알게 되었죠. 즉 하트 투 하트heart to heart의 서비스를 하는 업계니까요. 그런 유대감이 다른 업계보다 강하다는 것은 알겠지만 그렇다하더라도 마쓰무라가 대단한 건 뭐냐면 보통 저렇게까지 모두가 축하할까요? 모두 진심으로 마쓰무라에게 '축하한다'고 하더군요. 목표달성 기념 파티, 즉 다이아몬드 다이닝의 축하 잔치에서 모두가 '맛짱~!'이라고 소리치며 열광하는 겁니다. '주간 다이아몬드' 인터뷰에도 마쓰무라는 파워레인저를 흉내낸 복장을 하고 나왔어요. 다른 상장회사 사장이 그랬다면 손가락질 당했을 겁니다."

마쓰무라가 세카이노 오와리의 후카세 복장을 하고 등장했을 때, 당시의 동영상을 곤도는 자신의 페이스북에 올렸다. 눈 깜짝할 사이에 재생횟수가 5000을 넘었다고 한다.

"마쓰무라가 모두의 마음을 사로잡은 것은 상장기업의 CEO여서가 아닙니다. 모두를 꼼짝 못하게 하는 '무언가'를 가지고 있기 때문이에요. 마쓰무라는 나한테 '곤도 씨는 모든 사람한테 사랑받고 있다'고 하는데 그럼 저는 언제나 '당신이 훨씬 사랑받는 캐릭터랍니다'라고 대답하죠."

친하다는 이유로 무리한 일을 부탁하나 싶었는데 마쓰무라는 학생들이 친구에게나 하는 사소한 것을 곤도에게 부탁한다고 했다.

"예를 들면, '여행을 가야 하니까 자기가 키우는 개를 맡아달라'는 겁니다. 저는 '애지중지하는 개라서 펫호텔에 맡기고 싶지 않나보군, 나한테 맡기고 싶은 거구나'라고 생각했죠. '곤도 씨, 잠깐 와줘요'라는 전화를 받고 직접 운전해서 마쓰무라 집까지 개를 데리러 갔어요. 그 시점부터 오히려 거만하게 나오는 겁니다."

마쓰무라의 타워맨션에 도착해서 전화를 하니까 '곤도 씨, 잠깐 기다려요'라고 해서 30분이나 기다린 적도 있다.

"자신은 맨션에 있던 게 아니라 밖에서 들어오는 길이었죠. 안고 있던 개를 저에게 안겨주면서 '그럼 부탁합니다'라더군요. 저는 가만히 개를 안아들고 마쓰무라와 개에게 '당분간 이별이네. 쓸쓸하지?'라고 하니까 그 사람이 뭐라고 한 줄 알아요? '곤도 씨, 빨리 가요. 그 녀석은 별로 나를 따르지도 않아'라고 하는 겁니다. 저를 테스트하는 건지 저한테 응석을 부리는 건지 모르겠어요. 그러고 나서는 그 개를 데리러 오지도 않는 거예요. 2주일 정도 맡았었나? 그 사이에 저도 출장 갈 일이 있어서 사장실 직원들이 교대로 순번을 정해서 개를 돌봤습니다. 개가 배탈이 났을 때는 '죽으면 큰일이다'며 상태를 기록하는 진료 차트까지 만들었다니까요. 나중에 제가 마쓰무라 집에 놀러 갔을 때였는데 그 개가 마쓰무라가 아니라 저한테 달려오더라고요."

동경하는 사람한테 대놓고 응석부리는 마쓰무라. 곤도는 이렇게 분석했다.

"마쓰무라는 마음속으로 자기를 따르는지 아닌지 시험해보는 거죠. 그래서 제가 자기 생각대로 움직이는 걸 보고 키득거리기도 하고 뭐 놀리는 거죠. 장난꾸러기예요. 그게 또 귀여워서 모두가 마쓰무라를 위해 움직이고 싶어지는 거지요."

곤도 씨라고 씨자를 붙여서 부르면서도 마쓰무라는 곤도를 어려워하지 않는다.

"저를 보고 벨트도 혼자 못 매는 '도련님'이라고 부릅니다. 그런데요, 마쓰무라는 만날 세카이노 오와리나 니시키노 아키라, 히카루 겐지 같은 사람들 복장을 따라 하잖아요? 전부 다이아몬드 다이닝의 직원들이 입혀주는 거예요. '너도 아무것도 못하잖아, 애기 아냐?'라고 놀리면 천진난만한 얼굴로 웃는 겁니다."

곤도는 그런 마쓰무라의 매력을 거부할 수 없다며 웃는다.

"누가 봐도 제가 형처럼 보이죠. 그런데 언제부턴가 마쓰무라한테 이용당하고 있다고요."

마쓰무라, 곤도, 에이피 컴퍼니의 요네야마, 이렇게 셋이서 식사를 하러 갔을 때는 이런 일도 있었다고 한다.

"마쓰무라는 제가 이야기할 내용에 대해 '그 얘기 해줘봐'라며 요청합니다. 하나가 끝나면 또 하나. 저는 요네야마 씨한테 계속 말만 하고 있고 식사에는 전혀 손도 대지 못했죠. 그러고는 마지막에 '곤도 씨, 역시 대단해'라고 말하며 히죽 웃어요. 그런 식으로 이야기하면 몇 번을 당해도 할 말이 없어요."

곤도는 가끔 마쓰무라와 함께 토크쇼나 대담식의 강연을 의뢰받기도 하는데 그 때마다 이야기를 하는 건 언제나 곤도다.

"제가 90~95% 정도 떠듭니다. 만약 상대가 마쓰무라가 아니라면 저는 '당신도 뭐든 더 말 좀 하라고'라든지 '맞장구만 치고 있는 거냐'며 화를 냈을 겁니다. 그래도 그런 캐릭터가 왠지 강연회장에서는 먹히는 겁니다. 제가 열심히 어떤 이야기를 하고 나면 마지막에 마쓰무라가 '하지만 이렇지요'라고 숟가락만 얹어서 전부 자기 이야기로 만드는 겁니다. 그러면 강연회장은 웃음바다가 됩니다. 주변 사람을 믿게 만들기도 하고 진지하게 만들기도 하고 끌어당기는 힘이 있는 거죠. 그런 사람은 또 없을 겁니다."

선배 취급을 받지만 마쓰무라한테는 절대 이길 수 없다고 곤도는 말한다. 그건 하늘에서 내린 것 같은 한 마디 말을 들었기 때문이다.

"'100브랜드 100점포' 달성이 어떻게 가능했을까 물어본 적이 있어요. 한 가지 브랜드로 100개의 점포를 내는 것이 아니라 100개를 모두 다르게 만든 거니까 뭔가 마쓰무라의 특별한 비결이 있을 거라고. 어떤 의지가 담긴 말이나 철학이 있을 거라고 생각한 거죠. 그런데 마쓰무라는 딱 한 마디뿐이었어요. '모두 열심히 하고 있는 겁니다'. 그 순간에 저는 '천재다, 이 사람은'이라고 진심으로 생각했죠."

마쓰무라는 불필요한 것은 아무것도 말하지 않는다. 맡겼으면 끝까지 믿는다. 그런 자세가 직원들의 자주성과 창조성을 키우고 있는 것이라고 곤도는 생각하고 있었다.

"마쓰무라 회사 직원들은 멍하니 있는 사람이 없어요. 모두 움직이고 있죠. 그건 마쓰무라가 신뢰하고 있기 때문입니다. 마쓰무라가 하는 건 '이런 가게라면 좋겠다'는 스케치뿐이지요. 나라면 스케치를 그린 다음에 열심히 덕지덕지 색칠을 할 겁니다. 색칠을 하면서 다른 직원들이 칠하는 색에 대해서 이런저런 잔소리를 할 거고 결국은 제가 다 하려고 할 겁니다. 마쓰무라는 스케치만 하고 스케치조차도 그리다 말아요. 말하자면 통째로 맡기는 수법인거죠."

직원들은 그걸 멋있다고 생각하고 사장님을 위해서 움직인다. 일사분란하게 하나가 되어서.

곤도는 좋아하는 경영자가 많이 있다.

"그렇게 좋아하는 경영자들과 진검을 들고 싸우게 된다면 어떻게 될까 상상해보곤 합니다."

예를 들어 손정의孫正義(소프트뱅크 대표) 대표와 붙는다면…….

"검을 들고 싸우러 간다면 손 대표한테는 단칼에 저지당하고 역으로 베일 것 같은 이미지가 떠오릅니다. 그는 내가 우세하다고 생각될 때도 찰나에 뒤집어버리는 기백을 가지고 있죠."

마찬가지로 마쓰무라와 검으로 대결하는 것을 상상해본다. 만약 두 사람이 메이지유신 시대에 태어나 뜻을 달리한다면?

"그런데 아무리 생각해도 마쓰무라만큼은 베고 싶지 않네요. 제가 신센구미新撰組(에도 말기 막부 반대파를 진압하던 무사의 패)고 마쓰무라가 반대파라고 해도 분명 죽이지 못할 것 같아요. 요점은 칼을 빼서 싸우고 싶지 않은 거지요. 마쓰무라를 적이나 라이벌이라고 생각할 수 없는 거죠. 사람을 그렇게 만듭니다. 마쓰무라가 판타지스타Fantasista라고 불리는 이유죠."

현재의 경영자들은 검 없이도 주가나 경영지수로 격렬한 승부를 벌이며 경쟁하고 있다.

"마쓰무라의 회사 시가총액이 올랐습니다. 보통은 다른 사람 회사의 시가총액이 오르면 초조해지기도 하고 저항감이 들어서 얼굴을 찡그리게 되죠. 하지만 마쓰무라 회사의 시가총액이 올랐을 때는 '축하하네, 뭔가 선물해줘야 하는데'라는 생각이 들고 정말로 그렇게 말해주었죠. 그 말을 듣고 마쓰무라가 뭐라고 했을 거 같아요? '곤도 씨, 주가가 올라서 지금은 우리가 더 돈이 많으니까 괜찮아요'라고 하더라고요. 뭐지, 저 거만함은? 정말 배꼽을 잡고 웃고 말았어요."

곤도에 대한 이야기를 마쓰무라한테 몇 십 번이나 들었지만 그의 무용담, 얼마나 열심히 일을 하는지 들을 때마나 감동하게 된다. 마쓰무라한테 들은 이야기를 전하자 곤도 역시 마음 깊은 곳에서부터 마쓰무라에게 감사하고 있었다.

"마쓰무라는 언제나 나서서 제 프레젠테이션을 해줍니다. 제가 하고 있는 LED조명 렌탈사업도 마쓰무라가 길을 터주고 있어요. 제가 레스토랑이라든지 숙박 업계는 전혀 모르는데 그쪽 분야에서 비즈니스를 할 수 있도록 스스럼없이 관계자를 소개해주죠. 이렇게 순조롭게 일이 풀리는 것은 마쓰무라 덕분입니다."

곤도는 이런 마쓰무라의 도움에 보답을 하고 싶었다.

"마쓰무라가 LED조명 렌탈 고객을 소개해준 데 대해서 뭔가 보답을 하고 싶었어요. 식사를 할 때는 언제나 다이아몬드 다이닝이 경영하는 가게로 갑니다. 다들 취기가 올랐을 때는 보통 싼 와인을 주문하죠. 어차피 맛을 모르니까. 하지만 저는 마쓰무라에 대한 감사의 마음으로 돈을 쓰고 싶은 거예요. 그래서 '오퍼스 원Opus One 와인을 있는 대로 다 가져와!'라고 주문했죠. 그런데 모두들 '곤도 사장님 정말 대단합니다. 오퍼스 원을 있는 대로 다 가져오라고 하시다니 정말 멋있어요'라고 하는 겁니다. 마쓰무라를 위해서 한 행동인데 오히려 이게 전설이 되어버린 거죠. 뭐랄까, 굉장히 일이 잘 풀리는 것 같았어요. 사람이란 누군가한테 도움을 받았을 때 어차피 서로 돕고 사는 거라 할 수도 있지만 나도 상대를 위해 도움이 되는 일을 하고 싶다는 마음으로 보답하면 자연스럽게 뭔가 더 좋은 일이 생긴다는 생각이 들었습니다."

경영자는 위로 올라가면 올라갈수록 고독해진다고 곤도는 말한다.

"그런데 마쓰무라는 고독하기는커녕 그 사람 주변으로 점점 더 사람들이 모여듭니다. 그리고 사람들을 모아놓고 마치 형처럼 자기 직원들을 칭찬합니다. 이런 사장은 일본에서 유일무이하다는 생각이 듭니다."

곤도가 2011년에 설립하여 운영하고 있는 '패션 리더스Passion Leaders(열정경제인교류회)'에서 마쓰무라는 대표이사를 맡고 있다.

"서로 공부도 하고 즐거운 시간을 보내죠. 마쓰무라를 동경해서 가입하는 사람들도 많아요. 회원이 계속 늘고 있는데 그 중심에 마쓰무라가 있다는 것이 정말 기쁩니다. 인간관계의 시너지효과라는 것은 경제활동에 있어서 매우 중요하지요."

곤도에게 있어서 마쓰무라는 얼마나 특별한 사람일까? 나의 이런 질문에 곤도는 몸을 앞으로 쑥 내밀었다.

"진짜 특별한 절친이라고 하면 마쓰무라의 얼굴이 가장 먼저 떠오를 정도예요."

나는 곤도에게 마쓰무라와 같이 하고 싶은 일이 있는지 물어보았다. 곤도는 이번에는 고개를 좌우로 흔들었다.

"같이 하고 싶은 일이 있는 건 아니에요. 단지 평생 각별한 친구로 있고 싶어요. 죽을 때까지."

곤도는 마쓰무라의 몸 상태가 점점 악화되어가는 과정을 바로 곁에서 지켜봐왔다.

"마쓰무라한테 직접 병명을 들은 것은 아니에요. 하지만 저는 마쓰무라의 상태를 보면서 파킨슨병이라는 걸 알게 되었어요. 2014년에 함께 해외여행을 갔을 때 제 어깨에 기대지 않으면 걸을 수 없을 정도였어요. 상태가 좋을 때도 있고 나쁠 때도 있는데 안 좋을 때가 점점 길어지고 있어서 걱정입니다."

곤도는 공항에서 있었던 일을 계기로 온종일 마쓰무라를 걱정하게 되었다고, 조용한 목소리로 나에게 말했다.

"공항에서 차를 마시고 있었어요. 한창 이야기에 열중하다가 탑승 시간이 임박했다는 사실을 깨달은 거예요. 큰일난 거죠. 마쓰무라가 카페 안쪽 자리에 앉아 있어서 제가 끌어내다시피 해서 업고 게이트를 향해서 뛰었어요. 마쓰무라의 다리가 꼬여서 힘들 거 같아서 잠깐 손잡이를 잡고 멈춰 서려고 했죠. 그러다 달리던 힘 때문인지 몸이 쏠려 넘어질 뻔했어요. 겨우 버텨 섰는데 거기서부터는 어디서 나왔는지 모를 초인적인 힘으로 마쓰무라를 어깨와 팔로 끌어안고 게이트까지 달렸습니다. 정말 엄청나게 달렸어요. 간신히 시간 안에 도착해서 자리에 앉아 서로의 얼굴을 보며 웃었습니다. 하지만 그 순간 저는 결심했습니다. '나는 어느 때건 어느 장소에서건 마쓰무라를 지키고 함께 걸어가겠다.'"

마쓰무라는 모르는 사람의 어깨를 빌리는 것을 좋아하지 않는다. 어깨를 빌려준 것 때문에 상대방이 마쓰무라를 걱정하고 염려하면 둘의 관계에 긴장감이 생기기 때문이다. 그러나 곤도한테는 마음놓고 팔을 얹었다.

"얼마 전에도 한참을 마쓰무라가 제 어깨에 기대게 하고 걸었더니 땀이 많이 났어요. 땀투성이가 되어서 의자에 앉았더니 편의점에서 산 아이스크림을 저한테 건네더군요. 마쓰무라가 파킨슨병 때문에 움직이지 못하게 되는 상황을 상상하니 눈물이 났습니다. 가능한 한 모든 치료를 받게 할 겁니다."

곤도는 믿을 수 있는 클리닉에서 실시하는 세포활성화 치료를 신청하고 1년분의 치료비를 지불했다. 물론 마쓰무라를 위해서.

"마쓰무라에게 '부탁이니까 이 치료를 받아달라'고 했지만 그는 별로 내키지 않아 했어요. '리스크가 없는 치료라면 뭐든지 해봐. 리스크가 있다면 안 하면 되는 거고. 알겠지? 어쨌든 가는 거야'라며 밀어붙였습니다. 지금은 다행히 매월 병원에 다니고 있는 것 같아요."

곤도는 있는 힘껏 마쓰무라를 걱정하고 있었다.

"페이스북에서 새벽 3시에 라멘을 먹고 있는 마쓰무라의 사진을 봤을 때도 '빨리 들어가 자야 하는데'라는 생각에 문자를 보냈죠. 그러고 있으니까 안 낫지. 저는 그 녀석의 엄마가 된 것 같은 생각도 듭니다."

그렇게 말하며 웃는 곤도에게 마쓰무라는 누구에게도 말하지 못했던 속마음을 털어놓을 때가 있다.

"얼마 전 마쓰무라가 저한테 나직이 말하더군요. '곤도 씨, 내가 아프지만 않았다면 완전 독주했을 거예요.' 그리고 이렇게도 말했어요. '뭐 병이 다 나으면 그때 다 이겨줄게요. 내가 이기지 못하는 건 니시야마 형님뿐일 겁니다.' 그런 몸 상태에서도 초조해하지 않고 강한 정신력을 가지고 있는 거지요. 24시간, 365일, 병마와 싸우고 있는데도. 하지만 마쓰무라는 그런 모습을 다른 사람들에게는 절대 보이지 않습니다. 그리고 굳어가는 몸을 숨기지도 않습니다. 그래서 불쌍하다고 생각하지 않아요. 왜냐하면 마쓰무라는 자신이 어떻게 살아야 하는지, 어떤 모습으로 있고 싶은지, 어떻게 보이고 싶은지를 스스로 잘 알고 있으니까요."

우정이라고 하는 말로는 다 표현할 수 없을 정도로 넘치는 그의 마음을 느낄 수 있었다.

"특별하죠. 마쓰무라는 정말 특별해요."

공적으로도 사적으로도 오랜 기간을 알고 지내온 곤도조차도 그저 '대단하다'는 말로 밖에 표현할 길이 없는 마쓰무라 아쓰히사.

"얼마 전 우리 집 게스트룸에 있던 비서가 와서 현관에서 마쓰무라 사장님이 부른다는 거예요. '뭐지, 움직일 수 없어서 나를 부르는 건가?' 싶어서 현관까지 가보니 어떤 여성이 신발장 앞에 쓰러져 있고 그 위에 마쓰무라가 넘어져 두 사람 모두 버둥거리고 있었어요. 여성이 마쓰무라를 도와주려다가 둘 다 넘어진 거겠죠. 거기서 마쓰무라가 제 얼굴을 보더니 '곤도 씨 이거 어때? 못 움직인다니까'라고 하는 겁니다. 그 장면을 나한테 보여주고 싶었던 거죠. 마쓰무라는 병이나 장애 따위는 웃음으로 날려버리고 있는 겁니다. 그래서 모두들 그 녀석을 보면서 불쌍하다고 여기지 않는 거예요. 그렇게 자기 자신을 희화화하면서 사람들을 웃기고 걱정 끼치지 않으려 하고 불쌍하게 여기지 않도록 만들어요. 나라면 그런 건 흉내도 못 낼 겁니다. 절대로요."

곤도의 눈에서 빛나던 눈물과 떨리는 목소리는 마쓰무라에 대한 애정을 증명하고 있었다.

내가 곤도에게 '마쓰무라 씨한테 전해드릴 말씀이 있을까요?'라고 묻자 그는 또다시 웃음 띤 얼굴로 이렇게 말했다.

"그럼 이렇게 말해주세요. 대단하다, 마쓰무라!"

나의 친구 마쓰무라 3 : '나'보다 '우리'를 위해 고민하다

외식업 경영자가 100명 이상 출석하는 다이아몬드 다이닝 주최 송년회와 생일파티, 각종 행사 등 마쓰무라가 기획하는 중요 파티 및 이벤트의 사회는 언제나 이나모토 켄이치가 맡았다.

이나모토 켄이치稲本健一. 1967년생. 하와이안카페&다이닝 '알로하 테이블ALOHA TABLE' 등을 운영하고 있는 주식회사 제톤의 대표이사. 예술계 단과대학 졸업 후 산업디자이너를 거쳐 1995년 제톤 설립. 이후 나고야, 도쿄를 중심으로 점포를 늘려나갔으며 2004년 이후에는 공공 시설에서의 점포 오픈에 착수했다. 2006년 10월 나고야증권거래소 센트렉스Centrex에 상장. 2007년부터는 하와이에도 점포를 냈다. 제톤 브랜드를 중심으로 알로하 테이블(연결자회사)에서는 하와이안 요리를 중심으로 한 카페나 레스토랑 사업을 하고 있으며 헤리티지 브라이덜 콜렉션Heritage Bridal Collection에서는 웨딩사업을 맡고 있다. 고등전문학교 시절에는 육상부로 활동하면서 전국종합체육대회에도 출전했으며 현재는 트라이애슬론 선수, 서퍼로서도 활약하고 있다.

마쓰무라는 이렇게 말하며 그에게 마이크를 맡긴다.

"선배들에 대한 배려, 후배들에 대한 엄격함, 완벽한 일정관리, 헐리웃스타와 같은 외모, 누구보다도 재치 넘치는 명석함. 그런 이나켄(이나모토의 애칭)에게 맡기면 파티를 시작하기 전부터 100퍼센트 성공한 것과 다름없어요."

그 정도로 마쓰무라는 이나모토를 신뢰하고 있다. 이나켄, 즉 이나모토 켄이치는 마쓰무라와 같은 외식기업의 사장이며 1967년생 동갑이다. 내가 마쓰무라한테 이나모토를 소개받은 것은 같은 업계 사장으로서가 아니라 롯폰기에 있는 라운지 바 '1967'의 프로듀서로서였다.

인사를 나눈 뒤 이나모토는 나에게 이렇게 말했다.

"어느 날 마쓰무라한테 '이 가게를 맡기고 싶은데'라는 말을 듣고 제 친구인 디자이너 모리타 야스미치와 둘이 만들기로 했습니다. 하지만 아무리 기억을 되짚어 봐도 저는 알겠다고 대답한 기억이 없는 겁니다. 그런데도 어느 새 디자이너인 모리타와 함께 완성을 위해서 분주히 뛰어다니고 있는 거예요."

마쓰무라가 12년의 구상 끝에 만들어낸 라운지카페 '1967'. 건물 계약이 끝나자마자 마쓰무라는 이나모토와 모리타에게 의뢰하기로 결심한 것이다.

"모리타와 둘이 파리에 갔을 때 '1967'에 대한 구상이 떠올랐어요. 정중앙에 있는 테라스에서 애프터눈티나 얌차飮茶(차와 함께 즐기는 가벼운 간식)를 먹을 수 있는 레스토랑에 들어갔을 때 직감했습니다. 아주 멋있는 곳에서요. 거대 클럽이 있고 VIP룸이 따로 있었는데, 유럽에서는 동페리뇽Dom Perignon이 가장 잘나간다고 해서 모리타와 동페리뇽을 몇 병이나 비웠어요. 둘이 몇 백만 엔이나 먹고 마시고. 그런 경험에서 콘셉트가 나온 겁니다."

마쓰무라에게 '일임' 받은 이나모토는 과감히 자기가 좋아하는 스타일대로 점포 만들기를 감행했다고 한다.

"제 스타일은 그 공간에 있으면 무조건 '즐겁다'고 느끼게 하는 겁니다. 이것만큼은 타협하지 않아요. 그 다음에 매출이나 영업이익을 따지죠. 마쓰무라는 '어떻게 하면 모리타의 능력을 제대로 살릴 수 있는지는 내가 더 잘 안다'고 믿고 있었기 때문에 과감히 일임해준 겁니다. 그게 마쓰무라의 능력인 겁니다. 뭐, 처음부터 마지막까지 제대로 부려먹은 거죠. 하지만 저도 만족하고 있습니다."

'1967'을 만들어 달라는 의뢰를 받았을 때 이나모토는 처음엔 가벼운 마음으로 '콘셉트 만드는 거 정도라면 도울 수 있다'고 했지만 마쓰무라의 의도를 알게 된 후에는 혼신의 힘을 기울였다.

"물론 저는 남의 가게를 끝까지 맡아 하리라고는 생각하지 못했지만 마쓰무라는 처음부터 끝까지 해줄 것을 바랐던 모양입니다. 메뉴 개발도 처음에는 안 한다고 했지만 마쓰무라가 '이나모토, 어때요?'라고 물었습니다. 싱가포르의 호텔이나 레스토랑에서 제공되는 아시아 퓨전 음식이 좋지 않겠느냐고 말했더니 바로 항공권이 날라온 겁니다. 제 스케줄이 연말까지 딱 이틀 비어 있었는데 그 날에 맞춰서 말이죠. 잊지도 않아요. 2012년 12월 28일입니다. 허둥지둥 공항으로 가서 모여 있던 스태프들한테 '마쓰무라는?' 하고 물으니 '이나모토 씨한테 모든 것을 맡겼으니 자기는 안 간다고 하던데요?'라는 겁니다. 어이가 없어 웃을 수밖에 없었죠. 싱가포르에 가서 레스토랑과 호텔을 몇 십 군데나 돌아다니고 셰프와 둘이서 발마사지를 받으면서 회의를 했어요. 호텔 침대에서 느긋하게 잘 시간도 없이 일하고 돌아오는 비행기 안에서 '내가 연말에 뭐하고 있는 거지?' 생각하며 쓴웃음을 지었었죠."

이나모토가 그렇게 열심히 했던 이유는 단 하나.

"왜냐하면 마쓰무라한테는 '아니오'라고 말 못하니까요. 상대한테 '아니오'라는 말이 나오지 않게 하는 남자, 그게 바로 마쓰무라 아쓰히사입니다."

트라이애슬론과 서핑으로 피부는 갈색으로 그을려 있었고 단련된 근육은 입고 있던 베이지색 티셔츠 위로도 드러날 정도였다. 시원스럽게 웃는 이나모토를 마쓰무라는 이렇게 놀렸다.

"고마쓰 씨, 이나모토가 지금은 저렇게 호감 가는 인상이지만 처음 만났을 때는 꽤나 무서워 보였어요. 저 같은 건 어린아이 취급을 했었죠."

두 사람이 처음 만날 무렵의 이야기는 몇 번이나 들었지만 나는 인터뷰를 시작하면서 이나모토에게 당시의 이야기를 다시 물었다.

"1996년이었나? 마쓰무라는 당시 태닝샵을 하고 있었고요. 외식업 박람회에서 저의 강연을 마쓰무라가 들으러 왔었습니다. 마쓰무라가 원래 초면에는 너무나 정중한 경어로 나오잖아요. 그래서 당연히 후배라고 생각하고 저는 너무 편하게 말을 놓았었죠."

당시 마쓰무라에게 있어서 이나모토는 다른 차원의 인간이었다. 제톤을 설립하고 20대에 외식기업의 대표를 맡은 이나모토는 당시 사방천지에 상대할 적이 없는 존재였다. 마쓰무라는 같은 나이면서 자신이 목표로 하는 모든 것을 이미 손에 넣은 이나모토가 부럽기도 했고 또 왠지 억울한 마음이 들어 그를 좋아할 수 없었다. 이나모토도 당시를 생각해보면 서로를 의식하고 있었다고 한다.

"1996년 무렵에는 인사만 했었죠. 2001년 마쓰무라가 '뱀파이어 카페'를 오픈한 후에는 외식업계 동료들과 함께 가끔 식사나 회식 자리에서 만나게 되었고요. 처음에는 마쓰무라도 저에게 마음을 열지 않았던 것 같고 저는 마쓰무라 이상으로 마음의 문을 닫고 있었고 어딘가 모난 구석이 있었던 것 같아요."

왜냐하면 이나모토와 마쓰무라의 점포 콘셉트가 서로 너무 달랐기 때문이었다. 이나모토는 이렇게 말했다.

"그 당시 마쓰무라가 만든 엔터테인먼트 음식점에 대해서 있을 수 없는 콘셉트라며 나라면 절대 안 한다고 생각했던 겁니다. '미궁의 나라 앨리스' 같은 데는 어떻게 즐기면 되는 건지 당혹스러웠지요. 나한테는 어려웠고 솔직히 뭐가 재미있다는 건지 모르겠더라고요."

마쓰무라가 주장하는 '음식과 엔터테인먼트의 융합'에 대해서도 이나모토는 처음부터 부정적이었다.

"서로 열을 내며 말싸움을 벌인 적이 있습니다. 저는 마쓰무라에게 이렇게 말했죠. '레스토랑에 있어서 요리와 술, 그리고 서비스야말로 진정한 엔터테인먼트인 거지 코스튬이니 캐릭터 분장이니 그런 게 레스토랑에 정말 필요한 거냐? 같이 있던 야스다 히사시 씨가 둘 사이에서 말다툼을 막아주었죠. 그 때는 마쓰무라를 정면으로 부정했었습니다. 그 때의 마쓰무라의 표정을 기억하고 있는데 보통 때의 얼굴과는 전혀 달랐어요."

당시 나고야에서 온 이나모토를 비롯하여 오사카에서 또는 히로시마에서 온 젊은 기업가들이 도쿄의 외식업계를 활성화시키고 있었다.

"마쓰무라는 고치에서 왔지만 처음부터 사업을 도쿄에서 시작했고 도쿄에서 승부를 보고 있었습니다. 나고야라고 하는 기반을 굳히고 도쿄로 진출한 저는 그에게 이질감을 느꼈던 것 같아요."

한 파티에서 마쓰무라가 한 말 중에 용서할 수 없는 대목이 있었다.

“마쓰무라는 그때 ‘이제 태닝샵은 돈이 안 되니까 음식점을 할 겁니다’라고 쉽게 말했던 겁니다. 옆에서 듣자 하니 나는 음식점을 위해 밑에서부터 하나씩 쌓아 올라온 사람인데, 젊은 혈기에 울컥 치밀더군요. 나도 모르게 ‘까불지 마라, 네 몸뚱어리나 시커멓게 태워!’라고 소리쳤던 겁니다.”

이나모토는 외식업으로 승부를 거는 사람들의 마음가짐을 다음과 같이 분석했다.

“이 업계 인간들은 기본적으로 지기를 싫어하고 남의 말을 잘 안 듣는 자들뿐입니다. 모두들 어딘가 모난 구석들이 있고 절대로 타협하지 않는 자들이 서로 부딪히고 있는 겁니다. 특히 우리 같은 지방 출신들은 도쿄에 오면 얕보이지 않으려고 필요 이상으로 팽팽하게 긴장하기도 하고 버티기도 합니다.”

그러나 시간은 이나모토와 마쓰무라의 관계를 변화시켰다.

“그런데 마쓰무라는 모난 데가 없어요. 나보다 먼 고치에서 왔는데도 도쿄 사람들에 대한 열등감이 없는 겁니다. 그리고 이상한 게 마쓰무라와 함께 만나는 사람들은 모난 사람들도 어느 틈엔가 둥글둥글해져서 다 같이 즐기게 된다는 겁니다. 점점 마쓰무라라고 하는 인간에게 흥미가 생겼고 마쓰무라를 중심으로 하나의 원이 되어서 서로 경쟁하던 사람들도 지금은 결속력이 생겨 단단한 팀이 되었습니다. 그런 분위기를 이 업계에 들여온 마쓰무라와 다이아몬드 다이닝이라고 하는 회사를 존경하고 많은 것을 배우고 있습니다.”

이제는 절친한 사이가 되었고 업무적으로도 깊은 관계를 맺고 있는 두 사람. 지금의 관계를 만든 계기는 무엇이었을까? 미나모토에게 묻자 그는 팔짱을 끼고 생각하더니 신중히 대답했다.

"우리한테 어울리지 않는 말일지 모르겠지만 '고생'일 겁니다. 상장회사 사장들은 많든 적든 모두 같은 고생들을 했다는 공감대가 있습니다. 게다가 마쓰무라가 말하는 상장이라고 하는 것은 나고야에서 제가 상장시켰던 것과는 의미가 다른 거지요. 저는 지방에서 견실한 상장을 목표로 하지만 마쓰무라는 헤라클레스(오사카증권거래소)라고는 하지만 대박을 터트린 거니까요. '100브랜드 100점포' 달성이라는 약속을 지키기 위해 노력해가면서 주식상장을 향해 돌진하고 있었던 겁니다. '마쓰무라는 자기가 한 말은 끝까지 책임지는구나'라는 생각이 들 때마다 점점 더 그를 존경하게 되었던 겁니다."

제톤은 2006년 10월 나고야증권거래소 센트렉스에 상장되었고, 다이아몬드 다이닝은 2007년 3월 오사카증권거래소 헤라클레스(현, 자스닥)에 상장되었다.

"같은 시기에 같은 목표를 향해 나가면서 많은 것들을 공유할 수 있었습니다. 주위에서는 '재네들이 상장시킨다면 우리도 할 수 있겠지'라고 했지만 우리는 우리대로 끊임없이 노력을 했던 겁니다. '할 테면 해봐라'라고 하는 기백도 있었고요. 이런 것들을 공유하면서 둘 사이의 관계가 굉장히 짙어져간 것 같습니다."

상장 후에도 고생은 계속되었다고 했다.

"주위에서는 '주가가 잘 안 올라가는 거 같은데'라고 하더군요. 하지만 주가라는 게 그렇게 간단히 오르는 게 아니죠. 최종적으로 휴지

조각이 되지 않도록 하는 게 중요한 거고 주가는 내려갈 수도 또 오를 수도 있는 겁니다. 그런 세계에서 살고 있는 것과 그렇지 않은 세계에서 살고 있는 것은 사고나 감성이 전혀 다릅니다. 그런 세계에서 사는 것을 선택한 마쓰무라와 저는 중압감과 책임감이라고 하는 것에서도 연대감을 느끼고 있었던 것 같습니다."

이나모토는 '어떻게 즐기면 되는지 모르겠다'고 했던 엔터테인먼트 레스토랑이라는 것을 인정하게 되었을까?

"그건 이미 주식상장 이전에 인정했습니다. 그건 마쓰무라에게만 있는 재능입니다. 멋진 표현인 거죠. 저는 힘들여 친구를 사귀려고도 하지 않았어요. 마쓰무라와도 사이좋게 지낼 의도가 털끝만큼도 없었습니다. 말하자면 같은 시대에 같은 생각을 가지고 경쟁하는 동료라고 생각할 뿐이었습니다. 그런데 마쓰무라는 언제나 '업계를 위해서'라는 말을 합니다. 업계를 분석하는 사람은 많습니다. 하지만 마쓰무라처럼 업계를 위해 노력하겠다고 긍정적으로 말하는 사장은 한 사람도 없습니다. 마쓰무라처럼 외식업계를 좋아하는 사람은 본 적이 없습니다."

이나모토는 외식업을 사랑하고 외식업계를 생각하며 함께 손을 잡고 협력하자는 마쓰무라의 자세에 사람들의 마음의 문이 쉽게 열리는 거라고 했다.

"마쓰무라의 구심력은 단순한 사장의 그것이 아닙니다. 잘 입을 열지 않는 후배들도 그 앞에서는 이런저런 이야기를 털어놓게 되죠. 그런 분위기를 순식간에 만들어냅니다. 서서히 마쓰무라에 대한 신뢰가 쌓여서 '마쓰무라이즘'이 외식업계가 나아갈 방향이 되어가고 있는 겁니다."

이나모토가 마쓰무라를 후배라고 착각해서 하대를 하고 마쓰무라가 만든 콘셉트 레스토랑을 비판하고 있을 무렵, 마쓰무라는 매일 밤 술집을 전전하며 마시고 꿈을 이야기하고 그러면서 살도 찌고, 조금은 촌스러운 야심을 가진 젊은 사장이었다.

"뚱뚱하고 촌스러운 형님 같았던 마쓰무라가 최근 몇 년간 굉장한 스피드로 진화하고 있어요. 불필요한 건 빼고 깎아내고……. 그의 본래의 모습으로 되돌아온 것이죠. 그건 마쓰무라가 싸우고 있기 때문입니다."

이나모토는 그 변화를 그의 생명에 대한 집착이라고 생각하고 있었다.

"최근 1년 정도 마쓰무라는 자신의 병을 본격적으로 받아들이고 있다는 느낌이 들어요. 그럴 때마다 마쓰무라의 '작품을 만들고 싶다, 세상에 표현하고 싶다'고 하는 에너지가 점점 더 커져갑니다. 더 멋을 부리고 더 사람들을 기쁘게 해주고 있어요. 사람들을 위해서라는 마음이 엄청나게 강해지고 있어요. 이상한 이야기이지만 몸 상태와 그의 에너지는 반비례합니다. 저 에너지가 없었더라면 마쓰무라는 살지 못할지도 모릅니다."

파킨슨병이 발병한 후, 증상이 진행되는 과정을 가장 가까이서 지켜보면서도 이나모토는 마쓰무라와 병에 대해 이야기한 적이 단 한 번도 없었다.

"매일 마쓰무라에 대해 생각합니다. 그는 분명 몸 상태가 나빠지고 있습니다. 하지만 그를 채우고 있는 것은 생각지도 못할 정도의 에너지입니다. 그런 불굴의 정신을 저는 본 적이 없습니다. '만약 나라면 마쓰무라처럼 행동할 수 있을까'라고 묻는다면 절대 불가능합니다. 마쓰무라는 저한테 아직까지도 병명에 대해서 말해주지 않았지만 며칠 전에도 '이나모토, 이 병 무조건 고칠 거야'라며 미소짓고 있었습니다. 그리고 '선전포고'라며 팔을 올리는 겁니다. '완치를 위해서 어떤 치료라도 받을 거야. 그리고 다 낫게 되면 꼭 호놀룰루 마라톤에 나가서 이나모토를 이길 거야'라고 하더군요."

이나모토는 마쓰무라의 말이 농담으로 끝나지 않길 바란다고 했다.

"마쓰무라에게 '우리처럼 트라이애슬론을 하는 사람들은 마라톤도 꽤 빠르다'며 일부러 압박을 했습니다. 마쓰무라는 눈을 부릅뜨며 '진검승부다!'라며 벌떡 일어서는 겁니다."

마쓰무라가 인생을 헤쳐 나가는 모습은 이나모토를 자극했다.

"롯폰기에 있는 마쓰무라의 가게인 '비쇼쿠마이몬美食米門'에서 둘이서 밥을 먹다가 제가 화장실에 갔다 오니 그가 없는 거예요. 놀랐죠. 불규칙적으로 움직이는 몸을 의자 위에서 지탱할 수가 없어서 테이블 밑에 누워 있더라고요. '마쓰무라, 괜찮나?' 하고 보니까 아이폰을 만지작거리고 있는 겁니다. 하트를 달아가며 여자한테 문자 메시지를 보내고 있더군요. 정말 감동했습니다. 그런 건 그 녀석밖에 할 수 없을 테니까."

물론 엄청난 불안과 초조함이 있다는 것도 이나모토는 알고 있었다.

"분명히 밤에 잠자리에 들어 눈을 감을 때는 불안할 거라고 생각합니다. 그리고 이런 운명에 대해서 굉장히 화가 나기도 할 겁니다. 그런 걸 감추고 우리들 앞에서 밝게 행동하는 마쓰무라이기 때문에 더욱 우리 모두가 전력으로 그의 힘이 되어주려고 하는 겁니다. 니시야마 씨가 구령을 외친 것도 아니고, 제가 젊은 후배들을 모은 것도 아닙니다. 마쓰무라가 모두를 그렇게 만든 겁니다. '녀석을 지키자. 우리가 지키자'고 모두를 모이게 한 그의 '인간력'이 대단하다고 생각합니다."

시대에 새 바람을 일으키는 사람. 이나모토의 말처럼 마쓰무라는 뭔가를 일으키는 사람이다.

"그를 보고 있으면 누가 시켜서 하는 게 아니라 세상에 대한 사명감을 태어날 때부터 가지고 태어난 거라고 느껴져요. 그래서 마쓰무라의 말은 언제나 '나는'이 아니라 '업계는' '우리는'인 겁니다."

이나모토는 마쓰무라와 업계의 미래에 대해 이야기하는 것을 좋아한다.

"저는 일본의 가장 뛰어난 산업 중 하나가 음식업이라고 강력하게 말합니다. 이 업계에서 20년을 살면서 다음 10년을 어떻게 살아갈지 매일 생각하죠. 우리 업계가 사회에 필요한 존재가 되기 위해서는 무엇을 해야 하는지에 대해서까지 생각해야 합니다. 그럼 이제부터는 대체 무엇이 필요할지 언제나 고민하게 됩니다."

일본의 식문화를 해외에 수출하고 비즈니스를 성공시키는 것. 니시야마나 이나모토가 그리는 비전은 마쓰무라도 공유하고 있다.

"니시야마 씨나 저처럼 해외에도 눈을 돌리면서 마쓰무라는 다른 사람의 흉내를 내는 게 아닙니다. 다이아몬드 다이닝 밖에 할 수 없는 것, 마쓰무라만이 할 수 있는 것을 찾고 있을 겁니다."

사람들의 중심에 있으면서 주변을 주의 깊게 바라보고 개인보다도 집단의 미래를 생각한다. 경쟁하는 것보다 화합을 존중하고 서로 협력하는 것에서 미덕을 느낀다. 불우한 자에게는 자신이 가진 지혜나 환경을 망설임 없이 제공한다.

이나모토는 그런 마쓰무라의 자세가 천하를 통일하고 전국시대에 평화를 가져다준 무장처럼 보인다고 했다.

"고치 출신인 마쓰무라는 물론 메이지유신 시대 영웅들의 혼을 계승하고 있을 거라 생각되지만 저는 마쓰무라가 도쿠가와 이에야스라고 생각합니다. 인내력과 균형감각, 때를 보는 섬세함, 시대를 읽으면서도 결코 굽히지 않고 신념을 관철시키는 강인함을 봐요. 사카모토 료마가 아니라 도쿠가와 이에야스죠! 마쓰무라를 중심으로 일본의 외식산업은 앞으로 더 화려한 발전을 이룩할 겁니다. 저도 그 한 쪽 날개를 맡고 싶네요."

이나모토의 말에는 경애와 존경, 친구의 운명을 곁에서 지켜봐야 하는 자의 애달픔이 묻어났다.

나는 이나모토에게 그런 말을 마쓰무라에게 전해본 적이 있는지 물었다. 시선을 밑으로 향했던 이나모토가 피식 웃으며 얼굴을 들었다.

"없어요. 창피해서 말 못하죠. 한 주에 몇 번이나 만나서 이야기하고 아침까지 같이 지내기도 하는데 그런 말이 선뜻 나오지 않지요."

나의 친구 마쓰무라 4 : 사업의 의미와 본질을 생각하다

"업계에 라이벌 같은 것은 없습니다. 모두가 한 나라 하나의 성城의 주인이며, 개성이 다를 뿐 우열은 없습니다."

마쓰무라가 외식업계의 젊은 사장들한테 언제나 하는 말이다. 하지만 예외도 있다.

"요네야마 씨는 나보다 세 살 밑인데 경영에 있어서 뛰어난 재능을 가지고 있습니다. 점포와 생산자 사이에 새로운 연결고리를 만들어 업계에 커다란 파문을 일으켰습니다. 엄청난 파문이었죠. 그 영향으로 주가가 뛰어서 우리 회사를 단번에 넘어선 겁니다. 그 때 제 머릿속은 언제나 '잡아라, 추월해라, 에이피 컴퍼니'라는 생각뿐이었으니까요. 다이아몬드 다이닝의 주가가 V자 회복이 가능했던 것은 호적수 요네야마와 절정기를 맞은 그의 회사 덕분이었을지도 모르겠습니다."

정색을 하고 말하는 마쓰무라는 요네야마를 대놓고 자랑할 정도로 그를 아끼고 그의 일을 진심으로 존중하고 있었다. 시바다이몬에 있는 에이피 컴퍼니의 본사를 방문했을 때, 마쓰무라의 칭찬을 전하자 요네야마의 얼굴이 약간 홍조를 띠는 것 같았다.

"기쁘지만 긴장하게 되네요. 아무리 친한 사이가 되어도 마쓰무라 씨가 제 동경의 대상이라는 것은 변하지 않으니까요."

마쓰무라에 대한 인터뷰를 바로 수락해준 요네야마였지만 마쓰무라를 '맛짱'이라고 부르는 선배나 동료들과는 확연히 다른 시선으로 마쓰무라를 보고 있었다.

요네야마 히사시米山久. 1970년생. 부동산업, 해외결혼식 에이전트 사업 등 운영. 2001년에 주식회사 에이피 컴퍼니AP company를 설립하고 외식업계에 진출. 2006년 미야자키현 니치난시에 자사 양계장과 가공센터를 만들고 축산업에도 진출. 다음 해 2007년에는 '미야자키 지톳코地頭鶏', 이자카야 '쓰카다노죠塚田農場'를 오픈했다. 그후 어선을 보유하고 정치망어업을 시작하는 등 어업에도 진출. 2012년 9월에 도쿄증권거래소 마더스(신흥기업) 상장, 같은 해 10월에 싱가포르 신규 진출. 2013년 9월, 도쿄증권거래소 1부로 시장 변경. 2015년 3월말 현재 '욘파치교조四十八漁場' 등의 외식브랜드로 203개 점포를 경영하고 있다.

주식회사 에이피 컴퍼니를 이끌고 있는 요네야마 히사시는 마쓰무라가 '뱀파이어 카페'를 긴자에 오픈했던 2001년에 그의 회사를 설립했다. 마쓰무라와 요네야마의 첫 만남은 2008년이었다. 마쓰무라가 외식 어워드(외식산업기자회가 주최하는 상. '외식산업의 발전에 기여하고 그 해에 활약한 사람, 화제가 된 인물'을 매년 선정)를 수상했을 무렵이었다. 요네야마는 2004년 대히트 아이템이 된 토종닭 1호점 '우리집わが家 하치오지 지점'을 오픈하고 열심히 점포 수를 늘려나가고 있었고,

마쓰무라에게 있어 그는 업계에 있는 수많은 후배들 중의 한 사람이었다.

요네야마는 마쓰무라에 대한 존경의 마음을 감추려하지 않았다.

"당시의 마쓰무라 씨는 제가 말을 건다는 게 주제 넘는 행동일 정도로 대단한 존재였습니다. 언젠가 대등하게 이야기를 나눌 수 있었으면 하고 바라는 큰 별과 같은 분이었고 그의 모습은 그저 눈부실 뿐이었습니다."

마쓰무라가 대표간사를 맡고 있던 '3rd-G'라고 하는 외식업계의 차세대경영자들의 모임에 요네야마가 참여하면서 두 사람은 급속히 친해지게 되었다.

"저도 초청을 받아 마쓰무라 씨 밑에서 총무 일을 보면서 같이 보내는 시간이 조금씩 늘어났습니다."

'외식업계가 차별 없이 하나가 되어 목표를 향해 나아간다'는 신조를 갖고 있는 마쓰무라는 강연이나 세미나 등에 힘을 쏟고 있었다.

"2008년 당시 마쓰무라 씨가 살고 있던 시바우라의 고층맨션으로 제가 이사를 가면서 이웃처럼 지내게 되었고 그러면서 함께 술을 마시는 기회도 늘었습니다. 함께 마시면서 날밤을 새우다보면 선배고 후배고 없죠. 마쓰무라 씨가 술에 취한 저를 어깨에 들쳐 매고 엘리베이터에 태워서 방까지 데려다 주신 적도 있습니다. 물론 저는 다음날 아무것도 기억하지 못했지만요."

요네야마에게 애정을 쏟았던 마쓰무라는 자기와 친한 동료들을 한 사람씩 소개해주기도 했다.

“마쓰무라 씨한테 선배, 후배를 포함해서 정말 많은 분을 소개받았는데 저한테 지금 같은 인맥이 생길 수 있었던 것은 마쓰무라 씨 덕분입니다. 마쓰무라 씨와의 친분이 없었더라면 도저히 불가능했을 거예요.”

요네야마는 다트바에서 시작해서 이자카야까지 업종을 넓혀 나갔다. 외식은 부업이고 다만 아이템이 잘 맞아서 하는 거라는 식의 도전이었기 때문에 그다지 재미를 느끼거나 일에 대한 의미를 찾지 못하고 있었다.

“가게를 번창시킬 수는 있어도 사회적인 부분을 포함해서 이 세상에 어떻게 의미부여를 할 것인가에 대해서는 답을 찾지 못하고 있었어요. 제가 마쓰무라 씨와 다른 점은 우선 명확한 콘셉트를 세우지 못하고 있었다는 것이죠. 점포를 만들 때 콘셉트는 이걸로 하자, 내장 인테리어는 이렇게 하자, 메뉴는 이렇게 하자고만 했지 차별화할 수 있는 특징을 좀처럼 찾아내지 못했던 겁니다.”

그랬기 때문에 오히려 요네야마만이 할 수 있는 접근법이 탄생한 것이다.

“마쓰무라 씨 같은 창조적 발상이 부족했던 저는 그 당시 1차산업 즉 생산자 쪽에 새로운 제안을 할 수 있지 않을까 생각했던 겁니다. 손님들에게 더 좋은 먹을거리를 제공하기 위해서 직접 운영하는 농장을 만들다 보니 보이는 것이 있었습니다. 오래 전부터 1차산업이 쇠퇴하고 있다고 생각했지만 지역에서 고용을 창출한다든지 생산자를 늘려서 1차산업을 활성화할 수 있는 방책이 있다는 것을 새로 알게 된 겁니다. 이것을 외식업 판매채널을 통해 확장시켜나간다면 어떨까 생각하게 된 거죠. 드디어 사업에 대한 의미를 찾게 되면서 본격적으로 외식업에 뛰어들 마음이 생겨난 겁니다."

요네야마는 마쓰무라라고 하는 흉내낼 수 없는 모범답안을 앞에 두고 있었기 때문에 자신을 온전히 들여다보고 자신의 특성과 흥미를 재확인할 수 있었다고 했다.

"마쓰무라라고 하는 도저히 따라 잡을 수 없는 목표가, 오히려 독자적인 길을 가도록 만들어 주었던 거지요."

단순한 산지 직송형 이자카야만으로는 그저 돈을 버는 데서 끝나고 말기 때문에 요네야마는 진정한 의미에서 산지에서의 생산성을 높임으로서 생산자를 늘려나갈 것을 목표로 삼았다. 생산현장에서 고용을 늘리기 위해서는 어느 정도의 규모가 필요하다고 보았지만 규모를 키우기 위해서는 시스템과 조직을 공부하지 않으면 안 되었다.

당시 급속한 신장을 보이고 있던 다이아몬드 다이닝과 마쓰무라의 모습이 요네야마에게는 좋은 교과서가 되었다.

"마쓰무라 씨에게 조직론과 주식상장의 장점 등 많은 것을 배웠습니다. 이를 실현하기 위해서는 인맥을 더 넓혀야 한다면서 도쿄증권거래소 상장 최연소기록을 갖고 있는 넥시즈의 곤도 타카미 씨도 소개해주셨어요."

마쓰무라의 응원을 받은 요네야마는 독창성 넘치는 콘셉트를 개발해냈다.

"마쓰무라 씨와 이야기하고 마쓰무라 씨가 소개해준 사장들의 모습을 보면서 누구를 위해 일하는지에 대한 사고방식이 중요하다는 것을 알게 되었습니다. 저 자신도 우리 가게에서 '이 요리는 누구를 위한 것이고 어떤 생산자가 만든 것인지'에 대해 생각해 보았습니다. 그리고 음식이 접시 위에 놓이기까지의 스토리를 제대로 제공하고 싶다, 그게 없이는 음식을 팔 수 없다고까지 생각하게 되었던 겁니다."

요네야마가 고안한 사업은 단순한 점포 확장이 아니었다. 자사의 양계장을 만들고 어선을 준비해서 정치망어업을 하는 이 '생산자와 판매자 직결生販直結 모델' 시스템 시도는 에이피 컴퍼니를 크게 변화시켰다.

"생산자와 직접 관계를 맺으면서 커다란 책임을 지게 되었다는 생각이 들었습니다. 더 이상 돈을 많이 벌겠다든가 자신들의 꿈을 이루겠다든가 그런 단순한 단계가 아닌 겁니다."

지금 요네야마는 일본의 농가와 축산업 종사자, 어민들과 함께 일본의 1차산업 발전을 위해 활약하는 제1인자가 되었다. 마쓰무라는 요네야마만이 할 수 있는 발상이라며 칭찬을 아끼지 않았고 독자의 길을 관철시킨 경영철학에 진심어린 경의를 표했다.

"요네야마 씨는 천재예요. 그리고 다른 사람들에게는 없는 강한 사명감을 가지고 있어요. 외식업으로 멋진 가게를 만들어 자신들만 돈을 벌면 된다고 하는 식의 발상과는 근본부터가 다릅니다."

한편 '100브랜드 100점포'라고 하는 비효율적이고 위험성이 높은 시스템을 밀고 나간 마쓰무라의 비즈니스 도전정신이 요네야마에게는 어떻게 비쳤을까? 요네야마는 말을 신중히 골라가며 다음과 같이 말했다.

"'100브랜드 100점포'를 달성하기 위해서는 진정한 의미에서 세상을 제대로 보고 있지 않으면 안 되지요. 경영자의 상상력과 라이프스타일이 그대로 콘텐츠에 반영되잖아요. 즉 이것은 마쓰무라라고 하는 인물에 대한 반영입니다. 마쓰무라 씨는 100가지 모습을 어떻게 표현하고 보여줄 것인가를 생각하고 실현한 겁니다."

요네야마는 다이아몬드 다이닝의 대단함을 누구보다 체감하고 있었다.

"무엇보다도 '100브랜드 100점포' 달성은 일본 최고의 경험치를 쌓았다고 하는 증거입니다. 성공도 했지만 그만큼의 실패도 해본 곳은 다이아몬드 다이닝뿐입니다. 그 경험이 그대로 노하우가 되었기 때문에 그 자체가 최대의 무기인 겁니다. 그런 무기는 다른 기업은 가질 수가 없지요. 마쓰무라 씨는 점점 더 많은 발상을 하고 세상을 향해 표현하고 거기서 또 어느 정도의 회수가 가능한 투자를 하고 있는 거잖아요. 성공확률이 높을 때 투자를 늘려나가는 방식입니다. 다이아몬드 다이닝은 우리와는 정반대의 방식을 추구하지만 무서울 정도로 가능성을 가지고 있는 회사입니다."

마쓰무라와 요네야마의 사업 모델은 서로 정반대이다.

"그래서 더 친하게 지낼 수 있는 게 아닐까 하는 생각도 들어요. 저도 마쓰무라 씨처럼은 할 수 없고, 마쓰무라 씨도 아마 저처럼은 할 수 없을 거라는 생각이 듭니다. 하지만 스타일은 달라도 세상을 향한 메시지를 전달하고자 하는 의식만큼은 둘 다 강하기 때문에 항상 그런 가치관에 대해 이야기하고 의견을 나누고 있습니다."

세 살 차이가 나는 두 사람에게 경쟁이라든가 갈등이 전혀 없었다고 하면 거짓일 것이다. '100브랜드 100점포'를 달성하면서 시대의 총아가 된 마쓰무라. 하지만 이 목표를 이룬 후부터는 어디로 향해야 할지에 대한 망설임도 있었다. 자신과 다른 재능을 가진 요네야마에게 초조함도 느꼈다고 한다.

그 때 '규카쿠'를 성공시킨 니시야마에게 구원을 요청한 마쓰무라는 '100브랜드 100점포'라고 하는 터무니없는 리스크를 지적받고 충격을 받았으나 그 이후 더 큰 충격을 받게 된다. 자기 스스로 니시야마에게 소개해준 후배 요네야마가 니시야마에게 칭찬을 받았던 것이다. 요네야마는 니시야마에게 배운 가르침을 순식간에 사업에 적용하여 더욱 박차를 가했던 것이다.

요네야마도 그 당시의 마쓰무라의 표정을 기억하고 있었다.

"니시야마 씨가 말한 '하나의 브랜드를 확실하게 성공시키는 데 의미가 있다'고 하는 말은 당시의 저에게 딱 맞아 떨어졌습니다. 마쓰무라 씨가 했던 '100브랜드 100점포' 전략과는 반대였던 거지요. 분명히 마음이 복잡하고 불안감도 있었을 거라고 생각합니다."

하지만 마쓰무라는 요네야마에게 이렇게 말했다고 한다.

"마쓰무라 씨는 '요네야마, 이럴 때 니시야마 씨한테 무엇이든 배우고 탐욕적으로 흡수해봐'라고 말해주었습니다. 같은 업계의 최고라고 하면 보통은 라이벌이 되기 때문에 더 험악한 분위기가 됐을 법도

한데 마쓰무라 씨는 '나만'이라는 발상이 없는 사람입니다. 지금의 외식업계가 종횡으로 서로 연결되어 있는 것은 마쓰무라 씨의 공적입니다."

외식업계는 마쓰무라 이전과 마쓰무라 이후로 나뉜다고 요네야마는 생각하고 있었다.

"마쓰무라 씨 이전 세대는 한 마리 외로운 늑대와도 같았어요. 다른 회사가 무엇을 하는지도 모르고 자기가 무엇을 하는지도 말하지 않죠. 하지만 마쓰무라 씨가 업계에 출현하고 나서는 사람들이 모여서 여러 가지 정보들을 교환하기 시작한 겁니다. 모두가 이 음식업계를 활성화하려고 노력하고 있는 거지요. 저를 니시야마 씨에게 소개해준 것도 그런 마음에서 비롯된 겁니다."

마쓰무라는 강연에서도, 나와의 인터뷰에서도 이렇게 말한다.

"라이벌은 옆 가게가 아니다. 올림픽이나 월드컵이라는 세계적 이벤트라든가 지금은 일본인들의 라이프스타일이 되어버린 편의점이라든가 그런 사회적인 흐름을 파악해서 외식업계가 경쟁을 통해 즐거움과 맛을 손님들에게 전해야 하는 겁니다."

업계 전체를 더욱 활성화하고자 하는 이런 마음이 후배 요네야마에 대한 마음과도 같은 맥락이라는 것을 잘 알 수 있다. 요네야마는 굳이 말로 표현하지 않아도 마쓰무라와는 공통된 커다란 목표가 있다고 믿는다.

"마쓰무라 씨는 에이피 컴퍼니의 시가총액을 자주 화제로 올려서 요네야마를 누르는 게 다이아몬드 다이닝의 목표라고 말하곤 하는

데, 그건 주가 자체를 화제로 삼기 위해서라는 걸 알 수 있습니다. 실제로 IT업계와 비교한다면 외식업계 주가의 평균가격은 너무 낮습니다. 업계 자체가 평균 주가를 올리려는 노력을 하지 않으면 다음 세대는 오지 않습니다. 업계 내에서 시가총액 경쟁을 벌여도 의미가 없습니다. 애널리스트가 흥미를 보이고 투자가들이 자금을 쏟아 붓는 업계로 만들어가야만 합니다. 그것은 저나 마쓰무라 씨의 회사가 시가총액을 500억 내지는 1000억 엔 정도까지 끌어올릴 수 있는지, 즉 성장성을 보여줄 수 있는지에 달려 있다고 생각합니다. 제대로 된 사업 설계를 통해서 비전을 제시하고 소매나 도시락 혹은 전자상거래, 해외 진출 등으로 얼마나 벌 수 있는지 확실한 목표를 보여준다면 애널리스트나 투자가들의 기대치가 완전히 바뀔 테니까요. 이런 메시지 전달이 외식업계에는 아직 약합니다. 저나 마쓰무라 씨가 앞장서서 세상을 향해 전해야 한다고 생각합니다."

경영자로서의 이상과 사명감을 느끼고 있는 마쓰무라와 요네야마는 서로를 걱정한다. 마쓰무라는 요네야마를 염려하고 또 요네야마는 마쓰무라의 건강을 걱정한다.

"마쓰무라 씨의 다른 사람들에 대한 배려는 각별합니다. 다이아몬드 다이닝이 바구스를 합병한 후 기자회견을 하기 전날이었어요. 둘이 새벽 4시까지 술을 마시고 집으로 돌아와 자고 있는데 아침 9시가 지나서 전화가 걸려왔어요. '요네야마, 미안하네'라며 몇 번이나 사과를 하는 겁니다. 합병 정보가 노출되면 안 되기 때문에 저한테도 말하지 못했다면서 말입니다. 그게 마음에 걸려서 잠도 자지 않고 합병이 발표되는 9시를 기다렸다가 저한테 바로 전화를 건 겁니다. 그런 건 마음 쓰지 않아도 되는데 말이죠."

마쓰무라는 후지고코(후지산 북쪽에 위치한 5개의 호수) 호반에 호화로운 별장을 지었다. 요네야마가 자신의 별장과 같은 대지 안에 함께 만들자고 권유했기 때문이다. 요네야마 별장 옆에 마쓰무라의 별장을 짓고 두 사람은 가족, 친구들과도 섞여 함께 시간을 보냈다.

"별장을 만들자고 한 건 마쓰무라 씨가 자연 속에서 휴식을 취하길 바라는 마음 때문이었습니다. 별장에 좀더 자주 와주었으면 하는 바람입니다. 맑은 공기를 마시며 몸도 마음도 쉬면 좋겠어요."

마쓰무라의 병은 요네야마에게 남의 일이 아니었다. 마쓰무라는 이제 요네야마에게 가족과도 같기 때문이다.

"최근 1,2년 사이에 마쓰무라의 병세가 많이 악화되었어요. 작년 3월, 4월쯤이었나? 밤에 같이 술을 마시고 있는데 이제는 앉아 있는 것도 걷는 것도 뜻대로 안 되는 날이 있거든요. 하지만 절대로 저한테 병에 대한 걸 이야기하지 않았어요. 그래서 저도 모르는 척하고 있었죠. 그러는 게 가장 낫겠다 싶어서요. 걱정된다고 손을 내밀고 싶었지만 마쓰무라의 자존심을 생각하면 그렇게 할 수가 없었죠. 도와주기 위해 손을 내미는 것조차 참고 있는 자신이 답답할 뿐입니다."

그러나 마쓰무라는 2014년 여름 갑자기 고백해왔다.

"8월 더운 여름 날 밤이었습니다. 함께 밥을 먹고 귀가하던 심야택시 안에서 문뜩 '요네야마, 나 파킨슨병이래. 알고 있겠지만 지금의 의술로는 완전한 치료법이 없어. 물론 절대 지지 않을 테지만 말이야'

라고 작은 소리로 말하는 겁니다. 처음 하는 커밍아웃. 저도 '아, 그래요'라며 아무것도 아니라는 듯 말을 받았지만 흘러넘치는 눈물을 감추기 힘들었습니다."

요네야마는 생각한다. 마쓰무라가 없는 외식업계는 생각할 수도 없다고.

"저는 마쓰무라 씨가 병을 고치고 씩씩하게 걷는 모습을 상상할 수 있습니다. 불가능을 가능하게 만드는 마쓰무라 아쓰히사의 뒷모습을 지켜봐 왔으니까요."

나의 친구 마쓰무라 5 : 누군가와 함께하고 있다는 행복감

마쓰무라를 만난 2011년, 그가 나에게 처음 소개해준 외식업계 사람은 야스다 히사시였다.

"실은 제가 사회인이 된 첫째 날 야스다 씨를 만났습니다. 그 날부터 쭉 알고 지내는 선배입니다."

일본 TV에 자주 출연했던 야스다는 TV에서 본 강경한 말투와 굳은 표정과는 달리 온화한 표정이었으며 술을 못해서 그 날 회식에서도 콜라를 마시고 있었다. 마쓰무라는 '야스다 씨와의 만남이 제 인생을 다채롭게 만들어주었다'며 몇 가지 에피소드를 들려주었다.

"저는 닛타쿠엔터프라이즈에 입사한 후 디스코텍에 배속되어 출근한 첫날, 일이 끝난 후 그 가게 선배가 '헌팅해오라'고 시켜서 롯폰기에서 여성 두 명에게 말을 걸었어요. 그 선배는 헌팅한 여성 두 명과 저를 데리고 당시 가장 인기가 많았던 시로가네다이의 '기거 바GIGER BAR'를 갔는데 영화 '에일리언'에서 에일리언을 디자인 한 기거GIGER가 낸 가게입니다. 거기 점장을 맡고 있던 사람이 야스다 씨였어요."

야스다 히사시安田久. 1962년생. 1983년에 '이탈리안 토마토'에 입사. 그 후 '파라디소PARADISO' '기거 바' 등 인기 점포의 점장을 맡으며 업계에서도 알려진 존재가 되었다. 1991년 'BBA인터내셔널' 입사. '가네사GANESA' '자포네' 등 지금까지 없었던 콘셉트의 가게들이 히트하는 상황을 직접 목격하게 됨. 1988년 독립하여 주식회사 HY재팬 설립. 교도소를 콘셉트로 한 '알카트라즈' 1호점을 오픈. 이후 5년간 12개 점포를 신규 오픈. 2001년 '머니 토라Money 虎(프레젠테이션을 통해 성공한 사장들로부터 투자금을 받아내는 TV프로그램. 2004년 방송종료)에 출연. 2003년에는 7억 엔의 빚을 안고 개인파산 위기에 처하게 되나 이를 극복하고 2006년 47도도부현都道府県(일본의 행정구획) 47향토요리점을 통한 주식공개를 실현하고자 주식회사 HY시스템 설립. 2011년에 '아와오도리'로 외식 어워드 2010을 수상. 현재는 음식점을 경영하면서 다양한 세미나를 통해 수강생들을 가르치고 있다.

그 첫 만남부터 시작해서 마쓰무라와 늘 함께했던 야스다에게 마쓰무라에 대한 인터뷰를 부탁하자 그는 놀란 듯한 표정으로 '내 얘기가 도움이 될까'라며 걱정했다. 나는 마쓰무라에게 몇 번이나 들었던 이야기를 야스다에게 슬쩍 물어보았다.

"마쓰무라 씨는 언제나 이렇게 말하며 웃었습니다. '야스다 선배는 제가 점장이 되었을 때 거의 매일 밤 디스코텍에 와서 '어이' 하면서 손을 들어 보이며 바로 입장해서는 그대로 VIP석에 앉아버리는 겁니다. 악명 높은 부정 입장자였죠.' 당시를 기억하시나요?"

야스다는 이마에 손을 대고 잠시 생각하더니 '아, 생각났다'며 무릎을 쳤다.

"바지런히 움직이면서 잘 챙겨주는 녀석이구나 하는 정도로만 생각하고 있었는데 그게 마쓰무라였어요."

디스코텍 종업원이었던 시절의 마쓰무라를 야스다는 거의 기억하지 못했다. 야스다는 말을 이었다.

"22살의 마쓰무라는 진짜 말라서 지금과는 분위기도 전혀 달랐어요. 그 후에 태닝샵을 경영할 무렵 우연히 우리 가게에 와서 인사를 하게 되었는데 잠시 얘기해봤더니 외식업계에 대해서 엄청 많이 알고 있더라고요. '대단한 녀석인데'라는 게 첫 인상이었어요. 그 다음부터 점점 친해졌고 마쓰무라는 점점 뚱뚱해졌어요. 지금의 두 배 정도는 뚱뚱했어요."

마쓰무라는 업계 대선배의 언행을 하나하나 다 기억하고 있어서 지금도 주변 사람들에게 이야기해주곤 한다.

"야스다 선배는 당시 롯폰기에서는 꽤 유명했어요. 친구와 갔던 가게에 선배가 와서는 '너희들 중에 미국에 가고 싶은 사람 있나?'라며 갑자기 말을 거는 거예요. '가고 싶으면 미국에서 일하게 해줄게'라는 식으로. 너무 거만한 사람 같아서 처음엔 경계했어요."

하지만 마쓰무라는 야스다의 매력을 거부할 수 없었다.

"인맥과 행동력, 허세든 뭐든 자신만만한 태도. 도쿄에서 외식업을 하려면 이런 사람이 아니면 안 되는 걸까 하고 생각하며 야스다 선배를 줄곧 관찰하고 있었으니까요."

그후 야스다의 험난한 인생길에 마쓰무라가 함께하기 시작했다.

"저는 '기거 바'와 긴자에 있는 BBA인터내셔널에서 일하면서 언젠가 나도 레스토랑을 열겠다고 마음먹었어요. 그 회사는 유흥업에도 능한 회사였는데, 저는 노래방에서 정통 중화요리를 만들어 팔기도 하고 업계 최초가 되는 새로운 업태를 꽤 만들어냈습니다. 그런데 조직 안에서는 어떤 일에 말려들어 회사에서 해고를 당했어요. 35살에 함께 인생을 맹세했던 첫 번째 부인도 도망가 버렸죠. 남은 건 독립해서 차리려고 써놓았던 감옥형 레스토랑 '알카트라즈'에 대한 기획서와 사채 빚 500만 엔뿐이었어요."

야스다의 '알카트라즈' 오픈은 1998년 1월. 나가노 동계올림픽이 개최될 무렵이었다. 이 '알카트라즈'는 대히트였다. 방송국 취재가 쇄도하고 일본뿐만 아니라 미국 ABC방송국, 영국 BBC방송국에서도 취재를 나왔다. 당시 사무실에 있던 스케줄 보드는 취재와 촬영 일정으로 가득 찼고 인터뷰가 매일같이 이어졌다고 한다. 회사명은 주식회사 HY재팬이었다.

마쓰무라가 본 야스다는 온몸을 모두 루이뷔통을 두르고 있었다.

"당시의 야스다 선배는 루이뷔통 옷과 가방과 구두, 하다못해 슬리퍼와 양말까지 루이뷔통이었습니다. 알카트라즈로 무지무지하게 돈을 벌었어요. 500만 엔의 빚도 바로 갚았다고 큰 소리쳤으니까요."

마쓰무라의 증언대로 야스다는 인생의 전성기를 보내고 있었다.

"이건 자랑인데 나와 만났을 당시 마쓰무라가 집에 가서 '대단한 사람이 있다. 나도 언젠가 저 사람을 넘어서겠다'라고 했다더군요. 그 얘기를 듣고 엄청 웃었죠."

마쓰무라에게 있어 야스다는 끝을 모르는 성공신화 그 자체였던 것이다.

2001년 야스다는 긴자의 나미키도오리에서 마쓰무라를 보고는 '어이, 드라큘라'라며 말을 걸었다. '뱀파이어 카페'를 오픈한 마쓰무라와 우연히 만나게 된 야스다는 당시의 대화를 기억하고 있었다.

"어떤가? 가게는?"

"네, 그럭저럭 애쓰고 있습니다."

"매출은 얼마?"

"1400만 엔입니다."

"결혼해서 애도 있었지, 아마?"

"네, 하나 있습니다."

"3인 가족이라. 뭐 그럭저럭 먹고는 살겠네."

야스다는 2001년 무렵부터 점포를 확대시켜 나가는 제2의 전성기로 접어들었는데 다양한 정보가 필요하다고 보고 정보력에서는 능가

할 자가 없는 마쓰무라를 자주 찾아가 이야기를 들었다.

마쓰무라는 나는 새도 떨어뜨린다는 야스다가 아무튼 믿음직스러웠다고 한다.

"2001년부터 시작한 TV프로그램 '머니 토라'에서 야스다 선배는 강경한 태도의 투자자로서 전국에 이름을 날리게 되었죠. 레스토랑 업계에서 성공한 화려한 모습의 야스다 선배가 돈이 없는 사람들에게 투자하는 입장이 되면서 엄청난 집중조명을 받게 되었던 겁니다."

야스다가 당시를 회상했다.

"TV의 영향력이 얼마나 큰지 실감했었죠."

하지만 기고만장해질 정도의 인기와는 달리 점포 경영에 있어서는 막다른 길에 접어들고 있었다.

"저는 어느 쪽이냐면 직감형 크리에이터입니다. 다른 사람들 것은 참고하려고도 하지 않고 나만의 공상 속에서 점포를 만들어 나가는 경우가 많았어요. 보면 흉내내게 되니까. 하지만 마쓰무라는 달랐어요. 마쓰무라만큼 점포에 대해서 잘 알고 있는 사람은 없었어요."

당시 마쓰무라의 별명은 '걸어다니는 내비게이션'이었다. 그런 마쓰무라의 대단함을 야스다는 이렇게 설명했다.

"마케팅에 관해서는 일본 최고였다고 생각합니다. 거리의 시장성을 조사하고 여기라면 어떤 게 히트하게 될지, 구체적인 분석을 내놓고 있었죠. 내 경우 콘텐츠는 잘 만들어내지만 긴자에서 히트 친 것이 이케부쿠로에서도 히트 칠지는 몰랐어요. 최고 좋은 자리에서 성공했다고 해도 다른 곳에서 히트 치지 못한다면 점포 확장은 불가능하기 때문에 마쓰무라에게 정보를 얻기 위해서 자주 만나러 갔었죠. 함께 밥을 먹으면서 실은 마쓰무라한테 많이 배우고 있었던 겁니다. 그는 저를 여러 인기 점포에 데리고 갔어요. 이런 가게, 이런 서비스, 이런 요리가 있다면서요."

'알카트라즈'를 히트시킨 야스다는 그 이후에도 콘셉트 레스토랑을 구상하고 있었다.

"2002년, 제가 '알카트라즈'에 이어 오픈한 것은 장의사 레스토랑이었어요. 마쓰무라는 그 이야길 듣고 '네? 진짜로요?'라며 눈을 부릅뜨더군요."

장례식을 체험할 수 있는 레스토랑은 오픈 때부터 파리를 날리더니 엄청난 적자를 보고 반 년만에 문을 닫았다.

"그 다음에는 제대로 장기간 운영할 수 있는 레스토랑을 만들겠다며 '아카사카 롤스'라고 하는 정말 세련되고 멋있는 가게를 냈습니다. 하지만 이것도 잘 안 됐어요. 그래서 마쓰무라한테 부탁해서 팔았습니다. 마쓰무라는 '미궁의 나라 앨리스'를 오픈했고 아마 망할 거라고 생각했는데 대히트를 쳤습니다. 이제 입장이 역전된 겁니다."

2004년, 마쓰무라는 '뱀파이어카페' '에이티 카페' '미궁의 나라 앨리스' '올빼미의 숲'이라는 네 점포의 오너가 되었다. 야스다는 마쓰무라의 성공이 여기서 멈추지 않을 것이라는 것을 이미 예측하고 있었다.

"마쓰무라의 눈에는 카메라가 붙어 있어요. 장소든 영화든 책이든 무엇이든 보면 셔터를 누르는 것처럼 기억하고 그것을 분석할 줄도 알죠. 보는 눈이 대단합니다. 그리고 좋고 나쁨을 선별하는 능력 또한 보통이 아니죠. 쉽게 설명하자면, 예를 들어 나에게 100개 있는 것 중에 2개 정도 좋은 점이 있다고 합시다. 마쓰무라는 그 2개는 제대로 흉내를 내지만 필요 없는 98개는 절대로 흉내내지 않는 남자인 거죠."

마쓰무라는 지론인 '100집 둘러보기'를 수시로 실시하면서 좋은 점은 따라하고 나쁜 점은 배제하는 눈을 철저히 키워 나갔다. 야스다가 기자 일행 50명과 지방에 있는 레스토랑을 순회하는 초청투어를 기획했을 때의 일이다.

"자세히 보니 버스 안에 다이아몬드 다이닝 직원이 5명이나 타고 있는 거예요. 그 때 우리 회사 직원들은 밤이 되면 호스티스가 있는 클럽에나 다니고 있었는데 다이아몬드 다이닝 직원들은 지방 음식점을 몇 군데씩 돌아보고 있었던 겁니다. 아, 마쓰무라 회사는 다른 회사와 다르구나, 분명히 뭔가 이루고 말겠구나 하는 생각이 들었습니다."

야스다는 자신의 사업을 하는 데 마쓰무라의 도움을 받게 된다.

"좀처럼 히트시키지 못하는 내 방식은 뭔가 잘못된 것일지도 모르겠다며 고민에 빠졌어요. 고향 아키타의 향토요리점 '나마하게なまはげ'를 2004년에 긴자에 오픈했지만, 그 후 다시 고민에 빠져 있는 나에게 마쓰무라는 이렇게 제안했어요. '야스다 선배, 47도도부현 47향토요리점이라는 콘셉트는 어떻습니까?' 마쓰무라는 이미 '100브랜드 100점포'를 목표로 하고 있었기 때문에 그 절반인 47개라면 나도 가능하겠다 싶어 착수했던 겁니다."

아키타의 향토요리를 제공하는 '나마하게'는 연간 3억 엔 정도의 매출을 자랑하는 레스토랑이 되었다.

"2006~2007년은 제2의 버블기로, 우리 가게는 주로 손님 접대와 샐러리맨의 회식 장소로 인기가 있었기 때문에 그 무렵에는 정말 경기가 좋았어요. 3억 엔 정도 매출이 오르면 다이아몬드 다이닝의 16억 엔 매출도 따라 잡을 거라는 생각에 마음이 조급해져서 신규 점포를 열기로 했습니다."

이 신규 점포는 인테리어에 약 2억 엔 정도를 들였는데 거대한 수조가 있는 본격 일본 요리점이었다.

"홋카이도 요리를 제공하려고 했어요. 수조에 살아 있는 게를 넣어서 게 요리로 유명한 '가니도라쿠かに道楽'를 이겨보겠다고 호언장담했던 거죠."

그런데 오픈 후 바로 리먼 쇼크가 터졌다.

"그 거대 수조가 있던 가게는 월세도 500만 엔 정도였는데, 리먼 쇼크로 손님들의 발길도 뚝 끊겨버려서 최악의 상태로 달려가고 있었습니다."

야스다는 그 후에 롯폰기 중심가 앞에 80평 규모의 '하가쿠레葉隠'를, 2010년에는 긴자에 170평 규모의 '아와오도리'를 만들어 2011년 2월 외식산업기자회가 그 해 가장 주목할 만한 사람에게 주는 '외식 어워드'를 수상했다. 그러나 사실 그의 회사는 이미 돌이킬 수 없는 적자 상태에 빠져 있었다.

"외식 어워드는 마쓰무라의 강력한 추천으로 받게 된 거나 마찬가지여서 저는 정말 감사했죠. 하지만 마쓰무라에게는 너무 미안한 마음뿐이었습니다. 수상자인 제 회사의 운명이 어떻게 될지 뻔히 보였으니까요. 수상자가 결정된 후 마쓰무라에게 '회사가 위험한 지경이다'라고 말했지만 그는 '받을 수 있는 거면 받아두는 게 좋죠'라며 수상식 날에는 성대한 파티까지 준비하고 있너라고요."

그런데 수상식 당일 생각지도 못했던 일이 발생했다. 오랜 병환을 앓고 있던 마쓰무라의 부친께서 돌아가신 것이다. 부고를 접한 야스다는 마쓰무라에게 파티를 중지하자고 했다.

"제가 파티를 중지하자고 했지만 마쓰무라는 '야스다 선배의 영광스런 무대이니 중지하지 않겠습니다. 저희 아버지께서 돌아가셨다는 거는 아무한테도 말하지 마세요. 자, 시작합시다'라고 하더군요."

야스다는 그 날을 생각하면 지금도 눈물이 난다고 말하며 코를 훌쩍거렸다.

"지금도 기억하고 있습니다. 성대했던 파티의 마지막 인사 때, 저는 더 이상 가만히 있을 수는 없어서 마쓰무라가 부친상을 당했다는 걸 모두에게 알렸습니다. 파티장은 모두 숙연해졌죠. 그 자리에서 부고를 들은 외식업계 사람들이 대거 고치의 장례식장으로 달려가게 된 겁니다."

한 편 야스다는 빛나는 수상으로부터 4개월 후에 도산했고 막대한 빚을 지게 되었다.

"그렇게 대단한 상을 받았는데 결국 무너지고 말았습니다. 마쓰무라와 이나모토가 주식상장을 하는 것을 보고 '너희들이 했다면 나도 할 수 있다'고 착각했던 거지요. 마쓰무라가 가족처럼 물심양면으로 도와주었지만 리먼 쇼크 때부터 계속되는 적자에 자금조달이 불가능해지면서 결국 무너지고 만 겁니다."

여기에 3.11 동일본 대지진도 기름을 더 부은 셈이 되었다.

"동일본 대지진 이후 매출이 95%나 떨어졌어요. 그때까지 여기저기서 돌려막기 식으로 운영해왔는데, 이제 더 이상은 버틸 현금이 없었어요. 1년 정도 전부터 마쓰무라나 다른 사람들한테 돈을 빌려서 회사에 쏟아 붓고 있었는데 지금 생각해보면 헛돈을 썼다는 생각이 드네요. 2011년 6월 29일에 법원에 신청, 도산하게 되었습니다."

야스다는 '이걸로 내 외식업계 생명은 완전히 끝났다'고 생각했다고 한다.

"2003년에 한번 회사가 쓰러질 뻔한 일이 있었는데 아내한테 '우리는 왜 가난한 거죠?'라는 말을 듣고, 그 때부터 8년간 버텨왔죠. 아내는 풍족한 생활을 할 거라고 생각했는데 2011년에는 결국 도산까지 당하고 나니 '이혼' 소리가 나오겠구나 했었습니다. 그런데 그녀는 '돈을 벌어오라'고 말했어요. 아, 이혼은 아니구나, 하고 한시름 놓았습니다. 하지만 어떻게 돈을 벌면 되지? 하고 고민만 하고 있을 때 마쓰무라가 일을 준 겁니다."

마쓰무라가 '100브랜드 100점포' 달성 축하파티를 오쿠라 호텔에서 개최했을 때 야스다를 프로듀서로 기용한 것이다.

"마쓰무라는 '야스다 선배가 하고 싶은 대로 연출해주세요'라고 했고 저는 최고로 밝고 즐거운 파티를 만들려고 애썼어요. 그것밖에는 보답할 길이 없다고 생각했으니까."

파티의 마지막 타임. 마쓰무라는 야스다를 무대로 불렀다. 그리고 야스다에게 생긴 일에 대해서 정직하게 이야기한 것이다.

"나와 마쓰무라의 관계를 이야기하고 도산했는데도 불구하고 저를 발탁해준 마쓰무라에 대한 감사를 전했습니다. 축하의 자리에서 왜 그런 말을 했냐는 비판도 받았지만 지금도 '그 연설은 대단했다'며 인사를 건네는 사람들도 있답니다."

야스다는 그 후, 다이아몬드 다이닝과 컨설턴트 계약을 맺었다. 물론 마쓰무라가 야스다의 생계를 위해 만든 업무였다.

"외식업계에서 마쓰무라는 '반드시 있어야 할 사람'이 되었어요. 그런 마쓰무라가 '야스다 선배를 응원합니다'라며 전력을 다해 응원해주는 겁니다. 더 이상 기대를 저버려서는 안 된다는 자각심을 늘 갖고 있었죠."

현재의 야스다는 업계 최고의 인기 컨설턴트가 되어 전국을 누비고 있다.

"회사 15군데 정도를 관리하고 있습니다. 토라스쿨Tora-shcool이라는 세미나가 연 2회 열리고요. 그리고 제 레스토랑도 차렸습니다. 다이아몬드 다이닝에서 배운 것도 많아서 그런 것들을 살리며 하루하루 열심히 살고 있습니다."

야스다는 암흑의 세계에 있던 자신에게 마쓰무라 아쓰히사가 빛을 비추고 밝은 세상으로 인도해준 것이라고 했다.

"마쓰무라는 사람이나 상황에 따라 차별하지 않는 남자입니다. 주식상장을 했다고 해서 거드름을 피우지도 않고 도산했다고 멸시하지도 않죠. 그것이 그의 매력이라고 생각합니다. 마쓰무라는 적이 없는 사람이에요. 저는 돈을 버는 것만 생각하지만 마쓰무라는 사람들을 행복하게 해주고 싶다는 의지가 굉장히 강합니다. 그런 마음을 한 번도 잊지 않아요. 그래서 다른 사람들에게 베푼 온정과 배려가 회사나 자신에게 돌아오는 거겠죠. 남을 잘 돌봐주고 절대 'NO'라는 말을 못합니다. 마쓰무라는 외식업계를 넘어 일본 경제에 있어서도 절대 없어서는 안 될 인물이 된 겁니다."

마쓰무라에게 있어서 야스다는 얼마나 특별한 존재일까? 그것은 야스다에 대한 마쓰무라의 연민과 동정을 보면 알 수 있다. 어떨 때는 안하무인으로 행동하는 선배, 어떨 때는 천재 플래너, 어떨 때는 연수익 3억의 부자, 어떨 때는 모든 것을 잃은 실패경영자 야스다. 마쓰무라는 야스다의 어디가 좋아서 모든 것을 용서해주는 것일까? 그렇게 묻자 마쓰무라는 몸을 일으켜 수다쟁이라도 된 듯 말이 많아졌다.

"야스다 선배는 겉과 속이 같은 사람이어서가 아닐까요? 시대가 가져다준 영화도 누려봤고 돈이 없는 고통도 겪었죠. 아마 그렇게 솔직하고 그렇게 자기 멋대로인 사람도 없을 겁니다. 그런 극단적인 면도 잘 알고 있습니다. 그래서 그런 양면을 가진 야스다 선배가 저는 너무 좋습니다."

마쓰무라에게 '가족들과 먹고 살 수 있겠어?'라며 거만하게 말했던 야스다도, '제발 부탁이니 돈을 빌려 달라'며 머리를 숙였던 야스다도, 향토요리점을 훌륭히 런칭한 야스다도, 아무리 말려도 2000만 엔을 들여서 수조를 만들고야 말았던 야스다도 다 같은 야스다인 것이다. 마쓰무라는 방자해서는 살아남을 수 없는 업계의 생리를 알면서도 야스다처럼 자유로이 생각하고 추진하는 재능을 잃고 싶지 않았던 것이다.

마쓰무라는 이런 생각을 가슴에 숨기고 있었다.

"야스다 선배가 없는 세상은 재미없을 거예요. '알카트라즈'로 한 시대를 풍미하고, '머니 토라'로 돈다발을 뿌려도 보고, '수조에 2000만 엔을 들인 건 마쓰무라 말대로 실패였다'며 도산한 다음에 울기도 한, 야스다 선배의 이 모든 모습들이 제 마음을 열광시킵니다."

첫 만남부터 25년을 함께 보낸 두 사람의 관계는 앞으로도 계속 이어질 것이다. 서로가 딱 좋은 거리를 유지하면서 서로를 간섭하고 있다고 마쓰무라는 말한다. 그리고 야스다의 카리스마에 지금도 마음이 동요된다고도 했다.

"야스다 선배는 점포 경영보다 컨설팅이 맞는 것 같아요. '머니 토라'로 유명인이 되었고 그 아우라는 절대 사라지지 않을 겁니다. 점포는 도산할 가능성도 있지만 컨설팅은 그저 해고되는 것뿐이니까 수십만 엔 손실을 보는 걸로 끝나거든요. 물론 점포 한 곳 정도는 경영하면서 야스다 선배가 매일 가게에 나가 있으면 아마도 번창할 겁니다. 하지만 전국을 누비고 다니면서 엄청 바쁘기 때문에 가게에 나갈 수 없을 거예요. 그러니까 경영은 정도껏만 하라고 조언하지요. 야스다 선배는 카리스마 컨설턴트로서 토라 스쿨을 계속 이어가야 합니다. 수강생들은 엄청난 세력이 되어줄 테니까요."

야스다는 마쓰무라의 구심력에 의지하면서 자신이 할 수 있는 모든 것을 통해 마쓰무라와 다이아몬드 다이닝에 공헌하고 싶다고 했다.

“토라 스쿨 아이디어는 전부터 가지고 있었지만 마쓰무라의 전면적인 지원을 받고 있기 때문에 외식업 경영자들 모두의 찬동도 얻을 수 있었던 겁니다. 현재 외식업계 관련 세미나와 주식상장 입문 세미나도 같이 하고 있는데 수강생 수가 계속 늘고 있습니다. 그리고 도산 경험을 통해 보이는 세상도 있습니다. 저한테는 구체적인 노하우도 꽤 있어요. 예를 들어 음식업은 창업에서 10점포 진출까지는 반드시 전부 흑자가 나야 합니다. 10개 점포 중 3곳이 적자라면 실제로는 4곳만 하는 거나 마찬가지예요. 점포를 10개 가지고 있는 것처럼 보이지만요. 5개 점포 중에서 2곳이 적자라면 점포 하나만 운영하는 거나 마찬가지인 거고, 별도로 본부 조직도 있다면 제대로 돌아가지 않을 겁니다. 적자 점포 2곳을 메우기 위해서는 6번째 점포를 만들 수밖에 없죠. 이런 식으로 돌아가는 곳이 꽤 많은데 저도 이런 패턴으로 실패한 겁니다. 그런 체험담을 이야기하면 설득력 있는 세미나 혹은 컨설팅이 되는 거죠. ‘당신도 나처럼 될지 몰라요. 나처럼 되면 끝입니다, 도산이에요’라고 확실하게 말해줄 수 있습니다. 이런 경험들을 토라스쿨 수강생들에게 가르치고 있습니다. 마쓰무라가 이대로 이 업계의 정점까지 올라갔을 때 제가 대신해서 그의 손발이 되고 눈이 되고 싶어요. 지금은 진심으로 그렇게 생각하고 있습니다.”

야스다는 진지한 얼굴로 진심을 담아 이야기했다.

“마쓰무라는 도산 후에도 변함없이 ‘야스다 선배, 야스다 선배’라며 대접해주었어요. 도산한 이유도 묻지 않았고 장황한 잔소리도 없었죠. 그저 지금까지 했던 것처럼 대해 주었습니다. 도산 후 저와 거리를 두려는 사람들이 많았던 상황에서 무엇 하나 바뀐 것 없이 대해주는 마쓰무라가 얼마나 마음의 위안이 되었던지……. 저에게 있어서 이렇게 크고 든든한 기둥은 다른 누구도 아닌 마쓰무라 아쓰히사 뿐이었습니다."

20대의 마쓰무라는 야스다를 우러러 보면서 '언젠가 야스다 선배를 넘어서겠다'고 다짐했었다.

"그렇게 되어서 정말 기쁩니다."

다만 걱정이 되는 것은 마쓰무라의 건강뿐이다.

"마쓰무라는 주변이나 세상 사람들한테 '특이한 친구'로 불립니다. 다른 사람들한테 자기 본심을 보여주지 않아요. 아무리 힘들어도 나약한 소리를 하거나 푸념을 늘어놓지 않죠. 누구도 그의 마음속을 들여다보지 못해요. 문득 드는 생각은 마쓰무라가 병을 앓게 된 건 모든 책임을 혼자 지고 주변사람들에게 피해를 주지 않으려고 혼자서 모든 고뇌를 짊어지는 성격 때문은 아니었을까, 그게 하나의 원인이 된 건 아닐까 하는 겁니다. 유일하게 그의 마음속 갈등까지 이해하고 있는 것은 헤어진 전 부인이라고 생각합니다. 마쓰무라와 둘이서 해외에 나갔을 때, 같은 방을 썼기 때문에 그의 병을 확신하는 데 그리 시간이 걸리지 않았어요. 그러나 마쓰무라는 저한테 병에 대해 말하려 하지 않았고 저도 굳이 물어보지 않았죠. 저는 그 때부터 마쓰무라의 마음속 고뇌와 갈등을 받아들이고 곁에서 지켜주는 것이 저의 소명이라고 생각했어요. 마쓰무라한테 말하면 '야스다 선배, 또 말만 그렇게 하는 거죠?'라고 한 소리 하겠지만 이건 제 진심입니다."

나를 절대 혼자 내버려두지 않겠다고 다짐해주는 친구가 있다는 행운. 마쓰무라는 야스다한테 그 행운을 얻은 것이다.

"야스다 선배가 걱정이 돼서 병들어 누워 있지도 못할 겁니다."

마쓰무라는 이렇게 말하며 윙크했다. 위대하지만 그러나 골칫덩어리인 선배와 보낸 세월들이 그저 따뜻하게만 느껴졌다.

6장

외식업계의
구글을 꿈꾸다

도쿄증권거래소에 상장하다

어려운 시기를 극복한 마쓰무라는 도쿄증권거래소 1부 시장으로의 승격(시장변경)에 의욕을 불태웠다. 망설임을 떨쳐버린 마쓰무라는 다음과 같이 생각한 것이다.

"우선 도쿄증권거래소 2부로의 시장변경을 신청하자. 어두웠던 시대를 넘어 새로운 성장 무대로 향하기 위해서는 더 큰 주식시장으로 상장하여 주식 유동성을 확보하고 투자층을 넓혀 시가총액 증대와 재무 상태 개선을 꾀해야 한다. 이를 통해 임직원의 윤리의식을 높이고 더욱 우수한 인재를 확보하기 위해서 도쿄증권거래소 2부, 도쿄증권거래소 1부 상장기업이 되어 사회적 신용도를 높여야 한다."

도쿄증권거래소에 대한 목표에 불을 지핀 것은 아끼는 후배 요네야마이다.

"요네야마에 대한 라이벌 감정이야말로 나의 의욕을 불태우는 연료와 같습니다. 다이아몬드 다이닝이 먼저 상장했지만, 요네야마의 에이피 컴퍼니는 2012년 9월 25일 도쿄증권거래소 마더스에 상장했습니다. 요네야마에 대해 감격하면서도 분한 마음은 줄곧 가지고 있었습니다."

마쓰무라가 걱정할 일 없이 만전의 태세로 임할 수 있었던 것은 3.11 동일본 대지진의 위기를 극복한 중심인물, 경영기획실장 히구치의 반석 같은 대응이 있었기 때문이다.

히구치가 당시를 되돌아보며 지적한다.

"사장님은 늘 M&A를 통해 회사 규모를 확대하여 실적을 높이고, 도쿄증권거래소 1부, 2부시장으로의 편입할 계획을 갖고 있었습니다. 시장변경 준비는 2013년 6월부터 시작해서 2014년부터 본격적으로 이루어졌습니다."

마쓰무라가 고려한 것은 주관사, 즉 그 절차를 행하는 증권사였다. 마쓰무라는 '요네야마가 상장할 때 주관사가 노무라증권이었기에 다른 곳은 염두에 두지 않았다'고 웃으며 말했지만, 실은 마쓰무라에게는 2007년 3월 오사카증권거래소 헤라클레스 증권시장에 상장했을 때의 씁쓸한 기억이 있다.

"주식시장으로 상장 준비를 시작했을 당시, 우선 주관하는 증권사의 선정이 필요했는데, 그 때 대기업 증권회사를 포함한 수많은 증권회사로부터 주관사를 하고 싶다는 취지의 연락이 왔습니다. 연락이 온 증권사 중에서 우리 회사가 가장 유력한 후보로 선정한 증권사에 의뢰를 했으나 거절당했습니다. 그 회사가 바로 노무라증권이었습니다. 거절당했을 당시 당혹감과 억울함 때문에 도쿄증권거래소에 상장할 경우 노무라증권에 주관사 업무를 맡기기로 그때부터 마음먹었습니다."

마쓰무라는 이렇게 본심을 드러냈다. 한편 히구치가 생각하는 주간사 선정 이유는 이렇다.

"일본 기업의 주식상장을 관리하는 증권회사 가운데 국내 최대 규모인 노무라증권 이상의 회사는 없습니다. 게다가 이왕 도쿄증권거래소 1부, 2부시장에 데뷔할 거면 심사가 가장 어렵다는 노무라증권을 주관사로 선정하여 높은 벽을 넘으려고 했던 것입니다. 그리고 노무라증권은 전국에 업계 최고의 우수한 영업담당자들을 보유하고 있기 때문에 도쿄가 주무대인 우리 그룹의 전국적 지명도 향상에도 커다란 힘을 발휘해줄 거라고 기대했습니다. 그래서 파트너가 될 주관사는 노무라증권 이외에는 생각도 하지 않았습니다. 물론 주관사 선정을 위한 노무라증권 측의 심사를 거쳐야 하지만요."

도쿄증권거래소 1부로의 이행을 원했지만 시가총액이 규정에 달하지 못해서 2부에서 시작해야 했다. 히구치는 이렇게 설명한다.

"자스닥에서 직접 도쿄증권거래소 1부로 상장하려면 시가총액의 조건이 최소 250억 엔에 달해야 하는데, 당시의 다이아몬드 다이닝의 시가총액은 40억 엔 정도였습니다. 시가총액 때문에 바로 도쿄증권거래소 1부에 진출하지 못하고 2부에서 1부로의 진출을 목표로 삼게 되었습니다. 2부에서 1부로 상장하려면 시가총액이 40억 엔이면 되니 노릴 만하다고 생각했습니다."

히구치의 설명을 들은 마쓰무라는 이렇게 말했다.

"되도록 빨리 2부에서 1부로의 편입을 목표로 하자."

히구치가 업무를 맡아 노무라증권과의 면담이 시작됐다. 자스닥에서 도쿄증권거래소 2부로 시장변경을 하기 위해 주관사에 의뢰할 때는 30개의 두꺼운 바인더 자료가 제출되었다. 그 파일 내용을 히구치는 전부 기억하고 있다고 했다.

"점포위생 품의 경로가 명확히 설정되어 있으며 이를 기초로 결재가 이루어지고 있는지, 이사회에서 어떤 논의를 하는지, 잔업수당은 제대로 지급되고 있는지 등 하나에서 열까지 모든 자료를 제출했습니다. 그 서류를 노무라증권에서 검토한 다음 다시 약 200개의 질문사항이 되돌아옵니다. 그것을 저와 집행임원 관리본부장인 스도 다이스케 등과 함께 읽고 답변서를 만들어서 다시 제출하는 것입니다. 예를 들면, 식품의 안전관리 문제, 즉 식중독 발생 시 대처사항 등에 관해서도 솔직하게 기록합니다. 예를 들어 식중독이 발생한 점포가 조치 후 다시 식당 문을 열기까지의 과정은 어땠는지 그 이후 제도화는 어떻게 진행되었는지 등 다양하고 구체적인 질문사항에 대해 상세하게 답해야 했습니다."

도쿄증권거래소 2부 시장변경 프로젝트가 진행되는 사이에 다이아몬드 다이닝의 실적은 점점 나아지고 있었고, 매출 목표를 초과달성할 만큼 상장 준비에는 아무 문제가 없었다. 딱 한 가지를 제외하고는……. 바로 마쓰무라의 건강 문제였다.

히구치는 노무라증권 담당자에게 사실을 말하고 면담으로 심사를 받았다.

"도쿄증권거래소 2부 상장 시, 노무라증권이나 도쿄증권거래소의 최종심사에서는 심사 책임자가 반드시 대표 면담을 실시합니다. 그러나 마쓰무라 사장 같은 경우에는 통상적인 심사 외에도 질병에 대한 것도 판단 근거가 될 것이 분명했습니다. 파킨슨병을 이유로 최종심사에서 통과되지 않을 가능성도 충분히 있었습니다."

히구치는 노무라증권이나 도쿄증권거래소에 마쓰무라 사장이 비록 신체적으로 부자연스럽지만, 뇌는 예전과 전혀 다름이 없다는 것을 재차 설명했다. 그리고 드디어 노무라증권과 도쿄증권거래소의 대표자 면담이 시작됐다.

"마쓰무라 사장은 많은 질문을 받고 상세히 대답했습니다. 물론 겉으로 파킨슨병 특유의 움직임이 드러나 의자에 앉아 있는 것도 힘들었지만, 사업에 대해서나 몸 상태에 대해서도 성실하게 답했습니다."

노무라증권과 도쿄증권거래소 심사 책임자가 마쓰무라를 면담한 후, 히구치는 그 결과를 긴장하면서 기다렸다.

"환자에 대한 동정 따위는 통하지 않는 세계입니다. 두 명의 심사 책임자는 매서운 눈으로 마쓰무라 사장을 관찰했을 겁니다. 그 두 사람이 저에게 '오랫동안 의자에 앉아 있는 것이 힘들어 보였습니다. 하지만 이야기를 나눠보니 주고받는 대화에 관해서는 특별히 문제가 없습니다. 경영의 의사결정에서도 그다지 문제없다고 판단했습니다'라고 말해줬습니다. 제가 사장님께 합격을 알려드렸을 때 서로 안도하며 굳은 악수를 했습니다."

도쿄증권거래소 2부 승격(시장변경) 준비가 빠르게 진행되는 와중에 마쓰무라는 파킨슨병을 공표하는 큰 결단을 내리려 했다. 계기는 2014년 5월 29일에 진행된 주주총회였다. 주주가 마쓰무라에게 건강상태에 관한 질문을 했지만, 아직 회사에도 진실을 알리지 않은 마쓰무라는 애매한 대답밖에 하지 못했다. 마쓰무라의 상태는 누가 봐도 정상이 아니었고, 마쓰무라는 '문제 없다'고 말한 것에 대한 찝찝함을 떨쳐버릴 수 없었다.

"일반적으로 약년성 파킨슨병을 이해하는 것은 쉬운 일이 아닙니다. 하지만 그 사실을 평생 숨기고 사는 것은 회사를 계속 위협하게 될지도 모릅니다. 사실을 말하지 못하는 상태가 계속되자, 주주나 사원에게 미안한 마음은 점점 커져갔고 결국 공표를 해서 제대로 설명하기로 결심했습니다."

주주총회 한 달 후 6월 하순에 마쓰무라는 사장실로 히구치를 불러 자신의 결심을 말했다.

"저는 히구치한테도 파킨슨병이라는 것을 말했습니다. 그리고 '언젠가 자신의 병을 공표하고 싶다'는 생각을 말했습니다. 모두에게 진실을 알리는 방법 이외에는 뾰족한 수가 없다는 것과 고마쓰 나루미라는 작가에 맡겨 책으로 출판하고 싶다는 생각을 모두 털어놨습니다. 공표시기가 만일 도쿄증권거래소 1부 상장기업이 된 후라도 회사에 폐를 끼치게 될 것입니다. 그래도 더 이상 지체할 수 없었습니다. '용서해주겠나?'라고 히구치에게 말했습니다."

커밍아웃의 허락을 구한 마쓰무라는 침묵했고, 히구치 역시 아무 말도 하지 않았다. 히구치가 침묵한 것은 충격 때문이 아니었다. 마쓰무라의 고통을 절실히 느꼈기 때문이다. 히구치는 얼굴을 들어 마쓰무라에게 '알겠습니다. 물론 괜찮습니다'라고 말했다. 점점 마쓰무라의 눈에 눈물이 차올라 양쪽 볼을 타고 흘러내렸다.

마쓰무라의 눈물을 보며 사장의 병을 공표한다는 것은 회사로서도 큰 시련이겠지만 회사 전체가 하나가 되어 무슨 일이 있어도 극복해야 한다고 히구치는 생각했다.

"주주총회 때, 저도 다른 직원도 이제는 한계에 다다랐다고 느꼈습니다. 한결같고 정직한 사장님이 자기 병에 대해서는 주주나 직원에게도 진실을 말하지 못하는 것은 회사를 생각해서 그런 것이지만, 그게 얼마나 부담스럽고 고통스러울까 생각했습니다. 사장님이 병을 공표하겠다는 각오를 듣고 저도 그게 올바른 길이라고 생각했습니다."

재킷 소매로 눈물을 훔치는 마쓰무라한테 히구치는 힘차게 말했다.

"다이아몬드 다이닝과 마쓰무라 사장님을 이해하고 응원해줄 수 있는 분들이 회사 주식을 사면 되지 않습니까? 이렇게 말했더니 사장님도 수긍하시고 '내가 병에 걸리지 않았다면, 모두에게 이렇게 폐를 끼치지 않을 텐데'라고 또 머리를 숙이고 눈물을 흘렸습니다."

마쓰무라가 파킨슨병을 공표하기로 각오할 수 있었던 것은 히구치를 비롯한 회사 경영진들 덕분이었다. 마쓰무라는 사장이 난치병에 걸린 시련도 극복할 수 있는 조직이라는 자신감을 갖고 있었던 것이다. 밝은 표정을 지은 마쓰무라는 몇 번이나 내게 이렇게 말하면서 가슴을 폈다.

"다이아몬드 다이닝은 제가 사장이고 여태 제 의사만으로 결정해 온 것이 분명합니다. 하지만 헤라클레스(현 자스닥) 상장, '100브랜드 100점포'의 달성을 거치면서 개인이 아니라 기업으로서 나아갈 수 있는 힘을 얻었다고 느끼고 있었습니다."

히구치 역시 마쓰무라와 똑같은 마음이었다. 하지만 재무를 담당하는 사람으로서 위기관리는 결코 게을리 할 수 없었다. 히구치는 마쓰무라한테 신랄한 사실을 보고해야만 했다.

"건방지게도 사장님께 딱 한 가지 부탁을 했습니다. '만일 도쿄증권거래소 2부, 그리고 1부 상장이라는 꿈이 이루어진 후에도 우리 회사는 더 큰 자금이 필요하게 될 겁니다. 은행대출도 지금까지와는 비교가 안 될 정도로 더 많이 필요할 것입니다. 그 때 은행은 마쓰무라 사장님께 무슨 일이 있으면 어떻게 할 거냐고 반드시 물어볼 겁니다. 차기 사장이 될 사람은 있는지, 있다면 그가 누구인지, 반드시 그렇게 물어볼 겁니다. 자신의 후계자는 누구인지 정해주십시오'라고 마쓰무라 사장님께 부탁했습니다."

오너 기업에서는 비록 상장기업이라도 사장의 건강 문제, 그리고 후계자 문제는 그 어떤 기업행위보다도 중요한 의제였다.

"히구치한테 그런 말을 듣고 나서, 다이아몬드 다이닝은 이제 제가 만든 시절의 그 회사가 아니라고 생각했습니다. 제가 건강 이상으로 물러나고 차기 대표 체제가 될 경우를 염두에 두는 것이 저에게 있어서도 최대의 과제가 되었습니다."

다이아몬드 다이닝은 2014년 11월 28일 도쿄증권거래소 2부 시장 변경을 성공시켰다. 도쿄증권거래소 내에서 진행된 기념식은 장엄했다. 명품 브랜드 지방시Givenchy의 검은 양복을 입은 마쓰무라와 다이아몬드 다이닝 임원들은 15층에 있는 대기실로 들어간다. 그곳에서 가슴에 빨간 장미를 달고 나서 특별응접실로 들어갔다. 응접실에서 도쿄증권거래소 임원들과 명함을 교환하고 나란히 늘어선 의자에 앉아 간담회를 가졌다.

축하의 인사말을 건네받은 마쓰무라와 임원들은 간담회가 끝나자, 그 때부터 2부 상장 기념식 장소인 도쿄증권거래소 2층으로 이동했다. 그곳에서는 도쿄증권거래소 임원들이 다이아몬드 다이닝 일행을 기다리고 있다가 박수로 맞이했다.

드디어 증여식이 시작되었다. 마쓰무라는 상장통지서와 상장기념품을 받은 후 기념사진을 찍었다. 그리고 타종 기념식이 VIP룸에서 진행되었다. VIP룸에 들어간 마쓰무라는 흥분과 환희를 가라앉히지 못하고 주변을 두리번거리며 둘러보고 있었다.

"타종의 횟수는 5번입니다. 이 횟수의 유래는 '오곡풍양五穀豊穰(농업사회 핵심 키워드로 모든 곡식이 풍년이 들어 잘 여물기를 기원한다는 뜻)으로 기업의 번영을 바라는 뜻이 담겨 있다고 합니다."

첫 번째로 종을 치기로 한 마쓰무라는 나무망치를 들고 몇 번이나 예행연습을 해서 주변 사람들의 웃음을 자아냈다.

"당시 최연소로 도쿄증권거래소 1부에 상장한 넥시즈의 곤도 대표는 다섯 번의 종을 모두 혼자 치는 바람에 빈축을 샀답니다. 그 말을 듣고 나서 그 날 종을 치는 사람과 순서를 미리 정해놓았습니다."

이윽고 엄숙하게 종이 울려 퍼졌다. 마쓰무라의 첫 번째 타종소리와 계속되는 네 번의 종소리. 합계 다섯 번의 종소리가 그치자 또 다시 박수갈채가 터져 나왔다.

"그 날의 종소리를 저는 온몸으로 느꼈습니다. 그리고 강한 마음으로 도쿄증권거래소 1부 상장을 향해 매진할 것이며, 언젠가 파킨슨병을 고백하고 또한 반드시 파킨슨병을 극복하기로 굳게 맹세했습니다."

불편한 몸으로 종을 친 마쓰무라의 옆에는 왜소한 스즈키 다이도쿠가 서 있었다. 스즈키는 M&A나 투자전략 등 모든 방면의 관리를 담당하는 재무전략 컨설팅의 제 1인자로 명성이 높은데, 기업의 경영참모로서 경영자의 비전 실현을 위한 버팀목이 되어 온 컨설턴트이다. 중소기업과 벤처기업의 재무, 기업이 성장해가는 와중에 투자 전략이나 자금조달 전략, 특히 재정 관리나 결산서 작성 등 창업 초기의 경영자들이 가장 고전하는 업무를 돕는 인물이다.

"고마쓰 씨, 저희 회사가 결국 최고의 인재를 얻었습니다. 특별한 사람을 임원으로 맞이하게 되었습니다."

파킨슨병의 고백을 들은 그날, 마쓰무라가 유일하게 기뻐하며 웃으면서 언급한 것은 바로 스즈키의 경영 참여였다.

1000개가 넘는 자신의 고객사 중 약 90퍼센트가 흑자를 기록하는 가운데, 스즈키 자신은 특정 기업의 고문을 그만두고, 교육사업을 중심으로 하는 활동을 하고 있었다. 한 기업의 성공, 성장만이 아니라 일본 전체의 재무 인프라의 정비, 경영자에 대한 재무교육, 경영자의 성장이 기업의 성장으로 이어져 일본 기업의 미래를 만든다고 생각했기 때문이다. 그런데 그런 스즈키가 마쓰무라의 강력한 요청으로 다이아몬드 다이닝의 사외이사로 합세한 것이다.

스즈키가 지인을 통해 몇 차례 만남을 가졌던 마쓰무라에게서 전화를 받은 것은 2014년 4월이었다. 다이아몬드 다이닝 대표의 갑작스런 연락에 스즈키는 놀랐다.

"너무 놀랐죠. 갑작스럽게 무슨 일인가 싶었습니다. 마쓰무라 사장과는 그때까지 4~5차례 만났을 뿐 업무상 교류는 전혀 없었으니까요."

마쓰무라에 대한 정보도 없었다.

"주식회사 다이아몬드 다이닝이 자스닥 상장기업으로, 사장 마쓰무라는 외식업계에서 모두가 동경하는 존재라고 다른 사람에게 들었을 뿐이었습니다."

그런 마쓰무라가 전화로 스즈키에게 갑자기 이렇게 말을 꺼냈다.

"스즈키 씨, 우리 회사의 사외이사를 맡아주시겠습니까?"

갑작스런 제안에 스즈키는 놀라 솔직하게 대답했다.

"마쓰무라 사장에게 '다이아몬드 다이닝과 경합하는 여러 회사를 위해 컨설팅을 하고 있기 때문에 제 입장에서는 곤란하다'고 전했습니다. 그러나 마쓰무라 사장은 알겠다고 말하지 않았습니다. '다시 한 번 고려해주시기 바랍니다'라고 계속 부탁을 해서 거절하지 못한 채 전화를 끊었습니다."

스즈키는 자신을 '책사'라고 칭한다. 책사란 지휘하는 왕이나 장군의 전략을 돕는 전술 전문가이다. 예를 들어 대표적인 책사라고 하면 한신韩信과 제갈량諸葛亮, 도요토미 히데요시豊臣秀吉를 섬긴 구로다 간베에(구로다 요시타카가 본명)가 유명하다. 도쿄증권거래소를 목표로 미래를 그리기 시작했던 마쓰무라는 스즈키라는 새로운 파트너의 힘을 얻고자 열망했던 것이다.

"외식 업계에서 스즈키 씨의 재무에 관한 수완은 상당히 유명합니다. 우리 회사가 비약하기 위해서는 스즈키 씨와 같은 두뇌가 필요했습니다. 반드시 일을 함께 하고 싶었기 때문에 거절의 답변을 듣고 싶지 않았습니다."

마쓰무라의 열의와 강인함에 눌린 스즈키는 다이아몬드 다이닝과 일하기 위한 방책을 고안했다.

"마쓰무라 사장의 열정에 마음이 움직이고 말았습니다. 딱 한 통화의 전화였지만 무시할 수 없었습니다."

그러나 주위 환경은 녹록치 않았다. 창업부터 임원을 맡아 함께 성장해온 외식경영 분야 고객사들로부터 승낙을 얻어야 했다.

"저는 변호사에게도 상담했습니다. 제가 다이아몬드 다이닝에 들어가면 회사를 더욱 키울 것이고 기존 고객들과 모두 경쟁 상대가 되어버리기 때문에 민감해질 수 있었거든요."

외식산업의 경영자들은 평소에도 교류를 돈독히 해서 사이가 좋다. 업계 정보를 공유해 서로 돕는 일도 적지 않다. 그러나 시장을 서로 빼앗는 경쟁 상대이기도 하기 때문에 지금까지 외식기업과 평등하게 상대해온 스즈키가 다이아몬드 다이닝에 들어가는 것을 쉽게 받아들일 거라 생각하지 않았다. 그런데 다른 외식업 경영자들의 반응은 예상과는 전혀 달랐다.

"마쓰무라 씨를 돕는 일이라면, 꼭 맡아주세요."

"반드시 해야 합니다. 우리와 경쟁하더라도 마쓰무라 씨를 응원해 주길 바랍니다."

"마쓰무라 사장에게 도움 받은 외식업 경영자는 수없이 많습니다. 우리들 대신 마쓰무라 사장을 도와주길 바랍니다."

모두 다 마쓰무라와 다이아몬드 다이닝의 성공을 외식산업 전체의 성공, 자신들의 꿈이 실현되는 것과 동일시했다. 스즈키는 그 때의 충격을 지금도 어제 일처럼 떠올렸다.

"생각하지도 못한 반응이었기 때문에 정말로 놀랐습니다. 모두가 회사보다도 마쓰무라 사장 개인을 응원하고, 성공하기를 바란다는 사실을 알게 된 것입니다. 그것은 마쓰무라 사장이 언제나 젊은 경영자들을 응원해왔기 때문입니다."

마쓰무라의 전화를 받은 지 3주 후, 스즈키는 다이아몬드 다이닝의 책사이자 마쓰무라 사장의 참모가 되었다.

외식업계는 구글과 애플이 될 수 없을까?

다이아몬드 다이닝의 사외이사로 취임한 스즈키는 마쓰무라, 히구치와 함께 회의를 계속했다. 스즈키는 마쓰무라에게 질문을 던졌다.

"저는 마쓰무라 사장에게 질문 하나를 던졌습니다. '왜 회사를 키우고 싶으신 겁니까?' 그 질문에 대해 마쓰무라 사장은 망설임 없이 바로 대답했습니다. '직원 모두가 행복하길 바라기 때문이지요.' 그들에게 더 많은 기회를 주고 그들이 도전하기를 바라며 더 많은 월급을 받아야 한다는 거예요. 외식업계에서도 열심히 하면 여유롭게 살 수 있고 외식업이 평생 직장이 될 수 있다는 사실을 보여주고 싶었던 겁니다. 그러기 위해서는 다이아몬드 다이닝은 더 커져야 한다고 말했습니다. 그 말을 듣고, 저는 진심이냐고 또 다시 확인했습니다. 힘차게 고개를 끄덕이는 마쓰무라 사장의 모습을 보고, 저는 회사의 불안 요소를 검토하고, 상장을 위해서 이를 해소할 수단을 구상했습니다."

마쓰무라의 의지와 히구치의 치밀한 작업에 감탄하면서도 스즈키는 참모로서 문제를 지적했다. 실제로 마쓰무라가 지향하는 속도와 현장상황 간의 괴리는 늘 존재했다. 한정된 시간에 목표를 이루기 위해서는 많은 어려움을 해결해야 했다.

"다이아몬드 다이닝은 외식기업입니다. 신흥 IT기업이나 구글과 같은 사풍과 문화와는 거리가 멉니다. 서비스 산업, 점포 사업이며, 노동집약형 비즈니스라고 할 수 있습니다. 즉, 우수한 점장과 점원이 없으면 질 좋은 서비스를 제공할 수 없으며, 인재가 없으면 신규 점포 진출도 불가능합니다. 게다가 이 업계에서는 자기 자신의 점포 소유에 대한 꿈들이 간절해서, 실력이 쌓이면 독립해 나가는 사람이 많고, 우수한 인재가 유출되는 경우가 많습니다. 그러한 문제 하나하나에 해결책을 고안해 갔습니다. 모두가 노력한 결과 수많은 고난과 갈등 속에서 2부 상장을 이룩했습니다."

스즈키에게 있어서 도쿄증권거래소 2부 상장일은 특별한 날이었다.

"저는 보통 기업 전략이라든가 재무라든가 경영 지원 역할을 맡고 있습니다. 2부 상장은 통과점이며 시작점입니다. 기념식이 무사히 끝났다고 안도할 때가 아니라고 생각했습니다. 오히려 저는 저의 전략이 명확하게 실행될 때의 기쁨을 위해 일합니다. 그럼에도 불구하고 그날은 저에게 있어서 평생 잊을 수 없는 특별한 날이었습니다."

이 날 마쓰무라는 걷는 것조차 괴로울 정도로 몸 상태가 나빴다. 2부 상장 기념식이 모두 무사히 끝나고 증권거래소 출구로 향했을 때, 마쓰무라는 긴장과 피로로 다리가 꼬여 좀처럼 나아가지 못하고 있었다. 스즈키가 마쓰무라의 손을 잡고 부축하려 하자, 마쓰무라는 괜찮다며 혼자서 천천히 걸어갔다. 하지만 또 바로 멈춰 섰다. 스즈키는 힘껏 마쓰무라의 어깨를 안고, 체중을 한쪽 어깨와 팔로 부축하며 함께 한 발 한 발 출구까지 걸어갔다.

"5분 정도였는데도 불구하고 제 옆에서 천천히 걷는 마쓰무라 사장의 의지를 매우 강하게 느꼈습니다. 제가 마쓰무라 사장의 얼굴을 보니 볼에 한줄기 눈물이 흘렀습니다. 2부 상장의 감격과 혼자서 걸을 수 없다는 사실에 만감이 교차했을 겁니다. 그 때 이를 악물고 앞으로 전진하는 마쓰무라 사장의 마음 속 외침이 들려왔습니다. '아직 이 정도로는 만족하지 못해. 지금부터가 진짜 시작이다'라고. 그 마음 속 외침이 제 영혼을 울렸습니다."

다음날 스즈키는 마쓰무라에게 말했다.

"마쓰무라 사장에게 '사장님의 병은 손해가 아닙니다. 오히려 커다란 플러스 요소입니다'라고 말했습니다. 그리고 '커다란 변혁을 맞이한 이 시기야말로 병을 고백하는 절호의 기회입니다'라고 덧붙였습니다."

고개를 젓는 마쓰무라에게 스즈키는 또 다시 말했다.

"파킨슨병과 싸우는 마쓰무라 사장의 경영, 그리고 인생과의 사투는 다이아몬드 다이닝이 새로운 세계로 출범한다는 선언이 될 것입니다. 그런 마쓰무라 사장이 이끄는 기업은 관례나 기존 가치관에 얽매이지 않고, 외식산업의 개념을 뒤엎을 것입니다. 그리고 난치병과 싸우면서 1부 상장 기업을 경영하는 마쓰무라 사장님의 모습은 반드시 많은 사람들에게 희망을 줄 것입니다."

마쓰무라와 스즈키는 서로에게 정이 두텁고 가까이서 시간을 함께 보내며 새로운 비전과 사명을 공유하기 시작했다. 스즈키는 사외이사로 취임했을 때, 단 한 가지 조건을 내세웠다. '외식산업의 구글화 구상'에 바로 착수하고 싶다는 것이었다.

"저는 마쓰무라 사장에게 그것이 가능하다면 돕겠다고 했습니다.

마쓰무라 사장은 바로 자세한 이야기를 들려달라고 했습니다."

스즈키가 말하는 외식산업의 구글화 구상은 도대체 어떤 것일까? 스즈키는 차분하게 설명을 시작했다. 향후 일본은 어떻게 될 것인가? 일본 경제는 어디로 향하고 있는가? 스즈키는 가장 먼저 이러한 점을 고려해 미래 외식산업의 바람직한 모습을 제시했다. 스즈키는 외식업을 통해 일본인의 정체성을 구현하고 그 업業의 본질을 지켜나가고 싶었다.

일본 외식산업의 종사자들은 아르바이트 직원을 포함하여 상당히 많다. 그들은 가혹한 노동과 저임금에 시달리고 있으며, 미디어에서는 외식산업을 '블랙기업'의 소굴이라고 칭하며 나쁜 이미지를 덧칠해 놓기도 했다. 앞으로 외식산업에서 일하는 인재 확보는 훨씬 더 어려워질 것이다. 이자카야(선술집) 아르바이트의 훌륭한 서비스가 사라지지 않고, 또한 일본이 소중히 간직해온 음식문화와 손님 대접 문화가 후세에 이어지기 위해서는 새로운 노하우가 필요하다.

일본 외식산업, 음식문화, 서비스는 세계 최고 수준이다. 2020년 도쿄올림픽에서 선보이게 될 대접(오모테나시) 문화는 세계가 부러워하는 자산이다. 그러나 외식업계는 지금 상당히 어려운 국면에 처해 있다. 프랜차이즈 사업을 전개하는 기업은 일본이 자랑스럽게 여기는 음식문화, 접대의 정신 등을 변질시키고 말았다. 현재 일본 외식업계는 육류 식재료 속임수 문제, 종업원과 아르바이트의 노동 문제, 저출산 및 고령화 문제에 따른 인재 부족 등 어려운 상황에 처해 있다.

일본의 음식문화, 서비스 수준은 국가적 차원에서 지키지 않으면 안 된다. 100년, 200년, 300년 존속하여 세계를 대표하는 기업으로서 외식산업의 지위를 견고하게 유지하기 위해 열정적으로 노력하는 스즈키가 제안한 모델은 바로 구글과 소프트뱅크였다.

구글과 소프트뱅크는 기업주도형 벤처캐피탈CVC: Corporate Venture Capital 사업도 펼치고 있으며, 자사에서 인재를 채용해 육성할 뿐 아니라 우수한 경영자에게 과감하게 투자하고 있었다. 기존의 일본 상장기업들은 51% 이상의 주식을 취득해 자회사로 만드는 전략을 고수하고 있지만 소프트뱅크의 손정의는 51%를 취득한 회사 100개를 갖는 것보다 3~5%의 지분으로 5000개의 회사를 갖는 것이 앞으로의 시대상과 부합한다고 했다. 그의 이런 생각은 '전략적 시너지 그룹 구상'이라고 불린다.

손정의 회장은 '전략적 시너지 그룹 구상'에 대해서 다음과 같이 소개한다.

> 20세기 회사 조직은 피라미드형으로서 중앙집권 체제에 가깝습니다. 그리고 대량생산, 대량판매를 지향하는 것이 일반적이었습니다. 우리 그룹은 반대로 웹WEB형 조직으로 만들려고 합니다. 중앙집권이 아닌 전략적 시너지 그룹이 계속 분산하면서 서로 자립하고 협력하는, 그야말로 자기 진화, 자기 증식이 가능한 조직입니다.
>
> — 소프트뱅크 홈페이지 '새로운 30년 비전발표 개요' 중에서

다이아몬드 다이닝의 계획은 10년간 100개의 전략적 시너지 그룹

을 만드는 것이다. '100점포 100브랜드'를 넘어 '100개의 회사 100인의 경영자 집단'을 목표로 한다. 인재가 제대로 모이면, 회사가 개발한 사업을 지방에서 전개할 수 있다. 인재가 없으면 공동으로 육성시켜 나간다. 100명의 경영자와 함께 강점과 약점을 서로 보완하면서 계속 진화해간다. 경영자와 오너가 바뀌어도 다음 경영자와 오너가 이념이나 철학을 이어받아, 또 다시 새로운 도전에 나선다. 회사가 지속적으로 성장하고 발전해나가도록 하는 것이 새로운 시대의 이상적인 조직체이다.

다이아몬드 다이닝의 도전은 기업이념 'GIVE FUN & IMPACT TO THE WORLD'를 실현하는 과정이다. 새로운 복합 기업체로서 매출이나 경제적 합리성뿐만 아니라, 세계와 인류에게 기쁨과 놀라움을 제공하는 기업으로 존재하고자 한다. 기업으로서도 마쓰무라가 내건 연매출 1000억 엔을 확실한 목표로 삼는 경영전략, 재무전략을 구축한다. 아울러 스즈키는 새로운 형태의 외식기업을 키워나가는 과정에 대해 '외식산업의 구글화 구상'이라고 이름을 붙였다.

스즈키의 구상을 듣자 마쓰무라는 상체를 일으켜 짧게 목소리를 높였다.

"정말 흥미롭습니다. 스즈키 씨, 꼭 해봅시다."

마쓰무라에게 전화가 걸려오고 나서 스즈키를 사외이사로 맞이하기까지 3주의 시간이 걸렸다. 마쓰무라는 이 사람이야말로 이 시기에 반드시 만나야 할 사람이었다고 느끼고 있었다.

마쓰무라는 이렇게 말했다.

“각자 바라보고 있는 미래의 광경이 하나로 합쳐진 것 같았습니다. 지금까지 해왔던 것이 운명적으로 이어졌다고 느꼈습니다.”

스즈키도 역시 마쓰무라와의 만남을 운명으로 느끼고 있었다. 그리고 다이아몬드 다이닝에서의 업무는 매우 행복하다고 말한다.

“마쓰무라 사장은 제가 제안하거나, 구상한 것을 100% 받아들이고 즉시 결정해서 ‘합시다’라고 말해줍니다. 게다가 그것을 뛰어넘는 시너지 반응이 있습니다. 제가 하자고 말한 것에 대해서는 절대로 반대하지 않습니다. 때로는 제가 오히려 ‘사장님, 제대로 고민해보십시오’라고 부탁할 때도 있습니다. 다이아몬드 다이닝의 잠재력은 마쓰무라의 각오와 혼연일체가 되어 있습니다.”

스즈키는 외식산업의 확고한 지위의 확립을 위한 아이콘으로 마쓰무라 사장이 제격이라고 생각한다.

“마쓰무라 사장이 손정의, 미키타니 히로시(라쿠텐 창업자) 같은 경영자와 어깨를 나란히 할 수 있다면 좋겠죠. 췌장암과 싸우면서 아이폰을 개발한 스티브 잡스와도 어깨를 나란히 했으면 좋겠습니다.”

앞으로 세계에 이름을 남길 만한 것을 만들어내자고 마쓰무라와 스즈키는 의기투합했다. 마쓰무라는 스즈키와 만나 지금까지와는 전혀 다른 세계, 그리고 우주를 보고 있다.

“스즈키 씨와의 만남이 유리 천장을 무너뜨렸습니다.”

마쓰무라의 몸은 아프고, 돌처럼 딱딱하게 굳어버리는 상황이 발생한다. 차가워진 손발 때문에 여름에도 담요를 덮기도 한다. 그렇지만 그의 가슴속에는 항상 뜨거운 바람이 불고 있다.

"반드시 다이아몬드 다이닝을 일본 굴지의 기업으로 올려놓겠습니다. 타오르는 정신을 잃느니 차라리 죽는 게 낫습니다. 태우고 또 태워서 일에 쏟아 붓겠습니다. 저를 괴롭히는 파킨슨병과의 싸움도 절대로 멈추지 않을 겁니다. 지켜 봐주세요. 반드시 승리해 보여드릴 테니까요."

마쓰무라는 떨리는 손을 가슴에 대고, 그 열광을 지금 이 순간에도 느끼고 있다.

"열광선언은 제 삶의 증거입니다."

맺음말

다시 시작되는 새로운 이야기

남 모르게 흘린
눈물을 거두며

2015년 6월, 전화가 울렸다. 상대는 도쿄증권거래소 담당자. 다이아몬드 다이닝이 도쿄증권거래소 1부 상장으로 승격됐다는 소식이었다. 도쿄증권거래소 제2부로 승격한 2014년 11월 28일부터 반 년이 조금 지나 기다려 왔던 소식이 전해지자, 히구치는 설레는 마음을 억누를 수 없었다. 한시라도 빨리 마쓰무라에게 전하고 싶었다. 사장실에서 서류를 검토하고 있던 마쓰무라는 뛰어들어온 히구치의 모습에 눈치를 채고, 얼굴을 들어 그 말을 기다렸다.

"사장님, 도쿄증권거래소 1부로 승격이 승인되었습니다."

"히구치, 고마워. 그런데 날짜는?"

"7월 7일입니다."

2004년 여름에 있었던 일이 마쓰무라의 뇌리에 스쳤다. 사운을 걸

고 200석이 넘는 대형점포 다케토리하쿠모노가타리竹取百物語를 출점한 것이 7월 7일이었다. 다이아몬드 다이닝의 최대 성공작이 된 이 점포는 여러 동종업계가 따라하자, 진부한 느낌이 들어 상호를 최종적으로 '와라야키야わらやき屋'로 변경했다. 마쓰무라는 매년 7월 7일이 되면 어떻게든 대형 점포를 성공시키고자 했던 심정과 이것이 실패하면 돌이킬 수 없다는 압박감을 동시에 떠올렸다.

도쿄증권거래소 1부 상장까지의 향후 스케줄을 히구치로부터 들으면서 마쓰무라는 이런 생각을 했다. '2016년 여름부터는 도쿄증권거래소 1부 상장의 종을 울린 날로 7월 7일을 떠올리게 되겠지…….'

그 동안의 노고를 치하하는 마쓰무라의 말에 히구치는 조용히 머리를 숙였다.

'100브랜드 100점포' 달성 이후, 새롭게 세웠던 목표가 도쿄증권거래소 1부 상장이었다. 마쓰무라는 도쿄증권거래소 내에 있는 VIP 테라스에서 타종의 순간을 머릿속에 그리며 홀로 미소지었다. 사업을 일으키고, 상장을 인정받은 자만이 손에 넣을 수 있는 타종 나무망치의 감촉, 종을 치고 난 후에 사방으로 울려퍼지는 소리. 마쓰무라는 그 순간을 다시 한 번 맞이할 수 있는 행복을 음미했다.

그러나 곧바로 여기에 안도해서는 안 된다는 마음이 행복한 기분과 뒤섞였다. 신규 사업의 확대는 속도를 냈고, 매출 1000억 엔의 목표를 세우는 데 이르렀다. 또한 핵심 신규 사업으로 웨딩사업을 우선 하와이에서 시작하게 되었다. 나아가 히구치와 스즈키가 계속 논의하고 있었던 '외식산업의 구글화 구상'도 실행에 옮겨야 한다. 멈춰 서 있는 것이 용납되지 않을 정도로 분주함을 선호하는 마쓰무라는 기쁨에 겨워할 겨를이 없었다. 그러나 파킨슨병의 진행은 세월의 흐름 속에 여전히 희망의 빛이 보이지 않았다.

아자부주방麻布十番의 단골인 아오야마 메인랜드 사장 니시하라 료조의 소개로 알게 된 피닉스메디컬클리닉 원장 가쿠 무네아키는 마쓰무라의 상태를 보고 이렇게 말했다.

"마쓰무라 씨, 당신에게 가장 절실한 것은 일본 최고의 의료진에게 파킨슨병의 치료를 받는 일입니다."

그리고 가쿠 원장은 자신이 직접 차를 운전하여, 왕복 3시간 거리인 국립정신신경의료연구센터에서 파킨슨병의 권위자로 알려진 무라타 미호의 치료를 받을 수 있도록 도와주었다. 마쓰무라는 바로 무라타의 진찰을 받았다.

마쓰무라의 증상을 본 무라타는 입을 열자마자 즉각 입원을 권했다.

"좋아지고 싶으면 입원하세요."

"입원은 어느 정도인가요?"

마쓰무라가 묻자, 무라타는 '한 달'이라고 대답했다.

"네? 한 달이나요?"

놀란 마쓰무라에게 무라타는 다그쳤다.

"맞아요. 한 달. 최선의 치료를 받을 수 있도록 하기 위한 검사 입원이지요."

한 발짝도 물러서지 않는 의사의 말에 마쓰무라는 수긍할 수밖에 없었다.

마쓰무라의 새로운 치료를 위한 입원생활이 시작된다. 우선 마쓰무라의 몸에서 항파킨슨병 치료제 성분을 뽑는 것부터 시작되었다. 근래 몇 년간 매일 대량으로 먹은 약을 갑자기 끊자 몸은 완전히 무기력해져 꼼작도 못하게 되었다. 게다가 목소리도 제대로 나지 않았다.

'내 몸은 약으로 간신히 움직이고 있었던 거구나.'

마쓰무라는 현재 자신의 몸 상태를 확실하게 깨닫게 되었다. 의식이 또렷하고, 사고능력도 평소와 다르지 않았지만 몸을 조금도 움직일 수 없었다. 잘 모르는 사람에게는 식물 상태로 보일 정도였다. 한 치 앞의 미래를 알 수 없다는 죽음의 공포가 밀려왔고 한숨도 자지 못한 채 아침을 맞이하곤 했다.

약 없이 며칠을 보낸 후, 약간의 투약이 허락되자 15분에 한 번씩 채혈이 시작되었고, 의사의 지시에 따라 운동기능 검사가 이루어졌다. 지금까지 인생에서 한 번도 느낀 적 없는 통증과 권태감에 사로잡히는 가혹한 검사가 계속되었다. 밤이 되어 불 꺼진 병실에서 눈을 감으면, 이대로 두 번 다시 눈을 뜨지 못하는 것은 아닐까 하는 생각도 들었다. 절대로 굽히지 않을 거라고 자신 있었던 정신력에도 작은 균열이 생기기 시작했다.

손끝과 발끝을 조금도 움직이지 못하는 시간을 보내면서 마쓰무라는 소리쳤다.

"힘들어, 이 이상은 무리다, 이제 그만하자!"

단념하는 마음이 검은 회오리바람처럼 몸속에서 소용돌이치며 마쓰무라를 괴롭혔다. 또 한 명의 자신이 필사적으로 숨을 가누며, 이대로 지는 건가라고 몸을 눕힌 자신에게 말을 걸었다. '이대로 질 리가 없다. 마쓰무라 아쓰히사는 패배할 리가 없다고.'

그러자, 어둠 속에서 노래가 들렸다.

다이아몬드 다이닝 그룹의 전직원 총회, 입사식이나 '요사코이 축제'의 마무리에서 모두가 어깨동무를 하고 부르던 그 노래.

누구에게도 보이지 않은 눈물이 있었다
남모르게 흘린 눈물이 있었다
결코 평탄한 길은 아니었다
그래도 분명히 걸어온 길이다
그 때 그렸던 꿈을 꾸는 지금도
몇 번이고 포기하려 했던 꿈

수많은 나날을 지나 맞이하게 된 현재에 우리는 서 있다
더 이상 고민하지 말고 나아가면 된다
영광의 다리로

분해서 잠 못 드는 밤이 있었다
두려워 떨었던 밤이 있었다
이제 안 된다고 모든 것을 포기하고
도망치려 했을 때도
생각해 보면 너무나 많은 보살핌 속에서 걸어왔다

슬픔과 괴로움 뒤에는 저마다 빛이 있다
자 나아가자 뒤돌아보지 말고 달리기 시작하면 된다
희망찬 하늘로

누구에게도 보이지 않은 눈물이 있었다
남모르게 흘린 눈물이 있었다
수많은 나날을 지나 맞이하게 된 현재에 우리는 서 있다
더 이상 고민하지 말고 나아가면 된다
영광의 다리로
끝없는 그 여정으로
너의 마음속으로 이어주는 다리로

일본의 대표적 포크송 가수 유즈의 '영광의 다리栄光の架橋'는 넥시즈의 사장 곤도가 노래방에서 자주 부르는 애창곡이다. 마쓰무라가 그에게 요청하여 자주 듣곤 했는데, 어느덧 이 노래는 중요한 순간마다 임직원들이 어깨동무를 하고 함께 부르는 다이아몬드 다이닝의 사가社歌처럼 되어버렸다. 마쓰무라는 귓가에 맴도는 이 노래를 떠올리며, 여기에서 그만둘 수는 없다며 자신을 다잡았다. 가슴에 손을 얹으니 심장이 크게 고동치고 있었다.

마쓰무라가 독자에게 드리는 글

지금 저는 최고의 기쁨을 만끽하면서 마음껏 소리치고 싶은 심정입니다. 제가 무척 좋아하는 작가인 고마쓰 나루미 씨가 그토록 염원했던 저의 책을 집필해준 것도 또한 진심으로 감사히 생각하며, 또 언제나 크게 신세지고 있는 출판사 겐토샤의 겐조 토오루 씨에게도 감사의 인사를 전하고자 합니다. 이 기적과 같은 일들이 저에겐 꿈만 같습니다.

이 책을 통해 제 자신의 병에 대해서 밝히게 되었습니다. 우선 저의 건강 상태를 늦게 알려 드려 걱정을 끼친 점 죄송하게 생각합니다. 그리고 직접 찾아뵙고 알려드리지 못한 점에 대해서도 깊이 사과의 말씀을 드립니다.

하지만 이 책이 저와 같은 병으로 고통 받고 있는 분들과, 다른 난치병으로 희망을 잃어가고 있는 분들에게 조금이라도 희망을 전해드릴 수 있다면 그것으로 더할 나위 없이 기쁠 것입니다.

저의 인생은 이 책에서 끝나는 것이 아니라 이 책이 새로운 시작의 신호라고 생각합니다. 꿈을 크게 갖고 한 걸음 한 걸음 앞으로 나아갈 것입니다. 강한 신념과 긍지를 가지고. 여러분의 인생을 즐기시길 바랍니다.

— 마쓰무라 아쓰히사

고마쓰가
독자에게 드리는 글

국립정신신경 의료연구센터에서 한 달간의 입원검사를 마친 마쓰무라는 심신에 생긴 작은 변화를 민감하게 느낄 수 있었습니다. 파킨슨병 특유의 증상이 약간 완화되고, 무기력한 시간도 짧아진 것입니다. 의사 무라타 미호의 치료와 처방이 효과가 있는 듯합니다. 퇴원 직후, 사장실에서 업무에 쫓기는 마쓰무라를 방문하니 얼굴표정이 밝았습니다.

"고마쓰 씨, 반가운 소식입니다. 새로운 치료를 받을 수 있는 가능성이 생겼습니다."

마쓰무라는 또렷한 목소리로 나에게 치료 방법을 설명하기 시작했습니다.

"복부에 약을 주입하는 장치를 달아 장에 직접 약을 흘려보내는 방법이 있는데 내년에는 저도 그 치료에 도전하려고 합니다."

물론, 그것으로 완치를 바랄 수는 없지만, iPS세포에 의한 치료가 이뤄질 수 있는 그 날까지 일을 계속하면서 자신의 다리로 걸을 수 있다는 희망을 마쓰무라는 놓지 않을 것입니다.

2015년 7월 7일, 주식회사 다이아몬드 다이닝은 도쿄증권거래소 제2부에서 제1부 종목으로 승격되었습니다. 이전 제2부 증권시장 상장일에 사원 앞에서 마쓰무라가 '가능한 한 빨리 2부에서 1부 상장을 목표로 한다'고 선언한 이후 불과 7개월 만에 이룬 성과입니다.

마쓰무라는 이 날 최고의 컨디션으로 누구의 어깨도 빌리지 않고 걸어다니며, 또박또박한 인사말로 주위 사람들과 교류의 시간을 가졌습니다. 도쿄증권거래소에서 거행된 기념식 행사의 하나로 VIP테라스에서 타종을 하게 된 마쓰무라는 나무망치를 잡은 팔을 크게 돌려 포즈를 취하며 카메라 취재진을 여러 번 열광시켰습니다.

기념식을 끝낸 마쓰무라는 축하 전화를 건 나에게 이렇게 이야기했습니다.

"오늘은 자라 브랜드의 짙은 감색 양복을 입고 흰 바탕에 푸른 물방울 모양의 넥타이, 디올 옴므의 흰 셔츠, 탑맨의 검은 바탕에 작은 파란 물방울무늬의 벨트를 찼습니다. 어젯밤에 제가 고른 겁니다."

내 귓가에 마쓰무라의 활달한 목소리가 이어졌습니다.

"도쿄증권거래소에 들어가니, 양복 왼쪽 가슴에 빨간 장미를 달아주는데, 며칠 전 느꼈던 것과 똑같은 고동을 느꼈습니다. 병원 침대 위에서, 살아남겠다고 맹세했던 순간의 심장 소리가 분명히 다시 들렸습니다."

쾌활한 목소리를 들은 나는 마쓰무라에게 짧게 물었습니다.

"열광선언은 앞으로도 계속되는 건가요?"

마쓰무라의 목소리에 힘이 실렸습니다.

"고마쓰 씨, 제 열광은 이제 막 시작했습니다. 새 열광선언을 앞으로 여러 번 들려드리겠습니다."

그 순간, 나는 도쿄증권거래소 1부 상장기업의 선장이자 파킨슨병의 환자로서 살아가는 마쓰무라에 관한 취재를 앞으로도 계속하리라 다짐했습니다. 앞으로도 저는 자신의 길을 꿋꿋이 걸어나갈 마쓰무라 아쓰히사의 인생의 목격자이고 싶다는 간절한 바람을 마지막으로 전합니다.

이 책은 주식회사 다이아몬드 다이닝의 사장 마쓰무라 아쓰히사를 소재로 한 논픽션이지만 실은 마쓰무라와 가족, 직원들, 그리고 동료들의 이야기이기도 합니다. 취재에 응해주신 모든 분들에게 진심으로 감사드립니다.

— 고마쓰 나루미

우리는 '열광선언'을 어떻게 받아들여야 할까?

한 편의 서스펜스 탐정소설을 완성하듯 작가 고마쓰 나루미는 인물 르포르타주 구성으로 일본 외식산업의 미다스의 손 마쓰무라의 경영 철학과 실천과정을 거침없이 풀어내고 있다. 일본 혹은 일본인이 열광하는 가장 일본적인 문화의 핵심은 모노즈쿠리もの造り(제품 만들기) 정신이라 할 수 있다. 나는 이 책을 통해 '잃어버린 일본 경제 20년' 동안에도 다양한 산업 현장에서(특히 외식업) 모노즈쿠리가 살아 있었음을 깨달았다. 일본의 다양한 산업분야에서 철두철미한 시스템으로 자리 잡고 있는 '모노즈쿠리(장인정신)'이야말로 일본 경쟁력의 원천이다.

다른 사람들이 가지 않는 길을 간다는 것

100가지 브랜드로 100개의 점포를 내겠다는 목표를 세우고 매진한 마쓰무라 대표의 사업전략은 일본의 장인정신에서 탄생한 것인지도 모른다. 프랜차이즈 천국인 한국에 비해 마쓰무라는 시장점유율을 높이는 데 급급하지 않고 오히려 온리 원Only One을 목표로 장인정신 실현을 위해 열정적으로 일한다.

사실 프랜차이즈 사업 전개방식에서는 열정과 열광선언이 정착하기 힘들다. 아시다시피 프랜차이즈 사업에서는 독창적인 맛이나 차별화된 노력을 추구하기보다는 오히려 획일화된 프로세스와 시스템을 통해 저비용 고효율을 좇는다. 이런 상황에서는 독특하고 차별화된 브랜드와 가치가 만들어지지 않는다. 오히려 '치킨장사는 기름 온도를 맞추고 받아오는 물건으로 튀기면 된다. 별다른 기술을 배우지 않아도 쉽게 할 수 있다'는 오만함과 안일함만 싹틀 뿐이다.

이에 비해 일본에는 대대로 물려받은 100년 이상의 유명한 '맛집'이 많다. 그러다 보니 일본에서는 프랜차이즈 식당보다는 오랫동안 이어온 개성 있는 맛을 제공하는 곳이 더 인기가 높다. 이러한 일본의 음식문화에 정통한 마쓰무라는 비효율적일지라도 개성과 장인정신을 추구하며 세상에 없는 새로운 가치와 스토리를 만들어냈다. 그리하여 마쓰무라의 다이아몬드 다이닝은 171개의 브랜드와 340개 점포라는 전인미답의 고지를 점령하고 이제는 도쿄증권거래소 제1부 시장에 승격되었으며 '외식산업의 구글화 구상'을 진행하려고 한다. 외식업계의 구글이 되겠다는 것은 어떤 의미일까? 앞으로 10년간 100개의 전략적 시너지 그룹을 만든다는 것인데, 100명의 경영자 집단이 100개의 회사를 운영하도록 한다는 것이다. 외식업을 누구나 할 수 있는 진입장벽 낮은 분야로만 생각하고 남들 하는 대로 따라하기에만 급급한 우리나라에서는 감히 상상도 할 수 없는 일이다.

지금 우리에게도 열광선언이 필요하다

최근 한국 경제는 저성장 기조가 장기화 조짐을 보이면서 불경기 국면이 이어지고 있다. 전국경제인연합의 조사(2015년)에 의하면 '자영업 공화국' 대한민국에서는 50대 이상의 자영업자 40%가 월수입 100만 원 미만의 소득을 올린다고 한다. 최근 10년간(2004~2013년) 국세청 자료에 따르면 자영업자 생존율은 16.4%에 불과하다. 특히 음식점 생존율은 겨우 7%선이다. 아무런 열정, 독창성에 대한 탐구정신 없이 서서히 폐업에 이르는 프로세스를 밟고 있는 것이다. 점점 가열되고 있는 냄비 속 개구리처럼 서서히 죽음을 맞이할 뿐이다. 그렇다면 우리가 가야 할 길은 자명해진다. 우리는 스스로 열광할 이야기, 꿈, 콘셉트를 가지고 있는가? 아니 열심히 찾고 있는가? 여기에 대한 답을 먼저 해야 할 것이다.

'헬조선'에 살고 있는 우리와 달리 어쩌면 일본 사람들은 자신의 뜨거운 열정을 실현시킬 수 있는 지속가능한 사회 시스템 혹은 교육제도의 혜택을 받고 있는지도 모른다. 최근 3포세대(연애, 결혼, 출산)와 5포세대(3포세대+내 집 마련, 인간관계)를 넘어 꿈과 희망마저 포기한 'N포세대'들에게 우리는 어떤 방식으로든 그들의 삶에 대한 열정을 불러일으켜줘야 한다.

이 책을 번역하면서 나는 인생의 열정, 우리 경제와 사회의 열정을 불러일으킬 수 있다는 희망의 불씨를 보았다. 일본을 경제대국으로 만든 제조업 전략이자 1990년대 장기불황(잃어버린 10년)을 극복케 한 원동력인 '모노츠쿠리'와 더불어 마쓰무라의 '열광선언'을 곁들여 우리만의 한국적인 발전 모델을 고민해야 할 것이다. 이 책을 읽고 어떻게 새로운 '열광'을 이끌어낼 것인가는 온전히 독자 여러분들의 몫이다. 각자가 열광하고 목표에 도달하는 데 조금이나마 유익하기를 기원한다.

마지막으로 이 책을 번역 출간하는 데 도움을 준 전문번역가 김경림 씨, 고려대 대학원의 최수연(중일어문학과 박사과정 수료), 이상미디어 이상규 대표에게 깊은 감사의 마음을 전한다. 외식산업의 재료와 매니지먼트에 일가견이 있는 방원기 고려대 명예교수(고려대 생명과학대학), 조홍연 교수(고려대 과학기술대학 식품생명공학과), 서울우유 박란희 부장(농경제학)은 전문용어 등을 점검해주었다. 이 책이 하루라도 빨리 널리 읽혔으면 하는 바람과 열정으로 번역을 다소 서둘렀는데, 번역이 매끄럽지 못했다면 이는 순전히 역자의 책임으로 돌려야 할 것이다. 부디 이 책을 읽은 독자들이 창의적이고 창조적인 아이디어를 얻길 바랄 뿐이다.

고려대 글로벌일본연구원 연구실에서
김영근

지은이

마쓰무라 아쓰히사松村厚久

1967년에 고치에서 태어난 마쓰무라는 대학 재학 중 이탈리안 레스토랑에서 아르바이트를 하면서 외식업과 서비스업의 매력에 빠졌고 디스코텍을 운영하던 닛타쿠엔터프라이즈에 입사했다. 6년간의 직장생활을 마친 후 태닝샵을 여러 개 운영하면서 작은 성공을 이뤘다. 마침내 2001년 도쿄 긴자 중심부에 음식과 엔터테인먼트를 결합한 '뱀파이어 카페'를 열어 대히트를 쳤고, 연이어 '미궁의 나라의 앨리스' '올빼미의 숲' 등을 오픈했다. 2002년 다이아몬드 다이닝으로 사명을 변경하고 2007년 오사카증권거래소(현재 자스닥)에 상장했다. 2010년 '100브랜드 100점포'를 달성했으며 현재까지 171브랜드 340점포를 세상에 내놓았다.
40살의 나이에 약년성 파킨슨병을 진단 받았지만 투병 중에도 더 치열하고 왕성한 활동을 하고 있다. 오로지 직원들의 사회적 지위 향상과 안정을 위해 온갖 어려움을 뚫고 회사를 2014년 도쿄증권거래소 2부에 상장한 데 이어 2015년에 1부로 승격되었다. 매출 1000억 엔(약 1조 원), 외식업계의 구글을 목표로 끊임없이 진화 중이다.

고마쓰 나루미小松成美

1962년 요코하마에서 태어났다. 광고회사에서 7년간 일한 적이 있으며 1989년 본격적인 논픽션 작가로 활동하기 시작했다. 지금까지 일본의 축구 영웅 나카다 히데토시, 엑스 재팬의 요시키 등을 다룬 논픽션을 집필하여 수십만 권의 판매부수를 기록했다. 이 책의 주인공인 마쓰무라 아쓰히사의 감동적인 인생 이야기를 듣고 집필을 원하는 그의 요청을 수락했다. 이 책을 포함하여 여러 권의 베스트셀러 저서가 있다.

• 이 책의 화자 '나'는 마쓰무라 아쓰히사를 인터뷰한 저자 고마쓰 나루미입니다.

옮긴이

김영근

도쿄대학 대학원 총합문화연구과에서 박사학위(국제관계학 전공)를 받았으며, 현재 고려대학교 글로벌일본연구원 부교수로 있으며, 사회재난안전연구센터 소장을 맡고 있다. '재해후의 일본경제정책 변용: 간토·전후·한신·동일본대지진의 비교분석' 등의 논문을 썼으며, 『한일관계사 1965-2015. II: 경제』(공저), 『동일본 대지진과 일본의 진로』(공저) 등의 저서와 『한일 경제협력자금 100억 달러의 비밀』 『제언 동일본대지진』 『일본 원자력 정책의 실패』 등의 역서가 있다. 주된 관심분야는 글로벌 위기관리 및 재해안전학, 일본의 정치경제, 동아시아 국제관계, 국제기구 등이다.

열광선언

초판 1쇄 펴낸날 2016년 4월 25일

지은이 고마쓰 나루미
펴낸이 이상규
편집인 김훈태
디자인 엄혜리
마케팅 김선곤

펴낸곳 이상미디어
등록번호 209-06-98501
등록일자 2008. 09. 30
주소 서울시 성북구 정릉동 667-1 4층
대표전화 02-913-8888
팩스 02-913-7711
e-mail leesangbooks@gmail.com

ISBN 979-115893-013-4 03320

• 이 저서는 2007년도 정부(교육과학기술부)의 재원으로 한국연구재단의 지원을 받아 수행된 연구임 (NRF-2007-362-A00019)